LE CUISINIER MODERNE,

Qui aprend à donner toutes sortes

DE REPAS,

En Gras & en Maigre, d'une maniére plus délicate
que ce qui en a été écrit jusqu'à present;

DIVISE EN QUATRE VOLUMES,

Orné de Figures en Tailles-douces,

DEDIÉ

A Son Altesse Serenissime,

MONSEIGNEUR LE PRINCE
D'ORANGE ET DE NASSAU, &c.

PAR LE SIEUR
VINCENT LA CHAPELLE,

Son Chef de Cuisine, & ci-devant de
MYLORD CHESTERFIELT.

TOME SECOND.

A LA HAYE,

Imprimé chez ANTOINE DE GROOT,
Aux dépens de L'AUTEUR, *& ce vend,*
Chez ANTOINE VAN DOLE, Libraire.

M. DCC. XXXV.

LE CUISINIER MODERNE.

Qui apprend à apprêter toutes sortes

DE REPAS.

En Gras & en Maigre, d'une manière plus délicate
que ce qui en a été écrit jusqu'à présent;

DIVISÉ EN CINQ VOLUMES,

Orné de Figures en Tailles-douces,

DÉDIÉ

À Son Altesse Sérénissime,

MONSEIGNEUR LE PRINCE

D'ORANGE ET DE NASSAU, &c.

PAR LE SIEUR

VINCENT LA CHAPELLE,

Son Chef de Cuisine, & ci-devant de

TOME SECOND.

À LA HAYE,

Imprimé chez Antoine de Groot,

Et débité à Amsterdam

Chez ANTOINE VAN DOLE, Libraire.

LE CUISINIER MODERNE,

Qui aprend à donner toutes sortes de Repas en gras & en maigre, d'une maniére plus délicate que ce qui en a été écrit jusqu'à present.

CHAPITRE PREMIER.

Du Rôt.

Roti.

Uoiqu'il femble n'y avoir rien que de facile dans ce qui regarde le Rôt ; j'ai crûs qu'il ne faloit pas laiffer d'en dire quelque chofe ; non pas pour marquer le dégré de cuiffon néceffaire, ou le tems qu'il faut à chaque piéce pour être Rotie bien à propos, parce qu'on en à l'œil, & fuivant la groffeur, & la folidité des viandes ; mais bien pour expliquer la maniére de les aprêter avant que de les mettre à la broche, par exemple :

Plumez proprement des Cailles, & Cailleteaux, les vuidez, & les envelopez d'une barde de lard, & feüilles de vignes, & les embrochez dans une brochette, les atacher à la broche, & les faire cuire, & les fervez chaudement.

Les Faifants, & les Faifants-d'eau étant plumez & vuidez, vous les ficelez, & les faites refaire, les épluchez proprement, & les piquez de lard fin; étant bien piquez, vous les mettez à la broche, & les pliez de papier, & les mettez cuire à petit feu; étant prefque cuits, ôtez le papier, leur faites prendre une belle couleur, les tirez de la broche, & les fervez proprement.

Les Perdrix, les Perdreaux, & Gelinotes s'accommodent de la même maniére.

Les Bécaffes & Bécaffines étant plumez, vous les trouffez, leur bec fert de brochette, & on ne les vuide point, vous les faites refaire, & les piquez de même lard; étant piqués, mettez-les à la broche cuire à propos: on peut y mettre une Rotie deffous; étant cuites à propos, tirez-les, & les fervez proprement.

Les Pluviers & Grives s'aprêtent de même.

Les Dindonneaux, Dindons, & Dindes, vous les tuez, les plumez, & les laiffez mortifier; étant mortifiés, vous les vuidez, & trouffez proprement, & les faites blanchir fur la braiffe; étant blanchies, & bien épluchez, vous les ficelez, & les piquez proprement de même lard; étant bien piquez, mettez-les à la broche, les pliez de papier, & les faites cuire à propos; étant prefque cuits, tirez le papier, & leur faites prendre une belle couleur d'or, tirez-les de la broche, & les fervez chaudement.

Les Poules de Coq, & les Campines, fe fervent de même.

Les Chapons, & les Poulardes étant plumées

&

& mortifiées, vous les vuidez, & les refaites fur de la braife; étant blanchis & bien épluchées, vous les ficelez, les bardez, & les embrochez, & les mettez cuire, & leur faites prendre une belle couleur, les tirer & les fervir proprement.

Les Poulets gras, & les Poulets de grains étant plumés, & mortifiés, vuidez-les, & les faites refaire fur de la braife; étant refaits, & bien épluchez, ficelez-les, & les piquez de même lard; étant bien piquez, embrochez-les, les pliez de papier, & les mettez cuire; étant prefque cuits, ôtez le papier, & leur faites prendre une belle couleur dorée, les ôtez de la broche, & les fervez chaudement.

L'on barde les Poulets gras, de même que les Chapons, & Poulardes.

Les Ramiers & Rameraux étant plumez; vuidez-les, & les trouffez, & les faites refaire fur de la braife, étant refaits & bien épluchez, vous les piquez de même lard, & les mettez à la broche, pliez de papier, & les mettez cuire; étant cuits, ôtez le papier, & leur faites prendre couleur, les tirez, & les déficelez, & fervez chaudement.

Les Tourterelles s'accommodent, & fe fervent de même.

Les Canards, Sarcelles, & autres Oyfeaux de riviére fe doivent vuider, trouffer, & être mis à la broche, fans être piquez; un moment après avoir été mis à la broche, les flambez, & achez de les cuire.

Les Oies fauvages graffes, étant bien plumées, épluchées, trouffez-les, & les faites refaire; enfuite, mettez-les à la broche, & les faites cuire à propos: ayant pris une belle couleur, tirez-les, & les fervez chaudement.

Vuidez, & bardez les Oiſons, & faites une farce avec les foies, lard, fines herbes, ciboule & perſil, aſſaiſonné de ſel, poivre, muſcade, & une mie de pain trempée dans de la crême, le tout bien haché, & mettez le tout dans le corps de l'Oiſon, & le faites cuire à la broche; étant cuit, panez-le de mie de pain, & le ſervez chaudement.

Les Aloüettes étant plumées, on les flambe, on les trouſſe, & on les barde, en les paſſant dans une petite brochette, on les attache à la broche, & on les met cuire; étant cuites, panez-les, les tirez, & ſervez chaudement.

Les Mauviettes étant plumées & refaites, piquez-les de même lard, & les mettez dans une broche, & les attachez à la broche, & les faites cuire; étant cuites, tirez-les, & les ſervez chaudement. Elles ne ſe vuident point, non plus que les Aloüettes. Vous pouvez auſſi les ſervir quand elles ſont piquées.

Les Bec-figues étant plumez, on leur coupe la tête & les pieds; on les barde, & on les met en une brochette; on les attache à la broche, & on les met cuire; étant cuits, on les pane, on les tire, & on les ſert chaudement.

Lévreaux, & Lapreaux, dépoüillez-les, & les éventrez, frotez les Lévreaux de leur ſang, après avoir été blanchis ſur de la braiſe, & les Lapreaux étant vuidez, & blanchis ſur la braiſe, frotez-les par tout d'un morceau de lard; enſuite, piquez-les de petit lard; mettez-les en accolade ſuivant leur groſſeur; s'ils ſont forts, mettez-les à demi accolade; faites-les cuire bien à propos, leur donnez une belle couleur, & ſervez chaudement.

Le Chevreüil entier, ou en Rôt-de-Bif, étant

dé-

dépoüillé proprement, accommodez-le de maniére fur la braife, en le foûtenant des mains,
ou mettez-le pour plus de facilité fur un gril, &
faites-le piquer de petit lard; & mettez-le mariner fuivant le tems de la faifon; étant mariné,
mettez-le à la broche, envelopé de bonnes bardes de lard & de papier, arrofez-le de fa marinade; faites-le cuire; étant cuit, le tirez, &
& fervez chaudement avec poivrade & fauſſe
douce.

Le Sanglier, le Cerf & le Dain, fe font de
la même maniére que le Chevreüil.

L'Agneau entier ou en quartier étant dépoüillé, trouſſez-le, & le faites blanchir à l'eau; fi
c'eſt en entier à la broche, fi c'eſt en quartier,
blanchiſſez-le fur de la braife foûtenu en l'air
par un hâtelet, l'humectez de tems en tems
d'un peu d'eau tiéde; étant blanchi, piquez-le
de petit lard, mettez-le à la broche, après l'a-
voir piqué, & y mettez quelques bardes de lard
fur les flancs, l'envelopez de papier; faites-le
cuire; fa cuiſſon va à une heure & demi; que
le feu foit moderé; étant cuit, tirez les bardes
de lard & le papier: fi vôtre Rôt-de-Bif n'eſt
pas piqué jufque deſſus la croupe, vous le pannerez d'une mie de pain bien fine, lui ferez
prendre une belle couleur; enfuite, tirez-le, le
dreſſez dans fon plat & parez les bouts de cuif-
feau, que le bout des os foient bien propres,
& le garniſſez de creſſon, fi vous en avez, &
une fauſſe verte, & fervez chaudement.

Pigeons & Ortolans.

Ayez des petits Pigeons nouveaux nés de
huit à dix jours, tuez-les, & les faites bien fai-

gner.

gner, vuidez-les, & les mettez sur la braise:
quand ils sont bien blanchis, frotez-les d'un peu
de lard, envelopez-les dans une serviette, tenez-les chaudement pour avoir plus de facilité
à les éplucher, coupez-leur la tête & le bout
des pates, ayez des bardes assez longues pour
qu'elles puissent faire le tour de vôtre Pigeon;
prenez vôtre hâtelet, & vôtre barde de lard
dans le milieu, & vôtre feüille de vigne; ensuite, passez vôtre brochette au travers de vôtre
Pigeon, & ramenez la feüille de vigne par-dessus l'estomac, & la bardez de lard en même
tems & l'autre bout par-dessus, & ensuite en-
foncez-le dans vôtre hâtelet, & en faites de
même à tous les autres; passez un bout de fice-
le des deux côtez de vos Pigeons, pour soûtenir les bardes de lard, crainte qu'elles ne se cas-
sent; attachez-les sur une broche, & les couchez sur le feu; faites-les cuire, & prenez garde que vôtre feu ne soit point trop ardent; é-
tant cuits, dressez-les dans leur plat, & servez
chaudement.

Prenez des Ortolans, épluchez-les bien, coupez les bouts des ongles, & ôtez-en les yeux;
ensuite, vous les mettez sur un petit hâtelet d'argent ou autre; attachez-les sur une broche prêt
à mettre sur le feu quand vôtre Rôt est parti;
couchez vos Ortolans au feu, flambez-les legérement, & ayez une demi-douzaine de blanc
d'œufs plus d'amoitié foüetez avec quelques plumes de Canards, ou autres qui soient fermes,
& jettez avec vos plumes les blancs d'œufs dessus vos Ortolans, dessus & dessous, & qu'ils
soient à grand feu; d'abord qu'ils auront une
couleur d'or, tirez-les, & servez promptement.

Pour ce qui regarde le Rôt maigre, de quelle

le qualité que le poiſſon ſoit, étant bien écaillé, lavé, & bien eſſuyé, vous le poudrez de farine, & le faites frire dans du beurre rafiné ; étant frit, d'une belle couleur, vous pliez une ſerviette ſur le plat que vous voulez ſervir, dreſſez-le deſſus, & ſervez chaudement : vous pouvez auſſi le faire frire dans du ſain-doux pour les jours gras, & dans de l'huile pour les jours maigres ; les Carpes & les Brochets, doivent être marinez avec vinaigre, ſel, poivre, fines herbes, &c.

Aloüettes à l'Angloiſe.

Ayez des Aloüettes, plumez-les, & les épluchez bien proprement : enſuite, vous les tremperez dans de l'œuf bâtu, & les panerez les unes après les autres ; vous les embrocherez ſur un hâtelet, & les ferez cuire à la broche, & les ſervez pour Rôt.

CHAPITRE II.
Des Entrées de Poulets.

Poulets farcis aux Ecrevices à la broche.

PRenez des Poulets, épluchez-les bien proprement, flambez-les, vuidez-les de même, passez les doigts entre la peau & la chair; ôtez-en l'estomac, & faites ensuite de la chair de l'estomac une farce de cette maniére. Prenez de la graisse de bœuf, du lard blanchi, une tetine de veau blanchie, de la chair de Poulet, quelques champignons, des truffes, ou des mousserons, si vous en avez, assaisonnez de sel, poivre, fines herbes, fines épices, de la mie de pain, cuite dans du lait, ou dans de la crème; un couple d'œufs cruds, le tout bien haché, & de bon goût. Vous mettrez une partie de cette farce dans le corps de vos Poulets, & ensuite un petit ragoût des queuës d'Ecrivices, & mousserons, avec un peu de coulis d'Ecrivices; ensuite, remettez la farce par-dessus, & fermez bien les deux bouts; faites-les refaire dans une casserole avec du beurre, sel, poivre, persil, & ciboule, & faites principalement qu'ils soient bien blanc; passez ensuite une brochette aux travers des cuisses des Poulets, & attachez-les à la broche, & envelopez-les de bardes de lard, & du papier bien ficelé, & les faites cuire à petit feu: Lorsqu'ils

qu'ils feront cuits, tirez-les, & les débardez, & les dreffez proprement dans le plat fur lequel vous les voulez fervir; mettez-y enfuite un ragoût de queuës d'Ecrevices par-deffus; fervez-les chaudement pour Entrée. Vous pouvez fervir une autre fois vos Poulets en mettant par-deffus un coulis d'Ecrevices à la place des queuës.

Poulets aux Ecrevices d'une autre façon.

Prenez des Poulets, flambez-les, épluchez-les bien proprement, & les vuidez de même; mettez enfuite les foies fur la table avec un peu de lard rapé, perfil, ciboule, fel, poivre, fines herbes, fines épices, champignons, & truffes, fi vous en avez, & un morceau de beurre; hachez le tout, mettez-le dans le corps de vos Poulets, & faites-les refaire dans une cafferole avec un morceau de beurre, perfil en branche, & ciboule, fel, poivre, & fines herbes; quand vos Poulets font bien blanchis, mettez-les à la broche, & envelopez-les de bardes de lard, & de feüilles de papier; lorfqu'ils feront cuits, dreffez-les dans leur plat, & y mettez un ragoût comme il eft dit dans l'article précedent, ou bien un coulis d'Ecrevices. Une autre fois, au lieu de hacher les foies de vos Poulets, coupez-les en quatre, ou en fix morceaux, avec quelques autres foies, & des queuës d'Ecrevices, du lard rapé, perfil haché, ciboules, fel, poivre, fines épices, fines herbes; le tout mêlé enfemble: metrez dans le corps de vos Poulets, & blanchiffez-les comme cy-deffus: lorfqu'ils feront cuits, dreffez-les dans leur plat, &

met-

mettez-y un coulis d'Ecrevices, & fervez chaudement.

Poulets aux Huitres.

Prenez des Poulets, flambez-les, épluchez-
les proprement, & vuidez-les; coupez-en les
foies par morceaux avec une douzaine d'Huitres, & un morceau de beurre; affaifonnez ces
foies, avec du fel, poivre, fines herbes, fines
épices, champignons, perfil, ciboules, & mettez
le tout dans une cafferole que vous laifferez
un moment fur le feu; enfuite, mettez-les dans
le corps de vos Poulets, & faites-les refaire
comme il eft dit ci-deffus. En les mettant à
la broche, bardez-les avec des bardes de lard,
que vous couvrirez avec des feüilles de papier;
ayez enfuite un ragoût d'Huitres tout prêt, pour
quand vos Poulets feront cuits; voici la maniére
de le faire. Prenez deux douzaines d'Huitres,
faites-les blanchir à l'eau boüillante, & remettez-les enfuite dans l'eau froide; ôtez-en les
durillons, & les ayant fait égoûter, mettez-les
dans une cafferole avec une cuillerée d'effence
de jambon, fuivant que vous jugerez à propos; car fi vous n'avez qu'un Poulet, il n'en
faut pas tant; faites-là boüillir fur le feu: &
d'égraiffez-là bien, & l'ayant enfuite goûtée,
mettez-y vos Huitres, & changez-les de cafferole: quand vos Poulets feront cuits, mettez-y vôtre ragoût par-deffus avec un jus de
citron, & ayez foin qu'ils foient de bon goût,
& fervez chaudement pour Entrée.

Pou-

Poulets aux Huitres, au coulis d'Ecrevices.

Prenez des Poulets, & les accommodez comme ceux ci-deſſus, avec cette difference, qu'au lieu de mettre une eſſence de jambon, vous employerez un bon coulis d'Ecrevices que vous mettrez par-deſſus, & le ſervirez chaudement pour Entrée.

Poulets aux Huitres, à la Hollandoiſe.

Ayez des Poulets, accommodez comme ceux-ci-deſſus; faites-les cuire à la broche, & lorſqu'ils ſeront cuits, faites vôtre ragoût d'Huitres, de cette maniére. Blanchiſſez vos Huitres en telle quantité que vous jugerez à propos; étant blanchies, épluchez-les barbes & ôtez-en les durillons. Mettez dans une caſſerole du bon beurre, une pincée de farine, une goûte de jus, aſſaiſonné de ſel, poivre muſcade, & un filet de vinaigre; mettez enſuite, la caſſerole ſur le fourneau; la ſauſſe étant liée, jettez-y vos Huitres, & obſervez qu'elles ſoient de bon goût: lorſque vos Poulets ſeront cuits, dreſſez-les dans leur plat, verſez-y le ragoût d'Huitres par-deſſus, & ſervez chaudement. Une autre fois, faites ſeulement blanchir vos Huitres dans leur eau, que vous gardez, épluchez-les comme ci-deſſus; & l'eau étant repoſée, mettez-en une partie dans une caſſerole bien étamée, avec un couple d'anchois hachez, & un peu de jus; faites-les, enſuite, boüillir, & y mettez vôtre beurre, dont il faut qu'un morceau ſoit manié dans la farine; la ſauſſe étant liée, jettez-y vos Huitres, étant prêt à ſervir, dreſſez vos Poulets, & mettez le
ra-

ragoût d'Huitres par-deſſus, avec un jus de citron, & ſervez chaudement pour Entrée. Une
autre fois, vous pouvez mettre du perſil blanchi, & haché; & une autre fois des citrons
coupez en petits dez.

Poulets aux Huitres, à la Flamande.

Prenez des Poulets, accommodez-les comme ci-devant, faites vôtre ragoût de la maniére qui ſuit; faites blanchir vos Huitres dans leur
eau que vous garderez; épluchez-les comme les
autres ci-devant; mettez une partie de leur eau
dans une caſſerole, avec quatre jaunes d'œufs,
un morceau de beurre, perſil, eſtragon, le
tout bien blanchi, & haché, citron coupé en
dez, un anchois haché, ſel, poivre muſcade,
& vos Huitres; mettez-les ſur le feu; mais prenez garde que la ſauſſe ne tourne pas; vos Poulets étant cuits, débrochez-les, & détachez les
aîles, & les cuiſſes du corps, & ciſelez-en l'eſtomac, & l'écraſſez entre deux plats; enſuite,
mettez vôtre ragoût d'Huitres par-deſſus vos
Poulets; voyez que celà ſoit d'un bon goût, &
ſervez chaudement pour Entrée.

Poulets à la Monmorenci.

Prenez des Poulets, flambez-les, vuidez-les,
trouſez-les, & les faites refaire ſur la braiſe; enſuite, faites-les piquer de petit lard, étant piquez, fendez-les ſur le dos, & mettez un petit
ragoût de ris de veau, champignons, truffes, ſi
vous en avez, & quelques culs d'artichaux;
mettez-les cuire dans une caſſerole avec des bardes de l'art, de jambon, & de veau; mettez-
les

les cuire ; étant cuits, tirez-les, & y mettez une cuillerée de boüillon ; faites-le boüillir un peu ; ensuite, passez ce boüillon dans un tamis de soie, & le dégraissez bien ; remettez ce boüillon sur le feu, & le laissez boüillir jusqu'à ce qu'il devienne en caramel ; ensuite, mettez-y vos Poulets, & mettez le lard dans le caramal, & le mettez sur des cendres chaudres, afin qu'il se glace comme il faut ; étant prêt à servir, mettez une essence de jambon, ou bien une sauffe à l'Italienne dans vôtre plat, & ensuite vos Poulets par-dessus, & servez chaudement pour Entrée.

Poulets à l'Achia, à la broche.

Prenez des Poulets, flambez-les, épluchez-les & les vuidez proprement ; mettez les foies sur la table, avec du lard rapé, persil, ciboules, sel, poivre, fines herbes, fines épices, un morceau de beurre, bien haché ensemble ; ensuite, mettrez le tout dans le corps de vos Poulets, & les faites refaire dans une casserole avec de bon beurre, persil en branches, ciboules, sel, poivre, fines herbes, & sur-tout qu'ils soient bien blancs, & bien ronds, mettez-les à la broche, & les pliez de bardes de lard, & de papier ; & les faites cuire. Une autre fois vous ne hachez point vos foies, vous les coupez seulement en quatre ou cinq, avec quelques autres, & des filets de l'Achia, & assaisonnez comme les autres ci-devant. Prenez de l'Achia, autant que vous jugerez à propos, coupez-les en filets, & les faites blanchir à l'eau boüillante ; étant blanchis, mettez-les dans l'eau froide ; ensuite, mettez-les égoûter

sur

sur un tamis ; vous les mettez dans une casserole avec de bon jus, du coulis, & les faites
boüillir un boüillon. Les Poulets étant cuits,
vous les mettez dans leur plat, & vôtre ragoût
d'Achia par-dessus ; voyez que cela ait du goût,
& de l'œil, & leger, afin que cela puisse flat-
ter la vuë, & servez chaudement pour Entrée.

Poulets aux Anchois, à la broche.

Prenez des Poulets, & les accommodez
comme ceux ci-devant, & les mettez à la broche ; prenez des Anchois & les layez, hachez-
en un couple, & coupez les autres en filets.
Ceux qui sont hachez, vous les mettez dans
une casserole avec de bon coulis, & du jus,
& un jus de citron ; vos Poulets étant cuits,
tirez-les de la broche, & les dressez dans leur
plat ; arrangez vos Anchois en filets par-dessus, & servez chaudement pour Entrée.

Poulets en Bottines.

Prenez trois beaux Poulets, flambez-les legerement, levez-en les cuisses, & faites ensorte
qu'il y reste de la peau autant qu'il se pourra ;
ensuite, vous levez les aîles, & vous laissez les
aîlerons ; il ne faut point laisser de peau aux
aîles, afin qu'on les puisent bien piquer, & les
faites cuire comme un fricandeau de veau : vous
prenez ensuite les estomacs qui restent, coupez-en la chair en dez avec ce qui reste sur
la carcasse ; ensuite, prenez vos cuisses, & en
tirez les gros os, & la chair, sans en offenser
la peau ; vous laissez un petit bout des bouts
de la cuisse, comme un manche d'une cote-
lette ;

lette; ensuite, vous coupez encore cette chair de cuisse en dez, avec des champignons, quelques filets de perdreaux, & de jambon coupez en petits dez; ajoûtez-y des ris de veau, des truffes, persil, ciboules, un peu de lard rapé, sel, poivre, fines herbes, fines épices; & mettez le tout un moment sur le feu: voyez si le tout est de bon goût, & y mettez un jus de citron; ensuite, vous étendez la peau de vos cuisses, & vous mettez de ce salipicon dedans chaque cuisse, que vous cousez ensuite; vous les mettez cuire dans une petite braise; étant cuites, tirez-les égoûter, dressez-les dans vôtre plat, & vos aîles glacées entre chaque cuisse, & mettez une essence de jambon dessus, servez chaudement pour Entrée.

Une autre fois, au lieu de salipicon, vous pouvez vous servir de farce, & les faire piquer de petit lard, & les autres aussi si vous voulez,

Entrée d'Aîles de Poulets.

Pour ce qui regarde les Aîles de Poulets, quand elles sont piquées, vous les mettez cuire dans une casserole avec tranches de veau, & de jambon, un couple d'ognons, trois ou quatre clous de giroffe, & bon boüillon; étant cuites, vous les tirez de la casserole, & les tenez chaudement; passez le boüillon où elles ont cuites, & le dégraissez bien; ensuite, vous le remettez sur le feu, & le laissez boüillir jusqu'à ce qu'il devienne en caramel; prenez soin qu'il ne devienne pas noir; ensuite, vous y arrangez vos Aîles, le lard sur le caramel, & les mettez sur des cendres chaudes, afin qu'elles se glacent tout doucement: étant prêt à servir,

vir, si elles ne sont pas assez glacées, mettez-les un peu dessus le feu ; mais ne les quitez pas, si vous voulez qu'elles soient bien, & vous les servez avec une essence, ou bien vous mettez un peu de coulis, & du jus, dans la casserole où ils ont cuits, & un peu de boüillon, avec un jus de citron ; dégraissez-le bien, passez-le dans un tamis de soie, & le mettez dans le plat que vous devez servir avec les Aîles dessus ; & observez que cela soit de bon goût, & servez chaudement pour Entrée : vous les pouvez servir avec un ragoût de chicorée ou de celeri, ou de cardons d'Espagne, ou de laituës, ou de montans de chicons, ou de cotons de pourprier, ou de pointes d'asperges, cela dépend de l'Officier qui travaille.

Poulet à la Tartare.

Epluchez bien vôtre Poulet, & coupez-le en deux, & le battez avec le plat du couperet ; ensuite, mettez-le dans une casserole, avec des bardes lard, sel, poivre, fines herbes, fines épices, persil, ciboules, & laissez mitonner tout doucement, jusqu'à ce qu'il soit presque cuit ; ensuite, vous le panez, & le faites griller sur le gril ; observez qu'il ait une belle couleur ; ensuite, vous le servez avec une remoulade, ou bien avec du jus, & un jus de citron par-dessus, & servez chaudement pour Entrée.

Poulets accompagné, à la broche.

Epluchez bien vos Poulets, & les vuidez ; ensuite, tirez les os de l'estomac du côté du jabot : il faut avoir tout prêt un petit ragoût, des

petits

petits pigeons à la cuilliere, avec des crêtes,
champignons, truffes, & le mettez dans le corps
de vos Poulets; bouchez-les par les deux bouts,
avec un peu de farce; ensuite, mettez-les à la
broche, envelopé de bardes de lard, & de papier; préparez un ragoût de ris de veau, de
champignons, des crêtes, des queues d'écrevices, le tout marqué dans une casserole; vous y
mettez une cuillierée de bonne essence, & bon
jus, & vous le mettrez cuire; ensuite, il faut
avoir une demi-douzaine d'écrevices, & une
demi-douzaine de ris de veau, piquez & glacez
de la même maniére que je marque les ailes de
Poulets; vos Poulets étant cuit, vous les débro-
chez, & les dreffez dans leur plat; & vôtre ragoût étant de bon goût, & bien dégraiffé, mettez-y un jus de citron, & dreffez par-deffus vos
Poulets & les ris de veau autour, & les écrevices auffi: obfervez qu'après que vos écrevices
font cuites, il en faut éplucher la queuë, &
mettre un petit falipicon dans le corps de vos
écrevices, fait avec champignons, truffes,
moufferons, & moüillez avec un peu de coulis;
enfuite, vous empliffez le corps des écrevices,
& les mettez dans un petit affaifonnement, pour
qu'elles prennent du goût; après, vous les mettez autour de vos Poulets, entre chaque ris de
veau une écrevice, & fervez chaudement pour
Entrée. Si on n'a pas de belles écrevices, on fe
contentera des moyennes en épluchant la queuë.

Poulets à la Famaïque.

Ayez des Poulets, trouffez-les, & mettez un
petit ragoût dans le corps, & envelopez-les de
bardes de lard, avec du papier autour; mettez-

les à la broche, & quand ils seront cuits, vous les servez avec une sauße hachée, ou bien un ragoût dessus; ou ce que vous jugerez à propos.

Poulets aux Truffes, à la broche.

Prenez des Poulets, les plus fins que vous pouvez trouver, épluchez-les bien, & les vuidez proprement; rapez du lard sur une assiette, pelez un couple de Truffes vertes, lavez-les bien, & les hachez; mettez-les sur le lard rapé avec du persil, de la ciboule hachée, & tant-soit-peu de basilic, avec les foies de vos Poulets bien hachez, & assaisonnez de sel, poivre, un morceau de beurre; mêlez le tout ensemble, & le mettez dans le corps de vos Poulets, & les faites refaire dans une casserole avec de bon beurre, persil, ciboules, sel, poivre; étant bien rond & bien blanc, ficelez-les, envelopez-les de bardes de lard & de papier, & les mettez cuire à petit feu: pelez des Truffes vertes, & les lavez bien, coupez-les par tranches, & les mettez dans une casserole avec du jus de veau, & les mettez mitonner à petit feu: assaisonnez de sel, poivre, le tout moderé; étant cuites liez-les de coulis; & les Poulets étant cuits, tirez-les de la broche, les débardez, & les dressez proprement dans le plat où vous voulez les servir; voyez que le ragoût soit d'un bon goût, & qu'il ait de la pointe; mettez-le dessus les Poulets, & servez-le chaudement pour Entrée.

Les Poulets aux mousserons se font tout de même; sur ces sortes de Poulets, vous y pouvez mettre une sauße à l'échalote, & un jus d'o-
range.

range, ou bien une fauſſe à la ciboule, en la faiſant friſer par les deux bouts, & on ne la fait point blanchir, on la met ſeulement ſur les Poulets en ſervant, & long comme la moitié du petit doigt, l'on en hache un peu, que l'on met avec un peu de jus, du ſel, poivre, & un peu de coulis; on le fait boüillir un boüillon; enſuite, un jus de citron; enſuite, on la met pardeſſus les Poulets: ſi on a point de coulis, on met un petit morceau de beurre manié, & au lieu de citron du verjus.

Poulets aux fines herbes, à la broche.

Prenez des Poulets, épluchez-les, & les vuidez proprement; ratiſſez du lard, un peu de jambon bien haché que vous mettez avec le lard rapé, un peu de baſilic, du perſil & de la ciboule; les foies des Poulets hachez, aſſaiſonnez de ſel, poivre; mêlez le tout enſemble, & le mettez dans le corps des Poulets: vous obſerverez qu'il ne faut jamais couper les boutons; faites-les refaire dans une caſſerole, avec un morceau de beurre, perſil, ciboule, le tout en branches, & les faites embrocher, envelopez de bardes de lard, & pliez de papier, & les mettez cuire à petit feu: Etant cuits, tirez-les, & les débardez, & les dreſſez proprement dans le plat que vous voulez ſervir, & mettez deſſus une eſſence de jambon, & ſervez chaudement pour Entrée.

Poulets aux Concombres farcis, à la broche.

Prenez des Poulets, épluchez-les, vuidez-les proprement, & en ôtez l'eſtomac, & le déſoſsez ; mettez la chair sur une table avec un peu de jambon, du lard blanchi, & une tétine de veau blanchie, des champignons, un peu de persil & de ciboule, tant-soit-peu de fines herbes, & fines épices, trois ou quatre jaunes d'œufs, de la mie de pain cuite dans de la crême, ou dans du lait ; ensuite, laissez-là refroidir ; étant froide, mettez-là avec la farce ; hachez bien le tout ensemble, & en mettez un peu de cette farce dans le fond de vos Poulets ; ensuite, un petit ragoût de Concombres dedans ; ensuite, un peu de farce par-dessus, & les bouchez bien : faites-les refaire, comme les autres ci-devant ; passez une brochette aux travers des cuisses, & les mettez à la broche ; envelopez de bardes de lard, & de papier, & le mettez cuire à petit feu ; prenez quatre moyens Concombres, pelez-les, & les vuidez ; étant bien vuidez, faites-les blanchir un boüillon ; étant blanchis, mettez-les à l'eau froide ; ensuite, farcissez-les de la même farce, & les farinerez par les deux bouts ; mettez dans une casserole quelques bardes de lard, & y arrangez vos Concombres ; assaisonnez-les, & moüillez-les d'une cuillerée de boüillon du derriére de la marmite, & les mettez cuire ; prenez une demi cuillerée de vôtre coulis, & le mettez dans une casserole, & le faites boüillir ; voyez que ce coulis soit d'un bon goût ; vos Poulets étant cuits, tirez-les, & les dressez proprement dans leur plat ; ensuite, tirez vos Concombres, égoûtez, & les mettez autour de vos Poulets, & mettez vôtre coulis par-dessus, & un jus de citron, & servez chaudement. NB. L'on accommode les Chapons de même que les Poulets qui sont marquez ci-dessus.

Pou-

Poulets à l'Italienne, à la broche.

Prenez vos Poulets ; épluchez-les , & les vuidez comme ceux ci-devant ; prenez du perſil, & de la ciboule, champignons, truffes, les foies de vos Poulets, du lard rapé, un morceau de bon beurre , de fines herbes , de fines épices ; hachez le tout enſemble, & le mettez dans le corps de vos Poulets ; arrêtez les par les deux bouts , comme il eſt marqué en pluſieurs endroits ; enſuite, faites-les refaire dans une caſferole, comme il eſt marqué ci-devant ; enſuite, mettez-les à la broche, & les pliez de bardes de lard, & de papier ; prenez du perſil, ciboule, de l'eſtragon, baume , & les faites blanchir ; étant blanchis, preſſez-les bien pour en tirer l'eau ; enſuite, hachez-les bien menu, & en mettez dans une caſferole la quantité que vous jugerez à propos, avec quatre jaunes d'œufs, un verre de vin de Champagne, un demi verre d'huile , un couple d'anchois hachez , la moitié d'un citron coupé en dez, une pincée de poivre concaſſé , du ſel, un couple de rocamboles hachées bien menu ; mettez le tout ſur le feu, & le lié avec un peu de coulis ; mais prenez garde qu'elle ne tourne ; enſuite, tirez les Poulets de la broche, débardez-les, & les dreſſez dans leur plat avec vôtre ſauſſe par-deſſus ; voyez qu'elle ſoit d'un bon goût, & ſervez chaudement pour Entrée.

Autre Entrée de Poulets à l'Italienne.

Prenez des Poulets, habillez-les comme ceux ci-devant ; faites-les refaire dans une caſſerole comme les autres , excepté qu'il ne faut point

B 3

met-

mettre de beurre ; vous mettrez de l'huile, &
du jus de citron ; étant refaits, vous les laisserez
mariner, & les mettrez à la broche, pliez de bardes de lard, & de papier: étant cuits, dressez-les, &
mettez une sausse à l'Italienne par-dessus. Vous
trouverez la maniére de la faire au Chapitre des
Sausses. Les Poulets à l'Espagnolle s'accommodent de la même maniére, il n'y a que la sausse
qui en fait la difference: vous trouverez la maniére de faire la sausse au Chapitre des Coulis
& Sausse.

Poulets en Galantines.

Prenez des Poulets, selon la quantité des Galantines, flambez-les, & les épluchez proprement; ensuite, fendez-les par-dessus le dos, ôtez-
en la peau, le plus proprement que vous pourez, & prenez garde de la casser; ensuite, prenez les blancs de vos volailles, & les coupez en
filets, avec du jambon en filets, du lard en filets, des pistaches en filets, arrangez le tout sur
un plat, prenez le restant de la chair de vos
Poulets, avec une noix de veau, un morceau
de lard, un morceau de graisse de bœuf, un morceau de jambon ; coupez le tout en petits morceaux, & le mettez sur une table, avec persil,
ciboule, fines herbes, fines épices, sel, poivre;
hachez bien le tout ensemble, & y mettez quelques jaunes d'œufs, pilez le tout dans un mortier, & observez que vôtre farce soit d'un bon
goût ; ensuite, étendez vos peaux de Poulets
sur une table, & y faites un lit de farce; ensuite, vous faites un filet du blanc de vos Poulets,
un filet de jambon, un filet de lard, un filet de
pistaches, un filet de jaunes d'œufs durs, si vous

vous

vous en servez pour des entremêts froids ; ensuite, un lit de farce par-dessus : vous continuez
de même jusqu'à ce que la peau de vos Poulets
soit pleine ; ensuite, vous faites réjoindre vôtre
peau de Poulets, comme si elle étoit entiére ;
vous la cousez ; ensuite, vous les faites cuire
dans une petite braise blanche : vous trouverez
la maniére de la faire au Chapitre des Braises ;
prenez garde qu'ils ne cuisent pas trop : étant
cuits, ôtez-les du feu, & les laissez refroidir dans
leur braise, afin qu'ils prennent du goût ; vous
les servez entiers sur des serviettes, battonnez,
ou bien coupez en tranches, ou pour servir de garnitures à quelques autres gros entremêts :
ils se servent chauds, si on les sert pour Entrée,
avec une essence de jambon par-dessus ; ou bien
coupez en tranches, avec une essence. Les Dindons en Galantines se font de même.

Poulets à la Passepierre.

Prenez des Poulets, épluchez-les bien proprement, & les vuidez ; hachez-en les foies, avec
un peu de lard rapé, un morceau de beurre ;
champignons, persil, ciboule, sel, poivre, fines
herbes, fines épices ; hachez bien le tout ensemble, & le mettez dans le corps de vos Poulets,
& les faites refaire comme il est marqué ci-devant ; ensuite, mettez-les à la broche, & les
pliez de bardes de lard, & de papier ; prenez
ensuite de la Passepierre, épluchez-là, & jettez
ce qui se trouve dur, & la faites blanchir à l'eau
boüillante ; après, mettez-là à l'eau fraiche ; ensuite, dans une casserole avec une demi cuillerée
à pot de jus, & une demi cuillerée de coulis ;
faites boüillir le tout un moment ; & vos Pou-

B 4

lets

lets étant cuits, tirez-les & les débardez ; vous les dresserez dans vôtre plat, & vôtre Passepierre dessous, & servirez chaudement pour Entrée. Les Poulets à la Criste-Marine se font de la même manière, en la blanchissant de même.

Poulets Aurore.

Prenez de petits Poulets de grains, qu'on apelle Poulets à la Reine, flambez-les, & les épluchez proprement, & les vuidez ; prenez garde de couper le bouton, ôtez l'amer des foies ; coupez les foies par morceaux avec quelques autres, assaisonnez de sel, poive, fines herbes, fines épices, un morceau de bon beurre. Mêlez le tout ensemble, & le mettez dans le corps de vos Poulets. Passez le croupion dans le bouton, & les faites refaire dans une casserole avec un morceau de beurre, persil, ciboules en branches. Etant refaits, embrochez-les sur un hâtelet, & les pliez de bardes de lard & de papier. Atachez-les sur une broche, & les faites cuire à petit feu. Etant cuits, tirez-les, débardez-les, & les dressez dans leur plat avec une sausse à l'Italienne par-dessus, & mettez entre chaque Poulet un petit fricandeau fort mince, bien glacé, & taillé en pointe, & servez chaudement. La grandeur de vôtre plat reglera le nombre de Poulets que vous devez prendre.

Petits Poulets à l'Angloise, aux Choux-fleurs.

Ayez des Poulets, épluchez-les, flambez-les & les vuides proprement, troussez les pâtes en

des-

deſſous, les aîles de même ; paſſez à une des aîles le foie , & à une autre le gigier ; paſſez une
brochette au travers des deux cuiſſes pour les tenir
en reſpect , & une ficelle par-deſſus , & les faites
blanchir à l'eau boüillante : obſervez qu'ils ſoient
bien propres ; mettez un morceau de beurre
manié dans de la farine , dans la marmite, ou
pot de terre , c'eſt-à-dire, qu'il y ait de l'eau ,
& du ſel , & la moitié d'un citron coupé en
tranches , après en avoir ôté l'écorce : quand
l'eau boüillira , vous y mettez vos Poulets , qui
étant cuits, vous les tirerez , & y mettrez des
Choux-fleurs , ce que vous jugerez à propos ;
leſquels étant cuits , & vos Poulets , vous les
dreſſerez dans vôtre plat , & les Choux autour :
vous mettrez une petite ſauſſe , de bon beurre ,
une pincée de farine , un peu d'eau, un peu de
ſel , poivre , de la muſcade, la lierez , & la mettrez par-deſſus vos Choux-fleurs ; on les garnis
auſſi de petit lard coupé en tranches autour :
on les peut ſervir aux épinars, en les faiſant cuire de même.

Poulets aux Ognons, à la broche.

Prenez des Poulets , épluchez-les bien , & les
vuidez ; prenez enſuite les foies de vos Poulets
avec du perſil, ciboules, fines herbes , fines épices , ſel , poivre , lard rapé , un morceau de
beurre , le tout bien haché ; mettez-le dans le
corps de vos Poulets , & l'arrêtez par les deux
bouts , afin que l'aſſaiſonnement ne ſorte point :
faites-les refaire dans une caſſerole , comme les
autres ci-devant ; enſuite , mettez-les à la Broche , & les envelopez de bardes de lard , &
de papier , & les mettez cuire à petit feu ; pre-

nez deux ou trois douzaines de petits Ognons;
épluchez-les, & les faites blanchir; étant blanchis, mettez-les dans l'eau fraiche; mettez-
les enfuite dans une cafferole avec de bon
boüillon; étant prefque cuits, liez-les d'une bonne effence de jambon, & achevrez de les faire
cuire doucement; étant cuits, dégraiffez-les
bien, & y mettez un jus de citron; vos Poulets étant cuits, tirez-les de la broche, & les dreffez proprement dans le plat où vous les voulez
fervir, & mettez les Ognons fur vos Poulets:
voyez que la faüffe foit d'un bon goût, & fervez
chaudement pour Entrée.

Poulets en Boüteille.

Prenez des Poulets, épluchez-les, flambez
les pattes, les aîles & la tête le plus proprement qu'il vous fera pofible; vuidez-les par le
col, & en tirez tous les os en général; & une
parties de la chair: obfervez qu'il ne faut point
fendre beaucoup la peau à côté du col; faites
une farce comme les farces de Poulets à la crême: toutes la difference qu'il y a, vous la ferez un peu plus légere, & plus de blancs d'œufs
foüetté en nége; il faut avoir une Boüteille d'un
verre bien mince, le gouleau un peu plus
grand que les Boüteilles ordinaires; faites entrer
vos Poulets le plus adroitement que vous pourrez: enfuite, vous tiendrez toûjours la peau en
haut comme un boyau, & vous y entonnerez
de vôtre farce prefque à moitié pleine; il faut
avoir un petit ragoût tout prêt, fait avec des filets de Poulets ou de Poulardes, & coupez le
plus fin qu'il vous fera pofible, & fort court, &
des filets de perdrix, truffes, fi vous en avez,

filets

filets de crêtes moüillez d'un peu de boüillon,
l'affaifonnez; & obfervez qu'il foit d'un bon goût,
& le liez d'un petit coulis blanc à la Reine, &
un jus de citron, & la mettez dans vôtre Poulet, & achevez de le remplir avec le refte de
vôtre farce, & attachez la tête avec la peau au
deffus du col de vôtre Boüteille: vous pouvez
prendre une autre fois des Poulets, & en formez
des poires, un pied vous fert pour la queuë d'une
poire; un gros Poulets vous fervira de deux
poires; pour le faire bien, il faut avoir un petit Poulet, un pied fert pour la queuë de la
poire, & le rempliffez de la même farce, & du
même ragoût: obfervez de le rendre en figure
de poire autant que vous pourez, & les faire
cuire dans une petite braife blanche; étant
cuits, vous les fervez avec un petit coulis
blanc à la Reine, ou une effence de jambon,
ou une fauffe à l'Italienne; une autre fois vous
les ferez piquer de petit lard de tous côtez, &
les faire cuire de même; & prenez garde qu'il
ne foit pas trop cuit à caufe du lard; & vous
aurez une glace qui eft marquée dans plufieurs
endroits des fricandeaux de veau tout prêts,
& vous les glacerez le mieux qu'il vous fera
pofible; vous en pouvez faire des Poulardes,
une Poularde en forme quatre, un Chapon, Dindon de même: vous pouvez en faire auffi des
Perdrix, des Pigeons, des Phaifants, & des Canards de même: pour ce qui concerne les Poulets en Boüteille, vous en ferez autant, felon la
grandeur de vôtre plat: vous les ferez cuire au
bain-marie dans de l'eau; & prenez garde qu'il
n'en entre point dans la Boüteille: il faut tout au
moins trois heures pour cuire; étant prêt à fervir, vous y mettrez un petit coulis blanc par le
haut

haut de vôtre Boüteille, & coupez vôtre Boüteille avec un diamant, afin que ceux qui font
à table puiffe tirer les Poulets eux-mêmes.

Poulets à la Poële.

Prenez des Poulets, épluchez-les, flambez-
les, & les vuidez, & les fendez fur le dos, tirez-en les gros os des cuiffes, & de l'eftomac,
& trouffez les pieds comme des petits dindons;
affaifonnez-les dedans avec fel, & poivre; garniffez une cafferole avec des petites tranches de
veau, & jambon, tranches d'ognons, bafilic,
gouffe d'ail hachée, mettez-y vos Poulets, &
mettez dans vos Poulets un petit falipicon, fait
avec des ris de veau, foies gras, champignons,
crêtes; & le mettez dans le corps de vos Poulets, & les couvrir deffus comme deffous; couvrez vôtre cafferole, feu deffous & deffus, & les
faites cuire tout doucement; étant cuits, tirez
vos Poulets, & les tenez chaudement; mettez
dans cette cafferole une cuillerée de boüillon, &
la faites boüillir : la viande étant cuite, tirez-là,
& la paffez par une étamine de foie, & dé-
graiffez-là bien, & la mettez fur le feu, & la
faites boüillir jufqu'à ce qu'elle foit reduite en caramel; enfuite, vous y glarerez vos Poulets;
étant prêts à fervir, dreffez vos Poulets dans leur
plat, & mettez dans vôtre cafferole un peu de
boüillon, du jus & coulis, & un jus de citron :
obfervez qu'elle foit d'un bon goût, & la mettez deffous vos Poulets; une autre fois, vous les
pouvez faire fans les glacer, en mettant du jus,
& du coulis dans vôtre cafferole, & vous vous
fervirez de la fauffe en la mettant fur vos Poulets.

Pou-

Poulets en Epigrame.

Ayez des Poulets cuits, levez-en les cuisses, & les aîles, & en parez les bouts des manches, & en tirez les gros os des cuisses, & laissez la peau après les aîles, & les cuisses autant que vous pourez, & levez une partie de la chair en dedans sans defigurer l'aîle ni la cuisse, & coupez la chair de l'estomac de vos Poulets en petits filets, le plus fin que vous pourez, & le rebut des carcasses; hachez-les avec une tétine de veau, un morceau de lard blanchi, un morceau de mie de pain cuite dans du lait, un œuf, assaisonnez de sel, poivre, fines herbes, fines épices, champignons, truffes fraiches, si vous en avez; le tout étant bien haché, & d'un bon goût, vous en couvrirez les aîles, & les cuisses en dedans de l'épaisseur de deux lames de coûteau; panez-les de mie de pain, & les arrangez dans une tourtiére avec des bardes de lard, & les faites prendre couleur au four; faites un ragoût, mettez dans une casserole un morceau de beurre, champignons coupé en filets, truffes, si vous en avez; passez le tout un moment sur le feu avec une pincée de farine, & moüillé de boüillon, & l'assaisonnez, & mettez une rocambole hachée, & mettez vos filets; observez qu'il soit d'un bon goût, lié d'une liaison, & un jus de citron; dressez-le dans vôtre plat, & vos cuisses, & ailes par-dessus.

Poulets à l'Ail, à la broche.

Prenez des Poulets, épluchez-les, & les vuidez bien proprement, prenez-en les foies avec persil, fines herbes, sel, poivre, fines épices, une gousse d'ail, du lard rapé, un morceau de beurre; hachez bien le tout ensemble,

&

& le mettez dans le corps de vos Poulets ; faites-les refaire dans une casserole comme les autres ci-devant, & les mettez à la broche envelopez de bardes de lard, & de papier ; & les mettez cuire ; ayez une douzaine de gousses d'Ail, épluchez-les, & les faites blanchir à l'eau boüillante ; étant blanchies, & presque cuites, mettez-les dans une casserole avec un peu de coulis & jus, & mettez le tout sur le feu ; faites-le bouillir, & le dégraissez bien ; observez que vôtre coulis soit comme il faut, & y mettez un jus de citron en servant ; vos Poulets, étant cuits, tirez-les, & les débardez ; dressez-les dans leur plat, & mettez vôtre ragoût d'Ail par-dessus vos Poulets, & servez chaudement pour Entrée.

Poulets en Fricandeaux.

Prenez des Poulets, épluchez-les & les vuidez ; troussez les cuisses en dedans le corps ; faites-les refaire ; ensuite, coupez-les en deux ; cassez-en un peu les os ; faites-les piquer de petit lard : étant piquez, vous les ferez cuire, comme les aîles des Poulets marquez ci-devant, ou comme d'autres Fricandeaux, & les servirez avec une essence de jambon, ou le jus que vous tirez de la casserole où ils auront cuits ; vous trouverez cette façon en plusieurs endroits ; servez-les chaudement pour Entrée.

Poulets en Puits, aux Mousserons.

Prenez deux Poulets, fendez-en un par le dos, & l'autre par l'estomac, & en tirez tous les gros os ; lardez-les de jambon en dedans ; ensuite, cousez-les ensemble, desorte que les

deux

deux n'en faſſent qu'une. Faites enſuite un ragoût de Mouſſerons, & en empliſſez le corps; bouchez les deux bouts, & les mettez cuire dans une braiſe ſéche; prenez une petite marmite, & y mettez des bardes de lard, tranches de veau, & de jambon; enſuite, mettez-y vos Poulets, & les aſſaiſonnez de ſel, poivre, o- gnons, fines herbes; & enſuite, couvrez-les deſſus comme deſſous, & les mettez cuire feu deſſus, & deſſous; lorſqu'ils ſeront cuits, tirez- les, & mettez-les égoûter; & enſuite, dreſſez- les dans leur plat, & mettez une eſſence de jam- bon deſſus, ou bien un petit ragoût de Mouſſe- rons, ſi vous en avez aſſez.

Poulet en Bâlon.

Prenez un Poulet, l'épluchez; fendez-le par- deſſus le dos, ôtez-en la peau; enſuite, prenez le blanc de vôtre Poulet, avec quelques blancs de perdrix, & d'autres volailles; mettez le tout en petits dez, du lard, en petits dez, du jam- bon, en petits dez, des piſtaches, en petits dez; prenez enſuite la chair de vôtre Poulet, ce que vous avez rebuté pour le mettre en filets; un morceau de noix de veau, un morceau de lard, tétine de veau, un morceau de graiſſe de bœuf; hachez bien le tout, aſſaiſonnez de ſel, poivre, fines herbes, fines épices, perſil, ciboules, une petite pointe d'ail; caſſez deux ou trois jaunes d'œufs crus, hâchez & mêlez bien le tout en- ſemble, & le mettez dans un plat; ajoûtez-y toutes vos viandes, que vous avez coupées en petits dez, avec des truffes, ſi vous en avez, coupées de même; rempliſſez-en la peau de vô- tre Poulet, qu'elle ſoit ronde comme une bou-

le ; enſuite, vous les mettrez cuire dans une petite braiſe blanche, & ſervez-le avec une eſſence
de jambon deſſus ; vous le pouvez, une autre
fois, faire piquer de petit lard, & le cuire
comme un fricandeau : vous le pouvez ſervir
froid pour entremêts, en le coupant en tranches pour garnir de gros entremêts.

Poulet en Vallon.

Poulet en Vallon, c'eſt à peu-près la même
choſe, que le Poulet en bâlon, excepté qu'on
y laiſſe les pates, & les aîles. Prenez un Poulet, épluchez-le bien proprement, & le fendez
ſur le dos ; tirez-en tous les os en général ; vous
en laiſſerez un aux cuiſſes pour que la pate puiſſe tenir, & le rempliſſez de farce, comme celui ci-deſſus. Enſuite, couſez-le, & lui faites
reprendre la figure de Poulet ; trouſſez-lui les
pates à côté du corps, & les aîles pareillement ;
pliez vôtre Poulet dans une étamine, & le faites
cuire comme les autres ci-devant : prenez garde
qu'il ne cuiſe pas trop ; enſuite, prenez du jambon coupé en tranches, fort minces, batez-les
avec le dos de vôtre coûteau, coupez-les en petits filets, le plus mince qu'il vous ſera poſible ; enſuite, en petits dez, comme la tête d'une
épingle ; mettez-les dans une caſſerole, avec
un petit brin de lard rapé, & le mettez à ſuer
ſur un fourneau à petit feu ; quand il aura pris
un peu de couleur, vous y mettez un petit morceau de beurre ; enſuite, une petite pincée de
farine, & remuërez avec une cuilliére de bois,
pour faire prendre une couleur d'or à vôtre farine ; enſuite, moüillez-le d'une cuillérée de
boüillon ; faites-le boüillir, & le dégraiſſez bien ;

fi la fauſſe n'eſt pas aſſez grande ou aſſez liée,
vous n'avez qu'à y ajoûter un peu de vôtre coulis, & vôtre Poulet étant cuit laiſſez-le éhoûter,
& dreſſez-le dans ſon plat, & mettez ce petit
Salipicon de jambon par-deſſus, & un jus de citron; & ſervez chaudement pour Entrée. Une
autre fois vous y pouvez mettre des truffes coupées de même, avec une eſſence de jambon.

Poulets en Grenadins.

Prenez des Poulets, épluchez-les bien, fendez-les ſur le dos, & les vuidez, ôtez-en tous
les os en général; enſuite, rempliſſez-les d'un
ſalipicon de ris de veau & de jambon, coupez
en dez; un peu de lard, & quelques filets de
poulets, le tout coupé en dez, & le tout crû,
prenez une caſſerole avec un peu de lard fondu,
du perſil, de la ciboule; mettez toutes vos viandes, coupées en petits dez, dans une caſſerole
ſur le feu, & l'aſſaiſonnez de ſel, de poivre &
d'un jus de citron; voyez, que cela ſoit d'un bon
goût, & rempliſſez-en vos Poulets, ramaſſez-
les, & couſez-en les peaux; il faut qu'elles
ſoient rondes comme une boule; piquez-les de
petit lard, & les mettez cuire dans une caſſerole, avec des tranches de veau, & de jambon,
ognons, un bouquet fait de ciboules, perſil,
clous de giroffe, branches de baſilic, & de
thin; moüillez-les de boüillon, & les mettez
cuire à petit feu. Etant cuits, tirez-les, & paſſez vôtre boüillon dans un tamis de ſoie; dégraiſſez-le bien, & le mettez ſur le feu, & le
laiſſez diminuer juſqu'à ce que le jus ſe rende
en caramel; enſuite, mettez-y vos Grenadins du

côté du lard, & les remettez sur une cendre chaude, pour qu'ils se glacent à loisir, ou bien sur un fourneau tout doucement; mais ne les quittez pas ; & ensuite, dressez-les dans leur plat avec une essence de jambon, & servez chaudement pour Entrée.

Poulets à la Marli.

Prenez des Poulets, & les épluchez bien proprement ; fendez-les sur le dos, ôtez-en les os des rheins, & les gros os des cuisses; prenez du jambon, coupé en filets, gros comme la moitié du petit doigt ; assaisonnez de fines herbes, & fines épices, & en piquez vos Poulets en dedans le corps; faites un ragoût de ris de veau, de crêtes, de truffes, champignons, & de mousserons; faites un morceau de pâte avec du sain-doux: formez une abbesse, comme pour faire une tourte ; & ensuite, y mettez une barde de lard, & puis vos Poulets par-dessus, & vôtre ragoût de ris de veau dans vos Poulets, & les fermez; mettez-y des bardes de lard tout autour; ensuite, envelopez-les le mieux qu'il vous sera possible de cette pâte, mais qu'elle ne redouble pas beaucoup l'un dessus l'autre; gressez une feüille de papier de sain-doux, & pliez vos Poulets en pâte dedans, & les mettez cuire dans une tourtiére, ou plafons au four; il faut toûjours trois bonnes heures pour qu'ils soient cuits comme il faut ; étant cuits, ôtez le papier, mettez-les dans un plat proprement, & servez chaudement pour Entrée.

Poulets

Poulets au Jambon.

Prenez des Poulets, épluchez-les, & les vuidez; mettez les foies fur vôtre table, avec du lard rapé, fel, poivre, fines herbes, fines épices, ciboule, perfil, champignons, truffes, un morceau de beurre; hachez bien le tout enfemble, mettez-le dans le corps de vos Poulets, & l'arrêter par les deux bouts, & les refaites comme ci-devant; étant refaits, mettez-les à la broche, envelopez de bardes de lard, & de papier; prenez du Jambon coupé en petites tranches, & les arrangez dans une cafferole, & leur faites prendre couleur des deux côtez; enfuite, tirez-les de la cafferole, mettez-y un morceau de beurre, & une pincée de farine; remuez avec une cuilliere de bois, jufqu'à ce qu'ils prennent une belle couleur; moüillez-les enfuite de bon boüillon, & de bon jus, prenez garde qu'il ne prenne pas trop de couleur; s'il n'eft pas affez lié, joignez-y de vôtre coulis ordinaire; mettez-y un verre de vin blanc, & dégraiffez-le bien; vous remettrez vôtre Jambon dans la cafferole fi vous le jugez à propos; mais vous lui ôtez toute la qualité qu'il peut avoir; cependant, c'eft affez l'ordinaire à plufieurs perfonnes de le remettre dans la cafferole. Vos Poulets étant cuits, débardezles, & dreffez-les dans leur plat, arrangez vos tranches de Jambon deffus; enfuite, vôtre effence de Jambon, & un jus de citron, & fervez chaudement pour Entrée. Une autre fois vous pouvez couper vôtre Jambon en filets, après qu'il a pris couleur; mais ne le point mettre, fur-tout, dans la faufle.

C 2

Poulet

Poulet en Hérisson.

Prenez un Poulet, épluchez-le, & le vuidez; hachez-en le foie, avec perfil, fines épices, fines herbes, ciboules, fel, poivre, lard rapé, un morceau de beurre, le tout bien haché; mettez-le dans vôtre Poulet, arrêtez-le par les deux bouts, faites-le refaire comme les autres ci-devant; étant refait, piquez-le de petits lardons de jambon; enfuite, mettez-le à la broche, envelopé de bardes de lard, & de papier; étant cuit, débardez-le, dreffez-le dans fon plat, & mettez par-deffus une effence de jombon, & fervez chaudement pour Entrée.

Poulet en Hérifon, d'une autre façon.

Prenez un Poulet, épluchez-le, vuidez-le, & l'accommodez, comme ci-devant; mettez-le à la broche, envelopé de bardes de lard, & de papier. Obfervez que la tête rentre dans le corps, de maniére qu'il n'y paroiffe que le bout du bec. Ayez deux ou trois douzaines de petits hâtelets, longs comme le petit doigt; (voyez la façon de faire des hâtelets;) prenez du petit lard maigre, coupez-le en petits morceaux larges comme le bout du pouce, & minces comme deux lames de coûteau enfemble; mettez-le enfuite dans une cafferole fur un fourneau, pour en faire fortir le plus gros de la graiffe; mettez-y enfuite, des ris de veau, coupez comme le gros du pouce, quelques champignons, quelques foies gras, perfil, & ciboules, fines herbes, liez-les d'une pincée de farine, & les moüillez d'un peu de jus;

en-

enfuite , les laiffer refroidir ; ayez des petits hâtelets de bois ou de buis , longs comme le pouce , & mettez un morceau de ris de veau , un morceau de lard, un morceau de champignon , jufqu'à ce que le petit hâtelet foit plein ; obfervez qu'il faut qu'il refte du bois pour le piquer fur le Poulet ; enfuite , trempez-les, & les faites griller d'une belle couleur ; vôtre Poulet étant cuit, dreffez-le dans fon plat avec une effence par-deffus , & y piquer vos petits hâteletes par-deffus, & fervez chaudement pour Entrée.

Poulets en filets, aux Piftaches.

Mettez des Poulets à la broche, & les faites cuire ; étant cuits, tirez-les, & levez-en les aîles , avec le blanc des eftomacs ; ayez une petite fauffe préparée dans une cafferole, avec un bouquet, un peu de bon beurre , des petits champignons coupez en tranches ; paffez le tout fur le feu , mettez-y une pincée de farine ; remuez le tout, & le moüillez d'une cuillerée de bon boüillon ; voyez qu'il foit de bon goût ; ayez des Piftaches échaudées & coupées en filets ; faites une liaifon de quatre ou cinq jaunes d'œufs , & les délayez avec de la crême ; & quand vous voyez que la fauffé eft affez diminuée, liez-là , & y mettez enfuite vos aîles de Poulets dans le blanc, & un jus de citron ; obfervez qu'il faut feulement couper les aîles en deux ; enfuite, vous rangez vos filets de Poulets dans le plat , & vôtre fauffe par-deffus, & enfuite les filets de Piftaches. Voyez que le tout foit d'un auffi bon goût qu'il vous fera poffible , & fervez chaudement pour Entrée.

C 3

Poulets

Poulets aux Marrons, à la broche.

Prenez des Poulets, épluchez-les & les vuidez; hachez-en les foies avec persil, ciboule, lard rapé, beurre, sel, poivre, fines herbes, fines épices; ayez des Marrons épluchez, & les mettez dans la braise pour faire en aller la petite peau; & qu'ils soient cuits ensuite, mettez-les Marrons avec la farce, & mettez le tout dans le corps de vos Poulets, & les faites refaire comme les autres ci-devant: embrochez-les, envelopez de bardes de lard, & de papier; prenez des Marrons épluchez, mettez-les dans une tourtiére, feu dessus, & dessous, & en ôtez la petite peau; ensuite, mettez-les dans une casserole avec du boüillon, & achevez de les faire cuire; quand ils seront cuits, ôtez le boüillon, & y mettez une demi cullierée à pot d'essence, ou de coulis, & un peu de jus; vos Poulets étant cuits, débrochez-les, débardez-les, & les dressez dans leur plat; mettez vos Marrons par-dessus avec un jus de citron, & servez chaudement pour Entrée.

Poulets aux Cardons d'Espagne, à la broche.

Prenez des Poulets, épluchez-les, & vuidez-les; mettez les foies sur vôtre table avec du lard rapé, du beurre, persil, ciboule, champignons, sel, poivre, fines épices, fines herbes; hachez bien le tout; & le mettez dans le corps de vos Poulets; faites-les refaire dans une casserole, avec un morceau de beurre, persil, & ciboule en bâtons; étant refaits, mettez-les à la broche envelopez de bardes de lard & de papier; ayez des Cardons tout prêts, mettez-les

dans

dans une casserole, avec une demi cuillerée de
bon jus de veau, une demi cuillerée de bonne
essence de jambon; mettez-y vos Cardons longs
comme la moitié du doigt , & qu'ils soient bien
blancs; avant que de les mettre dans vôtre coulis, faites-les boüillir un boüillon, & les dégraissez bien; vous y mettrez un jus d'orange en servant : vos Poulets étant cuits, débardez-les, &
les dressez dans leur plat, & vôtre ragoût de
Cardons par-dessus , & servez chaudement pour
Entrée.

Poulets en Filets.

Prenez des Poulets, épluchez-les, & les mettez à la broche, envelopez de bardes de lard,
& de papier ; étant cuits , tirez-les, & les laissez refroidir : prenez une casserole avec un morceau de beurre frais, quelques champignons coupez en tranches, mettez la casserole sur un fourneau, & lui donnez quatre ou cinq tours ; mettez-y une pincée de farine, & remuez ; moüillez-
les d'une cuillerée de bon boüillon avec un bouquet assaisonné : il faut couper vos Poulets en
Filets, mettez-les dans cette casserole avec quelques queuës d'écrevices, liez d'une laison d'œufs,
& servez chaudement pour Entrée.

Poulets aux Cerneaux, à la broche.

Prenez des Poulets, épluchez-les, & les vuidez, hachez les foies avec du lard rapé, un morceau de beurre, persil , ciboule, champignons,
fines herbes, fines épices, sel , poivre; hachez
bien le tout ensemble, ayez des Cerneaux épluchez ; prenez-en une poignée , & melez-les

avec vôtre farce ; mettez le tout dans vos Poulets, & les mettez à la broche envelopez de bardes de lard, & de papier; ayez des Cerneaux,
épluchez-en la quantité que vous jugerez à propos; pour les Poulets, un demi cent fufit; étant
épluchez, faites-les blanchir à l'eau boüillante,
& enfuite, mettez-les dans une cafferole, avec
une demi cuillerée d'effence de jambon, & un
peu de jus; faites-les boüillir un moment, & les
dégraiffez bien; voyez qu'ils foient de bon goût:
Vos Poulets étant cuits, tirez-les de la broche,
débardez-les, & les dreffez dans leur plat; mettez vôtre ragoût de Cerneaux par-deffus, &
fervez chaudement pour Entrée. Vous pouvez
fervir des chapons tout comme des Poulets.

Poulets en Canellon.

Prenez des Poulets, épluchez-les bien, vuidez-les, & les coupez par la moitié ; ôtez-en
enfuite tous les os, faites une petite farce bien
fine, avec un peu de chair de Poulets, un morceau de veau de la cuiffe, une tétine de veau,
du lard, de la graiffe de bœuf, un morceau de
jambon, quelques champignons, quelques truffes vertes, perfil, ciboule, fines herbes, fines
épices, fel, poivre; hachez bien le tout enfemble; prenez un morceau de mie de pain, cuite
dans du lait, & la mettez avec vôtre farce, avec
des jaunes d'œufs; enfuite, étendez vos moitiez
de Poulets fur la table, & y mettez de cette farce, & roûlez-les. Une autre fois, vous les
pouvez couper en quatre, & les faire cuire dans
une braife; étant cuits, tirez-les égoûter, & les
dreffez dans leur plat, avec une effence de jambon deffus, & fervez chaudement pour Entrée, ou
bien un coulis à la Reine. *Pou-*

Poulets à la Créme.

Ayez des Poulets cuits, felon la grandeur de vôtre plat; prenez un morceau de noix de veau, & en ôtez bien la peau, & le coupez par morceaux, avec un morceau de lard blanchi, de la graiffe de bœuf, une tétine de veau, quelques champignons, perfil, ciboules, fines herbes, fines épices, fel & poivre; mettez le tout dans une cafferole fur le feu; quand celà fera cuit, ôtez-le de deffus le feu, & le mettez fur une table, & le hachez bien; étant bien haché, mettez-y un morceau de mie de pain cuite dans du lait; la mie de pain étant froide, mettez-là avec farce, & fix jaunes d'œufs, la moitié des blancs d'œufs foüettez en nége; hachez bien le tout enfemble, prenez le plat que vous voulez fervir: s'il eft d'argent, mettez-y de cette farce dans le fond, & y mettez vos Poulets deffus, & y mettez un peu de cette farce dans les deux bouts; enfuite, mettez-y un petit ragoût fait de ris de veau, de crêtes, champignons; achevez de le recouvrir de farce, & rendez vos Poulets auffi ronds que vous pourrez; caffez un œuf, battez-le, & en dorez vos Poulets; tâchez de les rendre les plus unis, que vous pourrez, & les panez de mie de pain bien fine, & les mettez cuire au four, ou bien deffous un couvercle de tourtiére; étant cuits, & de belle couleur, tirez-les du feu, & les dégraiffez bien; nettoyez bien le bord du plat, & mettez un peu d'effence à côté de vos Poulets, & fervez chaudement pour Entrée. Quand on n'a point de plat d'argent, on fe fert d'une tourtiére enfuite, l'on dreffe les Poulets dans un plat. Une autre fois, vous pouvez couper les eftomacs de vos Poulets en petits filets, & les mettre dans un petit ragoût blanc, comme les autres ci-devant.

Poulets à la Crême, à la broche.

Prenez des Poulets, épluchez-les, vuidez-les, & les faites refaire dans une casserole; ensuite, faites des lardons de lard, & de jambon, assaisonnez de sel, poivre, fines herbes, fines épices, persil, ciboule, & piquez vos Poulets; étant piquez, mettez-les dans une casserole avec une pinte de lait, un morceau de beurre, fines herbes, une pincée de coriandre, du sel, poivre, ognons coupez en tranches, & la mettez un moment sur le feu; ensuite, mettez-les à la broche, & les arrosez de ce lait: étant presque cuits, prenez une chopine de crême avec une petite poignée de farine; délayez bien le tout ensemble, & y mettez un bon morceau de beurre avec du sel; mettez le tout un moment sur le feu, & remuez avec une cuilliere de bois; arrosez, ensuite, vos Poulets, & que cela fasse une croûte sur vos Poulets, qui soit d'une belle couleur; vos Poulets étant cuits, tirez-les, & les dressez dans leur plat, & mettez une poivrade liée dessous, & servez chaudement pour Entrée.

Poulets à la sausse à la Carpe.

Prenez des Poulets, épluchez-les, & les vuidez; hachez les foies avec un peu de persil, ciboules, fines herbes, sel, poivre, un peu de lard rapé, un morceau de beurre, champignons, truffes fraiches, si vous en avez; faites refaire vos Poulets dans une casserole avec du beurre,

per-

perſil, ciboules, & ſel ; enſuite, metrez-les à la broche, envelopez de bardes de lard, & de papier, & les faites cuire ; prenez les laitances de vôtre Carpe ; faites-les blanchir, & les mettez dans vôtre ſauſſe à la Carpe ; vos Poulets étants cuits, tirez-les, & les débardez ; dreſſez-les dans le plat où vous voulez ſervir ; mettez les laitances à côté de vos Poulets, & la ſauſſe par-deſſus, & ſervez chaudement. Vous trouverez la maniére de faire ce Coulis aux Chapitres des Coulis & Sauſſes.

Poulets à la ſauſſe au Brochet.

Prenez des Poulets, & les accommodez comme ceux qui ſont à la ſauſſe à la Carpe ; toute la difference qu'il y a, c'eſt qu'au lieu de Carpe l'on ſe ſert de Brochet pour faire le coulis, & au lieu de laitances, on prend quelques filets de Brochet. Une autre fois vous avez des coquilles d'écrevices bien pilées : tirez toutes vos viandes & vôtre poiſſon du coulis, & y mettez vos écrevices pilées, & le paſſez à l'étamine ; ſi vous voulez vous pouvez faire un petit hachis de Brochet, avec quelques blancs de Perdrix, un peu de coulis, & mettre cela dans un plat d'argent, & le faire attacher ; vos Poulets étant cuits, tirez-les, & les débardez ; dreſſez-les ſur ce hachis ; ayez des queuës d'écrevices, mettez-les dans vôtre coulis, & quelques filets de Brochet, pour marquer qu'ils ſont à la ſauſſe au brochet ; mettez le tout ſur vos Poulets : voyez qu'ils ſoient de bon goût, & ſervez chaudement pour Entrée.

Pou-

Poulets à la braise.

Prenez des Poulets, épluchez-les, & vuidez-les; trouffez les cuiffes en dedans le corps, & les piquez de gros lard, comme la moitié du petit doigt. Affaifonnez-les de fel, poivre, fines herbes, fines épices; enfuite, lardez vos Poulets & les ficelez, & les faites cuire dans une braife: étant cuits, dreffez-les dans leur plat, & y mettez une fauffe hachée par-deffus, ou ragoût de ris de veau, crêtes, champignons, ou une effence de jambon, ou un ragoût d'huitres; celà dépend du goût de l'Officier, pourvu qu'il foit de bon goût, & fervez chaudement pour Entrée.

Poulets aux gros Ognons.

Prenez des Poulets, habillez-les comme ceux ci-devant; lardez-les de gros lard, mettez-les à la broche, & les arrofez de bon beurre. Prenez de gros Ognons, coupez-les en tranches; mettez-les dans une cafferole avec un morceau de beurre; & enfuite, fur le feu: étant de belle couleur, poudrez-les d'une pincée de farine; moüillez-les de jus, affaifonnez-les, & les dégraiffez bien; s'ils ne font pas affez liez, mettez-y un peu de vôtre coulis; vos Poulets étant cuits, tirez-les, & les dreffez dans leur plat; voyez que le ragoût foit de bon goût, & le mettez avec les Ognons par-deffus, & un jus de citron, & fervez chaudement pour Entrée.

Poulets en Crépine.

Prenez des Poulets, épluchez-les, vuidez-les, & les mettez à la broche; étant cuits laiffezfez-les refroidir, pour faire la farce; prenez un morceau de roüelle de veau, ôtez-en bien les peaux, & les coupez en morceaux, avec un morceau de lard, une tétine de veau, un morceau de graiffe de bœuf, quelques champignons, perfil, ciboules, fines herbes, fines épices, fel & poivre; mettez le tout dans une cafferole fur le feu, à fuer aux environs d'un quart d'heure; enfuite, mettez cette viande fur la table ou billot, & hachez bien le tout; enfuite, prenez les eftomacs de vos Poulets, & les hachez avec l'autre viande; prenez un morceau de mie de pain, & la mettez boüillir dans une cafferole avec du lait, jufqu'à ce que la mie de pain foit fort épaiffe; après, laiffez-là refroidir, & la mettez avec vôtre farce; ajoûtez-y des jaunes d'œufs crus; foüettez trois blancs en nége, & achevez de le bien hacher : il faut avoir un petit ragoût de ris de veau, crêtes, champignons, culs d'artichaux, coupez en filets; ayez de la crêpine de veau, ou de mouton; ayez autant de morceaux de crêpine que de Poulets, mettez un morceau de crêpine dans une tourtiére, & y mettez vôtre Poulet enfuite de vôtre farce; laiffez un trou au milieu pour y mettre ce ragoût, & achevez de les couvrir; pliez la crêpine tout autour de vôtre Poulet, & les mettez cuire au four : étant cuits, dreffez-les dans leur plat avec une effence de jambon, & fervez chaudement pour Entrée, on met chaque Poulet en particulier.

Poulets en Hachis.

Ayez des Poulets cuits, prenez-en la chair, & la faites bien hacher; prenez les carcaffes, & les mettez dans une cafferole avec de bon

boüil-

boüillon, un ognon coupé en tranches, du perſil, fines herbes : lorſqu'elles auront bien boüilli, paſſez le boüillon dans un tamis ; enſuite, mettez-y un morceau de beurre manié, & faites-le boüillir encore un petit moment ; puis, mettez-y vôtre hachis de Poulets ; voyez que vôtre hachis ſoit d'un bon goût ; mettez-y une liaiſon de trois jaunes d'œufs, ſelon la grandeur de vôtre hachis ; étant lié, mettez-y un jus de citron, & ſervez chaudement pour hors d'œuvre.

Hachis de Poulets à l'Angloiſe.

Prenez des Poulets cuits, levez-en la chair, coupez-là par petits dez, & la mettez dans une caſſerole ; faites boüillir les carcaſſes avec un peu de boüillon ; enſuite, paſſez-les dans un tamis de ſoie ; prenez le boüillon, & y mettez vos filets de Poulets, coupez en petits dez, & les mettez ſur le feu ; ajoûtez-y un morceau de beurre manié dans la farine, & un jus de citron : obſervez qu'il ſoit d'un bon goût, & le dreſſez dans ſon plat garnie de mie de pain coupée en équires au tour. Vous pouvez auſſi y mettre deux cuiſſes grillées deſſus & les cropions. Vous pouvez ſervir cette Entrée ici, en petits filets fort fins, de la même maniére que cet hachi eſt fait.

Poulets à la Polonoiſe, au Safran.

Prenez des Poulets, vuidez-les, habillez-les, & mettez-les à la broche, plié de bardes de lard & de papier ; prenez des ognons ; coupez-les par tranches en quantité, & les faites cuire dans une caſſerole avec du boüillon, le plus blanc que vous pouvez ; étant bien cuits, paſſezfez-les à l'étamine, mettez-les dans une casse-role, & s'ils sont trop liez, mettez-y du bon boüillon : Il faut qu'ils soient liez, comme une essence de jambon; ensuite, prenez du Safran, faites le secher, & bien piler; mettez-le dans un gobelet, ou ce que vous jugerez à propos, une bonne pincée, & y mettez un peu de boüillon chaud, délayez-le bien, & en mettez dans vôtre coulis peu à peu, jusqu'à ce que vous voyez que la couleur soit belle; il ne faut pas qu'elle domine trop; tirez vos Poulets de la broche, levez-en les aîles & les cuisses, met-tez-les dans le coulis; & ensuite, dressez-les dans leur plat, & servez chaudement pour En-trée. Une autre fois, vous pouvez prendre des racines de persil, & les couper en filets; fai-tes-les cuire, & y ajoûtez vôtre même coulis que ci-devant, & le Safran; au lieu de mettre vos Poulets à la broche, vous les mettez cuire dans la marmite, un quart d'heure sufit; s'ils sont tendres, dépecez-les, & les dressez dans le plat où vous voulez servir; vous mettez vôtre coulis de racine de persil par-dessus, & servez chaudement pour Entrée.

Poulets à la Bourgeoise.

Prenez des Poulets, flambez-les, épluchez-les, vûidez-les, & troussez-les; prenez une marmite ou pot de terre, mettez-y de l'eau sufisamment pour que vos Poulets puissent tremper; mettez vôtre pot sur le feu, avec une poignée de sel; & quand vôtre eau boüillira, vous y mettrez vos Poulets, prenez garde qu'ils ne cuissent pas trop; mettez un morceau de beurre dans une casserole ou un pot de terre,

avec

avec une pincée de farine, muscade, poivre, sel
& huitres, & la moüillez de boüillon ; mettez vôtre
casserole sur le feu, & liez vôtre sausse ; cette sauf-
se étant liée, & de bon goût, tirez vos Poulets,
& les dressez dans leur plat avec vôtre sausse
aux huitres par-dessus. Une autre fois, vous
prendrez une pincée de persil, quelques vers
de ciboules, un peu de câpres, un peu d'estra-
gon, si vous en avez ; si vous n'avez que du
persil, vous né ferez pas moins la sausse ; mais
si vous avez des anchois, vous en hacherez
un couple, que vous mettrez dans la sausse ;
vous couperez la moitié, d'un citron en petits
dez, après en avoir levé la peau ; vous y pres-
serez l'autre moitié & vous mettrez un morceau de beurre, avec une pincée de farine, &
un peu d'eau, du sel, du poivre ; & faites cuire
vôtre sausse : vos Poulets étant cuits, dressez-
les avec vôtre sausse par-dessus. Une autre fois,
vous mettrez de la chicorée avec vos Poulets,
& lorsqu'elle sera cuite, vous lui donnerez trois
ou quatre coups de coûteau, & vous les mettrez dans une casserole, avec un morceau
de beurre, & une pincée de farine, & les
mettrez sur le feu ; ensuite, moüillez-là d'un
peu de boüillon où ont cuit vos Poulets ; si
elle n'est pas liez comme il faut, vous y mettrez une liaison d'œufs. Une autre fois, vous
les mettez aux ognons en les faisant cuire avec
vos Poulets, vous les mettez dans une casserole
ou terrine avec un morceau de beurre, sel,
poivre ; mettez-les sur le feu avec un peu de
boüillon où ont cuit vos Poulets, & un morceau de beurre manié avec de la farine, & les
liez d'une liaison d'œufs. Dressez vos Poulets &
vos ognons par-dessus, ou chicorée.

Poulets

Poulets aux Anguilles.

Prenez des Poulets, flambez-les, épluchez-les, & les vuidez; prenez les foies, ôtez-en l'amer & les hachez avec du perfil, ciboule, champignons, fines herbes, fines épices, fel, poivre, lard rapé, & un morceau de beurre; mettez le tout dans le corps de vos Poulets & les faites refaire dans une cafferole, avec un morceau de beurre, perfil & ciboule; mettez-les enfuite à la broche, pliez de bardes de lard & de papier; prenez des Anguilles, & les écorchez, coupez-les en tronçons de fix pouces de long, & les faites piquer de petit lard: étant piquez, mettez du vin blanc dans une cafferole, affaifonnez de fel, poivre, cloux, o-gnons coupez en tranches; faites-les boüillir pour les faire roidir, & quand le vin bouillira, mettez-y vos Anguilles; faites une glace comme pour des fricandeaux de veau: la viande étant cuite, paffez le boüillon dans une cafferole, & le faites ré-duire, jufqu'à ce que le boüillon fe rende en ca-ramel; enfuite, mettez-y vos tronçons d'An-guilles, & les mettez fur une cendre chaude pour le cuire doucement, avec un peu de feu deffus: vos Poulets étant cuits, débardez-les, dreffez-les dans leur plat, & y mettez une effen-ce de jambon; garniffez le plat de vos tron-çons, & fervez chaudement pour Entrée. Une autre fois, au lieu de les piquer de petit lard, vous n'avez qu'à les piquer de gros lard, de travers en travers, & les mettre cuire dans une petite braife blanche, faites avec des bardes de lard, du poivre, fel, bafilic, tranches d'o-gnons, un couple de verres de vin blanc: l'Anguille étant cuite, & ferme, mettez une eſſence de jambon dans une caſſerole , tirez vos Anguilles de la braiſe , mettez-les dans vôtre eſſence ; vos Poulets étant cuits , dreſſez-les avec les tronçons d'Anguilles autour , un jus de citron dans l'eſſence , & mettez par-deſſus , & ſervez chaudement pour Entrée.

Poulets à la Cardinale , à la broche.

Prenez des Poulets fraichement tués , épluchez-les bien proprement , & paſſez le doigt entre la peau & la chair , ſur l'eſtomac , ſur le dos , & aux cuiſſes ; il faut faire cela d'abord que les Poulets ſont plumez ; ſans cela elle pouroit ſe lever ; & de plus , elle ſe détache mieux ; & le lendemain vous les vuidez : il faut avoir pour le moins une cinquantaine d'écrevices , & les faire cuire : épluchez-les ; & lorſqu'elles ſont cuites , faites-en piler les coquilles auſſi fines qu'il ſe pourra ; plus elles ſeront pilées , plus vos Poulets ſeront rouges ; mettez-y enſuite , quelques queuës d'écrevices , un bon Morceau de beurre , fines herbes , fines épices , ſel , poivre , ciboule & perſil haché. Pilez bien le tout ; enſuite , tirez-le du mortier , & le mettez dans une étamine ; faites-le paſſer à force de bras , avec une cuillere de bois , & farciſſez-en vos Poulets , entre peau & chair , ſur le dos , auſſi bien que ſur l'eſtomac , & les cuiſſes ; embrochez-les , envelopez de bardes de lard & de papier , & les faites cuire ; étant cuits , tirez-les & les débardez ; dreſſez-les dans leur plat , & y mettez une eſſence de jambon deſſous , & ſervez chaudement pour Entrée.

Poulets en Marinade.

Prenez des Poulets, flambez-les, épluchez-les & les vuidez. Etant vuidez, coupez-les par morceaux comme pour une fricaſſée de Poulets. Mettez-les dans une caſſerole avec des ognons coupez en tranches, du baſilic, perſil en branches, ſel, poivre, clous, un morceau de bon beurre, un peu de boüillon, le jus de trois ou quatre citrons. Mettez-les ſur le feu pour leur faire prendre du goût; enſuite, tirez-les égoûter, & prenez des blancs d'œufs, batez-les; trempez vos Poulets dedans, & delà dans de la farine. Il faut avoir du ſain-doux ſur le feu, pour les faire frire ſur le champ. Etants frits, dreſſez-les dans leur plat, & les garniſſez de perſil frît, & les ſervez pour Entrée ou pour hors d'œuvre.

Poulets en hâtelets, glacez.

Prenez des Poulets, coupez-les par morceaux, comme pour une fricaſſée de Poulets, & en ôtez la peau: faites-en piquer les cuiſſes, les aîles & l'eſtomac, & les paſſez ſur des hâtelets, le lard du même côté. Mettez-les dans une caſſerole avec quelques morceaux de veau & de jambon, ognons, un bouquet de perſil, de ciboules, & de fines herbes. Mettez-les ſur le feu, & les moüillez de boüillon; faites-les cuire tout doucement; étant cuits, tirez-les; paſſez le boüillon, remettez-les dans la caſſerole; remettez ſur le feu, & le faites boüillir juſqu'à ce qu'il ſe réduiſe en caramel; mettez-y enſuite, vos Poulets en hâtelets, & les faites glacer. Etant glacez, tirez-les, & les met-

tez

tez dans leur plat, mettez enfuite, dans leur caſſerole, un peu de coulis, & un peu de jus, avec un jus de citron, & paſſez ce petit coulis; obſervez qu'il ait du goût: mettez-le ſous vos Poulets, & ſervez chaudement pour hors d'œuvre, ou pour garnitures, pour piquer ſur de groſſes piéces.

Poulets en fricaſſée, au vin de Champagne.

Prenez des Poulets, vuidez-les, & en ôtez la peau; coupez les pâtes au-deſſus du joint, & les petits bouts des ailes; levez les cuiſſes, & donnez un coup de couteau qui caſſe l'os du bout du pilon de la cuiſſe, & en ôtez l'os, & mettez la cuiſſe dans de l'eau; levez les ailes & l'eſtomac; enſuite, nettoyez le reſte de la carcaſſe, en coupant tout le tour: lavez les Poulets en deux ou trois eaux, & les faites blanchir ſur un fourneau; étant blanchis, mettez-les dans de l'eau froide, & nettoyez proprement ſur un tamis ou ſur un plat, mettez-les dans une caſſerole, avec un peu de lard fondu, & un morceau de beurre, un bouquet, & une tranche de jambon, des champignons, quelques truffes coupées par tranches, & des crêtes, aſſaiſonnées de ſel & de poivre; paſſez le tout enſemble ſur le fourneau; étant paſſé, poudrez-le d'un peu de farine, & lui faites faire deux ou trois tours ſur le fourneau, & le mouillez au bouillon: faites bouillir deux verres de vin de Champagne, & les mettez dans la fricaſſée, & la mettez cuire à petit feu: delayez trois ou quatre jaunes d'œufs, dans un jus de veau, avec un peu de perſil haché; la fricaſſée étant cuite & diminuée à propos, liez-là de la liaiſon que vous

avez

avez préparée d'œufs & de jus de veau; étant liée à propos, voyez qu'elle soit d'un bon goût, & la dreffez proprement dans le plat où vous voulez la fervir, & la fervez chaudement pour Entrée ou hors-d'œuvre.

Poulets en fricaffée, à la Païfanne.

Prenez des Poulets, flambez-les & les épluchez: dépecez-les, levez-en les cuiffes, les ailes & l'eftomac; coupez les reins en deux & les mettez dans de l'eau; enfuite, tirez-les, prenez une poïle ou cafferole de terre ou autre cafferole; mettez-y vos Poulets avec un morceau de beurre, quelques ognons; affaifonnez-les de fel, & de poivre; paffez-les fur le feu jufqu'à ce qu'ils foient prefque cuits; mettez-y une pincée de farine mouillez d'un peu d'eau; faites une liaifon de jaunes d'œufs, un peu de mufcade, perfil haché, une rocambole hachée, échalote: délayez vôtre liaifon avec de la fauffe de vos Poulets ou du verjus, ou du jus de citron. Liez vôtre fricaffée; obfervez qu'elle foit de bon goût, & dreffez-là dans fon plat, & fervez chaudément. Si vous avez des champignons, vous pouvez y en mettre, elle n'en fera que meilleure.

Poulets en hâtelets.

Prenez des Poulets, & les accommodez tout comme pour une fricaffée de Poulets; mettez-les dans une cafferole avec quelques morceaux de lard, perfil, ciboule, fel, poivre, fines herbes; paffez-les fur le feu, poudrez-les d'un peu de farine, & les moüillez d'un peu de jus. Enfuite, mettez-les réfroidir, & les mettez fur vos

D 3

hâte-

hâtelets, & les panez de mie de pain. Après
cela, faites-les griller ou frire; pour les faire frire, il faut les tremper dans des œufs batus, & les
panez, de mie de pain. Servez-vous en pour
piquer fur de groffes piéces.

Poulets en fricaffée.

Coupez les Poulets de la même maniére que
les Poulets à la fricaffée au vin de Champagne,
ci-deffus : étant coupez, lavez-les, & les faites
blanchir fur le fourneau ; étant blanchis, mettez-les dans de l'eau froide, & les mettez é-
goûter fur un tamis ou fur un plat; enfuite, mettez-les dans une cafferole avec un peu de lard
fondu, & de beurre frais, & un bouquet, une
tranche de jambon, des crêtes, ris de veau,
champignons, & quelques truffes ; affaifonnez
de fel & de poivre ; paffez le tout enfemble fur
le fourneau : étant paffé, mettez-y un peu de
farine, & lui faites faire deux ou trois tours fur
le fourneau, & le moüillez moitié boüillon, &
moitié eau ; & le laiffez cuire à petit feu : faites
une liaifon de trois ou quatre jaunes d'œufs,
avec de la crême, & la délayez bien, & y mettez un peu de perfil haché: la fricaffée étant cuite, & diminuée à propos, liez-là fur le fourneau, avec la liaifon que vous avez préparée
d'œufs & de crême; étant liée, voyez qu'elle
foit d'un bon goût, & la dreffez proprement
dans le plat où vous voulez la fervir, & fervez
chaudement pour Entrée ou hors - d'œuvres.
Lorfque vous voulez la fervir au verjus, il faut
faire la liaifon, au lieu de crême, y mettre du
verjus, & des grains de verjus que vous aurez
fait blanchir à l'eau boüillante.

Pou-

Poulets aux truffes, à l'Italienne.

Prenez des Poulets, flambez-les, épluchez-les, & les vuidez ; hachez-en les foies avec du perſil, ciboule, champignons, fines herbes, fines épices, quelques truffes, du lard rapé, un morceau de beurre ; le tout étant bien haché, mettez-le dans le corps de vos Poulets, & les arrêtez par les deux bouts, de peur que la farce ne ſorte ; attachez les deux cuiſſes de vos Poulets contre le corps, avec une ficelle ; faites-les refaire dans une caſſerole avec de l'huile, ognons coupez en tranches, ſel, poivre, baſilic ; pelez enſuite des truffes, la quantité que vous jugerez à propos de mettre avec vos Poulets. Prenez enſuite une caſſerole, mettez quelques tranches de veau & de jambon ; après cela, mettez-y vos Poulets avec vos truffes, & les aſſaiſonnez legérement de ſel, poivre, clous, fines herbes, un ognon coupé en tranches, deux gouſſes d'ail ; pelez enſuite un citron, coupez-le en tranches, & le mettez avec vos Poulets, avec un demi verre d'huile, un verre de vin de Champagne ; mettez auſſi ſur vos Poulets, quelques bardes de lard, & les faites cuire tout doucement, feu deſſus & deſſous ; étant cuits, tirez-les, & les tenez chaudement ; ôtez les bardes de lard ; mettez dans leur caſſerole une petite cuillerée à pot de bon boüillon, une petite cuillerée de jus, un peu de coulis ; faites boüillir le tout enſemble, & le dégraiſſez le plus qu'il vous ſera poſſible ; enſuite, paſſez-le dans un tamis de ſoie ; mettez vôtre coulis dans une caſſerole, avec vos Poulets & les truffes ; tenez-les chaudement : étant prêt à ſervir, dreſſez-les dans leur plat avec vos truffes

D 4

autour ;

autour; observez que vôtre coulis soit d'un bon goût, mettez-le par-dessus vos Poulets, & servez chaudement pour Entrée.

Poulets aux petits Pois.

Ayez des Poulets, les épluchez, flambez, & les vuidez; coupez les foies en quatre ou cinq morceaux, & quelques autres foies, si vous en avez, assaisonnez-les de sel, poivre, fines herbes, ciboule, persil, un morceau de bon beurre; melez le tout ensemble, & le mettez dans le corps de vos Poulets, & passez la queuë dans le bouton, & les faites refaire dans une casserole, avec un morceau de beurre, persil, ciboule, & sel; étant refaits, envelopez-les de bardes de lard, & de papier, & les faites cuire à la broche; faites un ragoût de petits Pois tout prêt; mettez un bon morceau de beurre dans une casserole, & mettez la quantité de Pois que vous jugerez à propos, avec un bouquet, fait de ciboules, persil, & un couple de laituës en bouquet; couvrez la casserole, & la mettez sur un fourneau à cuire tout doucement; quand ils seront presque cuits, vous mettrez une pincée de farine, & les moüillerez avec de bon jus, & acheverez de les faire cuire; étant cuits, tirez-en les bouquets, & observez qu'ils soient de bon goût, & achevez de les lier de vôtre coulis; les Poulets étant cuits, dressez-les dans leur plat, & vôtre ragoût au petits Pois par-dessus, & servez chaudement. Vous pouvez servir des Poulets aux petits Haricots de même, en les mettant au coulis, quand les Haricots seront cuits.

Pou-

Poulets Mignons.

Prenez de petits Poulets gras, & les épluchez proprement : ôtez-en le jabot, coupez-en le cou, & ôtez-en la peau, prenant garde de ne la point casser, en y laissant tenir le bout des aîles, le bout des pattes, & le croupion ; la peau étant ôtée, vuidez les Poulets, & les envelopez d'une barde de lard, & les faites cuire à la broche ; étant cuits, tirez-les, débardez-les, & les désossez ; mettez-en la chair sur une table ; mêlez-y un peu de jambon, quelques champignons, & truffes, une tétine de veau blanchie, un peu de lard, du persil & de la ciboule hachez, assaisonnez de sel, de poivre, fines épices, & tant-soit-peu de fines herbes ; hachez bien le tout ensemble, & y mettez un ognon cuit à la braise & pilé. Mettez le tout dans le mortier, & le pilez ; étant pilez, retirez-le, & le mettez dans une casserole avec un demi septier de crème de lait, & quatre à cinq jaunes d'œufs ; délayez le tout ensemble, & le mettez sur un fourneau pour qu'il se lie un peu ; étant lié, retirez-le. Voyez que la farce soit d'un bon goût, & la laissez réfroidir jusques à ce qu'elle ne soit que tiéde ; ensuite, remplissez de la farce, les peaux des Poulets ; étant farcis, cousez la peau par les deux bouts. Faites boüillir du lait dans une casserole, & un morceau de beurre ; mettez un moment les Poulets dedans, & les en retirez ; ensuite, mettez-les entre deux linges, & les laissez réfroidir ; étant froids, faites-les piquer de menu lard, comme d'autres Poulets ; étant piquez, mettez des bardes de lard au fond d'une casserole ou plat, & arrangez les Poulets dessus ; & les mettez cuire au four, ou sous un couvercle : étant cuits, & d'une belle couleur, prenez le plat où vous voulez les fervir, pliez une ferviette deſſus ; dreſſez les Poulets proprement ſur la ferviette, & les fervez chaudement pour Entrée, ou hors d'œuvre. Sans ferviette une eſſence deſſous.

Poulets à la Cendre.

Prenez de petits Poulets, flambez-les, épluchez-les, & les vuidez. Hachez-en les foies avec du perſil, ciboule, champignons, fines herbes, fines épices, quelques truffes, ſi vous en avez, du lard rapé, un morceau de beurre. Le tout étant bien haché, mettez-le dans le corps de vos Poulets, & les arrêtez par les deux bouts, de peur que la farce ne forte. Attachez les deux cuiſſes de vos Poulets contre le corps avec une ficelle ; faites-les refaire dans une caſſerole avec un morceau de beurre, ciboule, perſil en branches ; prenez une caſſerole ; garniſſez-là de bardes de lard, tranches de veau bien minces, tranches de jambon, ognons coupez en tranches, bien minces ; arrangez-y vos Poulets, & les aſſaiſonnez de ſel, poivre, baſilic, feüilles de laurier, clous ; achevez de les couvrir de tranches de veau, tranches de jambon & bardes de lard. Mettez-les cuire feu deſſus & deſſous ; obſervez qu'ils ſoient un peu fermes, & qu'ils ne cuiſent pas trop. Etants cuits, tirez-les & les tenez chaudement : tirez auſſi les bardes de lard ; mettez enſuite, dans cette caſſerole, une petite cuillerée à pot de bon boüillon, autant de jus, autant de coulis, un verre de vin de Champagne, quelques tranches de citron ; faites boüillir le tout ſur un fourneau qui ſoit bien ardent ; dégraiſſez-le bien, & paſſez-le
dans

dans un tamis de soie ; dreffez enfuite vos Poulets fur leur plat ; obfervez que vôtre fauffe foit un peu liée & de bon goût ; mettez-là par-deffus vos Poulets, & fervez chaudement pour Entrée. Quoique je titre cette Entrée, de *Poulets à la Cendre*, je crois qu'on ne défaprouvera pas que je les faffent cuire à la cafferole, parce que de cette maniére ils confervent beaucoup mieux leur fubftance, & qu'ils ne font pas fujets à fe brûler comme à la cendre. Etant cuits de cette façon, vous pouvez-y mettre par-deffus tel ragoût que vous jugerez à propos, pourvû qu'il foit de bon goût, & de bel œil, & fervi chaudement.

Poulets à la Barbarie.

Ayez de bons Poulets de grain, trouffez-les & les batez avec le couperet pour leur caffer les os. Faites enfuite une farce fine, bien affaifonnée, pour mettre dans le corps de vos Poulets ; puis, faites-les cuire dans du lait, avec toutes fortes d'herbes fines & bon affaifonnement. Remarquez qu'il ne les faut mettre dans le lait que quand il bout ; & quand ils font bien cuits, il faut les tirer, les pâner, & les faire griller, & les fervir avec une remoulade.

Poulets à la Chombert.

Prenez de petits Poulets de grain ; flambez-les, épluchez-les & les vuidez. Hachez-en les foies avec un peu de perfil, ciboule, champignons, truffes, fines herbes, fines épices, fel, poivre, une rocambole hachée, un bon morceau de beurre ; le tout étant bien haché enfemfemble; mettez-le dans le corps de vos Poulets, arrêtez-les par les deux bouts, afin que la farce n'en forte point. Enfuite, ficelez-les, & que les pates ne s'éloignent pas du corps. Prenez une caſſerole, mettez un morceau de beurre ou lard fondu, perfil, ciboule en branches, & bafilic; mettez-y vos Poulets & les aſſaiſonnez de fel & de poivre; mettez-les fur le feu & les faites refaire; obſervez qu'ils foient bien ronds & bien blancs. Enfuite, embrochez-les fur un hâtelet de fer, & les attachez à une broche; faites-les cuire tout doucement; & pendant qu'ils cuiront, arroſez-les de beurre frais; enfuite, panez-les de mie de pain, & leur faites prendre une belle couleur. Etant cuits, tirez-les, dreſſez les dans leur plat; mettez une eſſence de jambon deſſous, & ſervez chaudement pour Entrée, ou une ſauſſe à l'Eſpagnole: Vous trouverez la maniére de la faire, au Chapitre des ſauſſes & Coulis.

CHAPITRE III.
Des Faisants.

Faisants à la Sauße à l'Espagnole.

Prenez de Faisants, épluchez-les, & les vuidez bien proprement; prenez garde de ne pas couper le bouton; prenez du lard rapé, persil, ciboule, sel, poivre, fines herbes, fines épices, & champignons; hachez le tout ensemble, & le mettez dans le corps de vos Faisants, passez le croupion dans le bouton, mettez-les cuire à la broche, pliez de bardes de lard, & de papier, ayez une casserole avec de bonne huile, un ognon coupé en tranches, du persil, une petite carote coupée en petits morceaux; passez le tout sur un fourneau, quelques tours; ensuite, moüillez-le de bon jus, & de bonne essence de jambon, la moitié d'un citron coupé en tranches, après en avoir ôté la peau, quelques champignons, trois ou quatre goußes d'ail, un peu de basilic, un bon verre de vin de Champagne; dégraißez bien vôtre coulis, prenez les foies de vos Faisants, & en ôtez l'amer; faites-les piler dans un mortier: étant bien pilez, mettez un peu de jus avec, dans le mortier pour bien tirer vos foies; ôtez les ognons, & les carotes de vôtre coulis; ensuite, mettez-y vos foies que vous venez de piler, & paßez-les à l'étamine. Vos Fai-
-sants

fants étant cuits, tirez-les, & les débardez; dreſſez-les dans leur plat, & mettez la ſauſſe à l'Eſpagnole par-deſſus, & ſervez chaudement pour
Entrée.

Faiſants aux Olives.

Prenez des Faiſants, la quantité qu'il vous en
faut pour vôtre plat, épluchez-les bien, & les
flambez, vuidez-les proprement; mais ne coupez pas le bouton; ôtez l'amer des foies, & les
hachez avec du perſil, ciboules, champignons,
fines herbes, fines épices, ſel, poivre, lard rapé, un morceau de beurre, & mettez le tout
dans vos Faiſants, & paſſez le croupion dans le
bouton; prevenez que vôtre farce ne ſorte : faites-les refaire dans une caſſerole avec un morceau de beurre, perſil, ciboule, ſel, baſilic, le
tout en branches; mettez-les à la broche, envelopez de bardes de lard & de papier. Prenez des
Olives, & en ôtez les noyaux, & les faites
blanchir à l'eau boüillante; étant blanchies,
mettez-les dans une caſſerole avec du coulis,
eſſence de jambon, & jus; faites-les boüillir,
& les dégraiſſez bien : voyez que le tout ſoit de
bon goût; vos Faiſants étant cuits, tirez-les,
& les débardez; dreſſez-les dans leur plat, mettez vos Olives par-deſſus, & ſervez chaudement pour Entrée.

Faiſants aux Huitres, à la broche.

Prenez des Faiſants, épluchez-les, & les vuidez; mais ne coupez pas le boûton; hachez-en
les foies; ayez des Huitres & les faites blanchir,
ôtez-en les-durillons, & les mettez dans une caſ-
ſero-

ferole , avec un morceau de beurre , avec les foies hachez de vos Faisants, persil, ciboule , sel , poivre, fines herbes, fines épices; passez le tout deux ou trois tours sur le fourneau; ensuite, mettez-le dans vos Faisants, & passez le croupion par le bouton ; faites-les refaire comme les autres ci-devant, & les mettez à la broche, envelopez de bardes de lard, & de papier ; ayez encore des Huitres blanchies comme les autres; mettez dans une casserole une demi cuillerée de bonne essence de jambon , un peu de vôtre coulis; ensuite, faites-le boüillir; ayant boüilli, & étant à proportion diminué , comme vous le voulez; mettez-y vos Huitres, avec un jus de citron. Vos Faisants étant cuits, tirez-les, & les débardez, dressez-les dans leur plat, & le ragoût d'Huitres par-dessus, & servez chaudement pour Entrée.

Faisants aux Huitres à l'Italienne, au blanc.

Prenez des Faisants, épluchez-les, & les vuidez proprement, hachez-en les foies; prenez des Huitres , pour chaque Faisants, une demidouzaine sufit ; faites-les blanchir, & les mettez dans une casserole avec les foies de vos Faisants, & un morceau de beurre , persil, ciboule, sel, poivre, fines herbes, fines épices; passez le tout un moment sur le feu , & mettez-le ensuite dans vos Faisants ; faites-les refaire dans une casserole avec de l'huile, ciboule, persil, basilic, jus de citron; mettez-les ensuite à la broche ; pliez-les de bardes de lard, & de papier : prenez des Huitres, & les faites blanchir

chir dans leur eau ; enfuite, épluchez-les ; ayez
une cafferole , mettez - y quatre jaunes d'œufs
cruds , la moitié d'un citron , coupez en petits
dez, une pincée de poivre concaffé , un peu de
mufcade rapée , un peu de perfil haché , une rocambole , & un anchois haché , avec un peu
d'huile , un petit verre de vin de Champagne ,
ou d'autre vin blanc , un morceau de bon beurre , un peu d'effence de jambon ; mettez enfuite
vôtre fauffe fur le feu , & la liez : prenez garde
que la fauffe ne tourne ; mettez-y vos Huitres :
voyez que la fauffe foit d'un bon goût ; vos Faifans
étant cuits , tirez-les , les débardez , & les dreffez dans leur plat ; mettez vôtre ragoût d'Huitres par-deffus , & fervez chaudement pour Entrée.

Faifants aux Maingots.

Prenez des Faifants , épluchez-les , & les vuidez proprement ; prenez les foies , & en ôtez
l'amer , & les hachez avec du perfil , ciboule ,
du lard rapé , un morceau de beurre , fel , poivre , fines herbes , fines épices ; mettez le tout
dans le corps de vos Faifants ; enfuite, faites-les
refaire dans une cafferole avec du beurre , perfil , ciboule : étant refaits , mettez-les à la broche , pliez de bardes de lard , & de papier ; prenez des Maingots , & les coupez en filets , &
les faites blanchir dans l'eau boüillante : étant
blanchis , mettez-les dans une cafferole avec un
peu de coulis , un peu d'effence de jambon , un
peu de jus : faites-les boüillir un moment , & les
dégraiffez : vos Faifants étant cuits , débardez-
les , & dreffez-les dans leur plat ; mettez vôtre
ragoût de Maingots par-deffus , & fervez chaument pour Entrée.

Fai-

Faisants aux Truffes vertes.

Prenez des Faisants, les flambez sur le feu, & les épluchez proprement : ensuite, vuidez-les, hachez-en les foies avec du lard rapé, persil, ciboles, quelques Truffes, sel, poivre fines herbes, fines épices, un morceau de bon beurre, hachez bien le tout, & le mettez dans le corps de vos Faisants, & les arrêtez par les deux bouts : faites-les refaire comme les autres : ensuite, mettez les à la broche envelopez de bardes de lard, & de papier, prenez des Truffes, les pelez, & les coupez par tranches, lavez-les bien, mettez-les ensuite, dans une casserole avec un peu de boüillon, & les mettez cuire doucement : étant cuites, liez-les avec vôtre coulis ordinaire, ou bien avec une essence de jambon, & y mettez un jus de citron. Vos Faisants étant cuits, tirez-les, les débardez : dressez-les dans leur plat, & mettez vôtre ragoût de Truffes par-dessus, & servez chaudement pour Entrée.

Faisants aux Truffes, à l'Italienne.

Prenez des Faisants, & les habillez tout comme ceux ci-devant : la différence qu'il y a, c'est que les autres sont cuits à la broche : prenez une casserole, & y arrangez quelques tranches de veau, de jambon, & d'ognons : ensuite, mettez-y vos Faisants : ayez des Truffes la quantité que vous jugerez à propos : pelez-les bien, & les lavez : mettez-les dans la casserole avec les Faisants, assaisonnez de sel, poivre, fines herbes, trois ou quatre gousses d'ail, un citron coupé en tranches, un demi verre d'huile, un verre de vin de Champagne: ensuite, achevez de les couvrir de bardes de lard, & de veau: mettez-les cuire feu dessus, & dessous: prenez garde qu'ils ne cuisent pas trop : il faut que vos Faisants soient fermes : vos Faisants étant cuits, tirez-les, & les tenez chaudement; mettez dans la casserole où vos Faisants ont cuits, une demi cuillerée de bon jus, une demi cuillerée d'essence de jambon; faites boüillir le tout, & dégraissez-le bien: passez cette sausse dans un tamis de soie; ensuite, remettez les Truffes dans la sausse; étant prêt à servir, mettez vos Faisants dans leur plat, & vos Truffes autour; mettez vôtre sausse par-dessus, & servez chaudement pour Entrée.

Faisants à la braise.

Ayez des Faisants, épluchez-les, vuidez-les, & troussez les cuisses en dedans le corps; faites-les refaire sur la braise, & les piquez de gros lard; prenez du lard coupez en lardons gros comme la moitié du petit doigt; assaisonnez-les de sel, poivre, fines herbes, fines épices; prenez une lardoire de bois, & lardez vos Faisants, étant piquez, ficellez-les, & les mettez cuire dans une braise, dont voici la maniére de la faire. Prenez une braisiére, ou une marmite, garnissez-là de bardes de lard, & de tranches de bœuf; ensuite, mettez-y vos Faisants, & les assaisonnez de sel, poivre, basilic, thin, laurier, ognons, les achevez de couvrir, & les moüillez d'une cuillerée de boüillon, & les mettez cuire feu dessus, & dessous tout doucement; étant cuits, vous les pouvez servir avec une sausse hachée, ou bien avec un ragoût

de

de ris de veau, ou aux cardons d'Espagne, &
servez chaudement pour Entrée.

Faisants aux Choux.

Prenez des Faisants, & les accommodez
tout comme ceux ci-devant: Il faut avoir des
Choux, & les faire blanchir; étant blanchis,
vous les ficelez par petits paquets, & les mettez cuire dans vôtre braise avec vos Faisants;
étant cuits, vous les tirez égoûter, & les Choux
aussi; ensuite, vous dressez vos Faisants dans
leur plat; entre chaque Faisants, vous y mettez un morceau de Choux, & un bon coulis
par-dessus, & servez chaudement pour Entrée.

Faisants à l'Achia.

Prenez des Faisants, épluchez-les, & habillez-les comme ceux ci-devant; ensuite, mettez-les à la broche, pliez de bardes de lard &
de papier; prenez ensuite de l'Achia, coupez-la
par tranches, & la faites blanchir à l'eau boüillante; étant blanchie, mettez-là dans une casserole avec un peu d'essence de jambon, un peu
de coulis ordinaire, un peu de jus; faites cuire le tout un moment; & les Faisants étant cuits,
tirez-les, & les débardez; mettez-les dans un
plat, voyez que vôtre ragoût soit d'un bon goût;
ensuite, mettez vôtre ragoût d'Achia par-dessus, & servez chaudement pour Entrée.

Faisants aux Ecrevices.

Prenez des Faisants, épluchez-les, & les vuidez, laissez le bouton; prenez les foies, ôtez-en

l'amer, & les hachez avec du lard rapé, un morceau de beurre, persil, ciboule, champignons, fines épices, sel, poivre; hachez bien le tout ensemble, & le mettez dans le corps de vos Faisants, passez le croupion dans le bouton, & les faites refaire dans une casserole avec un morceau de beurre, ciboule, persil, le tout en branches; ensuite, mettez-les à la broche, envelopez de bardes de lard, & de papier: vous prenez une douzaine de moyennes écrevices, que vous faites cuire; étant cuites, vous en ôtez les petites pattes, & en épluchez les queues; vous les mettez dans une casserole, avec un peu d'essence, & de jus; les faites mitonner, à fin qu'elles prennent du goût; vos Faisants étant cuits, tirez-les, les débardez, & les dressez dans leur plat avec les Ecrevices autour, & l'essence par-dessus, & servez chaudement pour Entrée. Une autre fois, vous, pouvez vous servir d'un coulis d'Ecrevices, voici la manière de le faire. Prenez des petites Ecrevices, & les lavez bien, mettez-les cuire avec ciboule, persil, sel, poivre, un peu d'eau, & les mettez sur le feu; d'abord que l'eau a passé par-dessus, elles sont cuites; épluchez-les, & faites piler les coquilles; mettez dans une casserole un morceau de rouelle de veau coupé en morceaux, & quelques tranches de jambon, ognons, carotes coupées en morceaux; mettez vôtre casserole sur le feu: lorsque vôtre coulis est un peu ataché, mouillez-le de bouillon, & y mettez un morceau de mie de pain blanc, & une ou deux tranches de citron; goûtez vôtre coulis, s'il est de bon goût, & en ôtez toutes les viandes; mettez-y ensuite vos coquilles d'Ecrevices pilées, & les passez à l'étamine sur le champ.

champ. Vous pouvez vous servir de ce coulis pour toutes sortes de viandes , pour des Perdrix , pour des Pigeons ; & quand vos moyennes Ecrevices ont pris goût, mettez-les dans ce coulis , & servez chaudement. Une autre fois, vous mettez les queues de vos Ecrevices dans une casserole avec jus, coulis, & sel, pour qu'elles prennent goût; ensuite; vous les mettez, dans vôtre coulis d'Ecrevices, & après cela mettez le coulis avec les queues d'Ecrevices dessus vos Faisants, & servez chaudement.

Faisants à l'Espagnole.

Prenez des Faisants, flambez-les, épluchez-les, & les vuidez; hachez-en les foies avec un morceau de beurre, lard rapé, champignons, truffes vertes, si vous en avez, persil, ciboule, sel, poivre, fines herbes, fines épices; hachez bien le tout, & le mettez dans le corps de vos Faisants, & les arrêtez par les deux bouts; ensuite, faites-les refaire dans une casserole : étant refaits, mettez-les à la broche, & les pliez de bardes de lard, & de papier; prenez une casserole, & y mettez un ognon coupez en tranches, une carote coupée en petits morceaux, & un peu d'huile; passez le tout quelques tours sur le feu; ensuite, vous le mouillez de jus, de bon coulis, & d'un peu d'essence de jambon; vous y mettez la moitié d'un citron, coupé en tranches, quatre gousses d'ail, un peu de basilic, du thin, une feüille de laurier, un peu de persil, ciboule, un couple de verres de vin blanc. Si vous avez quelques carcasses de Faisants, faites-les piler, & les mettez dans cette sausse, & si vous n'en avez point, vous faites piler les

E 3

foies

foies de vos Faiſants que vous avez gardez, après en avoir ôté l'amer; quand vôtre coulis eſt bien dégraiſſé, voyez qu'il ſoit d'un bon goût; vous y mettez vos foies de Faiſants pilez, & paſſez le coulis à l'étamine, vos Faiſants étant cuits, tirez-les, & les débardez; dreſſez-les dans leur plat, & vôtre ſauſſe à l'Eſpagnole par-deſſus, & ſervez chaudement pour Entrée. Ils ſe ſervent auſſi dépecés après qu'ils ſont cuits, vous les coupez, & les mettez dans une caſſerole avec la ſauſſe à l'Eſpagnole, & ſervez chaudement pour petite Entrée, ou hors d'œuvre.

CHA-

CHAPITRE IV.
Des Entrées de Veau.

Quartier de Veau en Crêpine.

Faites cuire un quartier de Veau à la broche; étant cuit, levez-en le filet tout le long de la longe, & vous ôterez du cuisseau le plus de chair que vous pourrez en creusant dedans. Faites hacher cette viande avec du lard blanchi, de la graisse de bœuf, & une tétine de Veau; le tout étant bien haché, assaisonnez-le de sel, poivre, ciboule, fines herbes, fines épices, & la mie d'un pain à potage cuite dans du lait, & une douzaine de jaunes d'œufs. Finissez de bien hacher le tout : ayez de la Crêpine de Veau, ou de mouton, ou de cochon; celle de Veau est la meilleure. Prenez ensuite vôtre Crêpine, & l'étendez dans le plat que vous voulez servir, & y mettrez vôtre Quartier de Veau. Faites avec vôtre farce des murailles tout le long de la longe & sur le cuisseau. Il faut avoir un grand ragoût de pigeons tout prêt : voici la maniére de le faire. Prenez une douzaine & demi de petits pigeons à la cuiliére; fates-les bien échauder, éplucher, & vuider; troussez-les de maniére que les pates rentrent dans le corps. Faites-les blanchir, mettez-les dans une casserole avec des ris de veau, champignons, truffes, si vous en avez, & culs d'artichaux coupez en morceaux; mouillez-les de boüillon, & les faites

cui-

cuire : étant cuits, mettez-y la quantité de coulis qui sera nécessaire, des crêtes de coq, & un
jus de citron. Voyez que vôtre ragoût soit bon,
& le faites réfroidir : étant froid, mettez-le sur
vôtre Quartier de Veau, & dans le cuisseau ;
achevez de le couvrir de cette farce, ensuite
batez des œufs, dorez bien vôtre farce, & la
rendez la plus unie qu'il vous sera possible ; pliez-
là ensuite de vôtre crépine le plus proprement
que vous pourrez ; faites fondre du beurre, jet-
tez-le sur vôtre Quartier de Veau, & le panez
d'une mie de pain bien fine ; mettez-le ensuite
au four, & observez que la couleur soit belle :
étant prêt à servir, mettez-y un coulis dessous,
& servez chaudement.

Cuisseau de Veau glacé.

Prenez un cuisseau de Veau qui soit bien blanc
& le parez, ce qui veut dire, ôtez la peau de
dessus le cuisseau : faites-le piquer de petit lard ;
étant piqué, vous l'ouvrirez par le côté : faites
ensorte d'y mettre une demi douzaine de petits
pigeons à la cuilliére, avec des truffes vertes,
& assaisonnez-les de sel & de poivre. Une autre fois, vous y pouvez mettre une farce : ficelez vôtre Cuisseau ; & étant ficelé, mettez-le
dans une casserole qui soit creuse avec quelques
tranches de jambon, ognons, un bouquet de
persil, fines herbes, clous de girofle, deux gousses d'ail ; mouillez-le d'eau, & le faites cuire :
étant cuit, tirez-le de la casserole, passez le
boüillon dans un tamis, le dégraissez bien, & le
remettez dans vôtre casserole. Remettez ensuite vôtre casserole sur le feu, & laissez tarir vôtre boüillon, jusqu'à ce qu'il devienne en caramel,

mel, ce qui s'apelle glacé; mettez-y ensuite
vôtre Cuisseau & le mettez sur des cendres chaudes, afin qu'il se glace plus aisément: étant prêt
à servir, mettez dans le plat un coulis, ou bien
une sausse à l'Italienne; & vôtre Cuisseau de Veau
dessus: & servez chaudement pour grosse Entrée.

Quartier de Veau, & le Rognon piqué.

Prenez un beau Quartier de Veau de derriere
le plus blanc que vous trouverez, & le faites
tremper dans de l'eau; & faites ensuite blanchir
le Rognon; étant blanchi, faites-le piquer de
petit lard; étant piqué, mettez-le a la broche,
couvrez le Rognon de papier sur le flanchi;
couvrez le cuisseau de bardes de lard & de papier, & le faites cuire; étant cuit, ôtez les
bardes de lard & le papier: panez tout le cuisseau de mie de pain bien fine, & lui faites prendre une belle couleur: étant comme il faut, tirez-le de la broche, & le mettez dans son plat,
avec un jus dessous, ou une sausse à l'échalotte,
& servez chaudement pour grosse Entrée.

Quartier de Veau, à la Crème.

Ayez un beau Quartier de Veau de derriére
qui soit bien blanc; coupez du lard en gros lardons, assaisonnez-les de sel, poivre, fines herbes, fines épices, persil, ciboule hachée; mêlez bien vos lardons avec cet assaisonnement,
& en lardez vôtre Quartier de Veau d'un bout
à l'autre: ensuite, mettez-le dans une grande
casserole ovale de toute sa longueur, & l'assaisonnez de sel, poivre, fines herbes, persil, &
ciboule en branches, ognons coupez par tran-

ches, quelques gousses d'ail; mettez-y ensuite une cuillerée de boüillon du derriére de vôtre marmite, avec un verre de vinaigre, ou bien le jus d'une demi-douzaine de citrons : mettez vôtre Quartier de Veau sur le feu, pour qu'il prenne du goût, en le tournant de tous côtez, ensuite, mettez-le à la broche, & le couvrez de bardes de lard sur la fleur, que vous enveloperez de papier ; ficelez-le bien, & faites-le cuire tout doucement; observez qu'il soit bien blanc; faites une sausse de la maniére qui suit; prenez un gros morceau de beurre frais, mettez-le dans une casserole, avec du persil haché, un peu de muscade, une pincée de farine, & de la crême, pour le moins une chopine: mettez cela sur un fourneau, & prenez garde que la sausse ne tourne; voyez qu'elle soit d'un bon goût; vôtre Quartier de Veau étant cuit, tirez-le, débardez-le, parez-en le manche, & le mettez dans son plat, avec vôtre sausse à la crême par-dessus, & servez chaudement pour grosse Entrée.

Quartier de Veau, au naturel.

Prenez un Quartier de Veau qui soit bien blanc, & en piquez le côté du rognon de menu lard, & bardez le côté du cuisson, l'embrochez, & l'envelopez de papier, & le mettez cuire en l'arrosant de tems en tems: étant cuit, débardez-le, & panez ce qui n'est point piqué, & lui faites prendre couleur; ensuite, retirez-le & le dressez dans un plat, avec un jus de Veau.

Quartier de Veau, ou Longe de Veau marinée.

Faites le piquez de gros lard, bien affaisonné, comme il est marqué ci-devant ; étant piqué, mettez-le dans un grand plat ou casserole ronde, & affaisonnez de sel, de poivre, tranches de citron, tranches d'ognons, ciboules entières, & feuilles de laurier, & du vinaigre à proportion ; laissez-le mariner trois ou quatre heures ; ensuite, embrochez-le, & le bardez de bardes de lard, & l'envelopez de papier, & le mettez cuire : mettez la marinade où il a mariné dans la léchefrite, avec du beurre, & en arrosez le Quartier de Veau en cuisant de tems en tems : étant cuit, débardez-le, tirez-le, & le dressez dans un plat, & mettez dessous une essence de jambon ou poivrade liée, & le servez chaudement pour une grosse Entrée.

Quartier de Veau farci à la broche.

Prenez un Quartier de Veau qui soit bien blanc, mettez-le sur une table, & le retournez du côté du rognon ; fendez-le du côté de l'os du cuisso, & en étendez la chair, & la peau, faites une petite farce de blancs de volailles de cette manière : prenez une poularde ou un chapon, vuidez-le, & le faites refaire, & debardez-le, & le mettez cuire à la broche : étant cuit, tirez-le, & le desossez sur une table ; y mettez un peu de ciboule hachée, quelques champignons, une tétine de Veau blanchie avec un peu de lard, affaisonnez de sel, & de poivre, un peu de fines épices, deux ou trois jaunes
d'œufs

d'œufs cruds, & un peu de mie de pain cuite
dans de la crême ; hachez bien le tout ensemble,
& le mettez sur le Veau que vous avez étendu,
& y mettez un ragoût de petit pigeons, ou autres choses, que vous ferez de la même maniére que celui que vous mettez dans le poupeton,
couvrez le ragoût de la même farce, & repliez
le Quartier de Veau, que le ragoût & la farce
soient bien enfermez dedans ; ensuite, cousez-le,
& le faites refaire ; faites piquer le bout du rognon de menu lard : étant piqué, embrochez-le,
& bardez ce qui n'est point piqué, & envelo-
pez-le de papier, & le mettez cuire à petit feu,
l'arrosant de tems en tems : étant cuit, dévelo-
pez-le, & le panez ; dressez-le dans un plat ; faites un trou au milieu du cuisson de la grandeur
d'un cus d'assiette, & y mettez un ragoût de
mousserons, ou bien un ragoût de truffes vertes, & le piquez autour d'hâtelets de ris de
veau, & de foies gras.

Roüelle de Veau à la Bourgeoise, au Blanc.

Coupez des tranches de Veau qui soient un
peu épaisses, & lardez-les avec lardons, tétine
de Veau, avec une petite lardoire de bois ; les
lardons seront assaisonnez d'un peu de persil, &
de ciboules hachées, avec de fines épices, sel &
poivre : étant bien lardez, il faut avoir une casserole, & mettre quelques petites bardes de lard
dedans, & bien arranger vos tranches de Veau
par-dessus : le feu doit être très-moderé dans le
commencement ; afin que la viande sue : après
qu'elle a sué, il lui faut faire prendre couleur de

deux

deux côtés, y mettre un peu de farine, &
moüillez-le de bon boüillon au dos, & le faites
cuire doucement: étant cuit, dégraisser, & le
lier avec une liaison de deux ou trois jaunes
d'œufs, délaiez avec un jus de citron; étant lié,
voyez qu'il soit d'un bon goût; dressez-le dans
un plat, & le servez chaudement.

Longe de Veau, à la braise.

Prenez une Longe de Veau, & piquez-là de
gros lard, assaisonnez de persil & ciboule hachée, poivre, sel, fines herbes, & fines épices; prenez une chaponiére, ou casserole o-
vale, & en garnissez le fond de bardes de
lard & de tranches de Veau, assaisonnez de
sel, & de poivre, de fines épices, & tant-soit-
peu de fines herbes, d'ognons coupez par tranches, carotes & panais, tranches de citron, y
mettez la Longe, & la renversez; que le côté
du rognon soit en haut, & l'assaisonnez de la même
maniére dessus comme dessous, & la couvrez
de tranches de Veau, & de bardes de lard, &
la moüillez d'une cuillerée de boüillon: fermez
la chaponiére ou casserole de son couvercle, &
la mettez cuire feu dessus & dessous: étant cuite, tirez-là, & la mettez égoûter; ensuite, la
dresser dans un plat, & y mettez dessus un ragoût de ris de veau, de crêtes, champignons,
truffes & mousserons, & servez chaudement
pour une grosse Entrée. On trouvera la maniére de faire le ragoût, à l'article des Ragoûts. On
sert cette Longe de Veau avec un ragoût de
concombres; ou bien, avec un ragoût de laitües.

Longe de Veau, à l'Esturgeon.

Prenez une Longe de Veau qui soit belle &
bien blanche, piquez-là moitié de gros lard, &
moitié de jambon. Prenez une casserole ovale,
de la grandeur de vôtre Longe ; mettez-y vôtre
Longe avec quelques bardes de lard, tranches
de Veau & de jambon, basilic, thin, laurier,
sel, poivre, ail, ognons, clous de girofle, un
citron pelé & coupé en tranches, une pinte
d'eau ; ajoûtez-y du vin, jusqu'à ce que le vin
surmonte la Longe de trois doigts, couvrez la
casserole de son couvercle, mettez-là cuire feu
dessus & dessous ; la Longe étant cuite, tirez-
là, & la dressez dans son plat, avec une essence de jambon, ou une poivrade liée, & servez
chaudement pour une grosse Entrée. Vous pouvez aussi servir vôtre Longe pour un entremês,
en la laissant refroidir dans son court boüillon.
On fait les Cuisseaux & Quartiers de Veau entiers, de la même maniére.

Longe de Veau, à la Créme.

Prennez une belle Longe de Veau qui soit
bien blanche, & la piquez bien de gros lard,
& de jambon ; mettez-là dans une casserole,
de sufisamment grande, que la Longe de Veau
puisse entrer à son aise ; mettez-y des ognons
coupez en tranches, du basilic, du thin, du
laurier, de la coriandre concassé, du sel, du poivre, un bon morceau de beurre, un couple de
pintes de lait ; mettez-là dessus le feu pour faire
prendre goût, pendant un demi quart d'heure ;
ôtez-là de dessus le feu, prenez une casserole, &

& y mettez une poignée de farine , avec trois
ou quatre jaunes d'œufs ; détrempez le tout
avec de la crême , ou du lait ; étant détrempé,
mettez-là avec vôtre Longe de Veau , embrochez là , & la faite cuire en l'arrosant de sa marinade , jusques à la fin , de tems en tems ; observez que sur vôtre Longe de Veau , il s'y forme une croûte au-dessus , & qu'elle aye une belle couleur; ensuite , étant prêt à servir , tirez-là,
& la dressez dans son plat , & mettez une poivrade dessous , & servez chaudement. Vous
trouverez la maniére de faire la poivrade à l'Article des Coulis. Quand vous metterez vôtre
longe de Veau à la broche passez sa marinade,
& l'arrosez avec , comme ci-devant.

Poitrine de Veau farcie , & piquée de menu Lard.

Prenez une Poitrine de Veau & la parez ;
passez un coûteau dedans par le petit bout, &
la farcissez ; étant farcie , cousez-là , ou l'arrêtez avec une brochette , & la faites refaire , &
la piquez de menu Lard : étant bien piquée,
prenez une casserole de sa grandeur , & la garnissez au fond de tranches de Veau & de
jambon ; mettez la Poitrine de Veau , le côté du Lard en dessous , & l'assaisonnez par-dessus de sel , de poivre , fines épices , & tant-soit-
peu de fines herbes , quelques ognons coupez
par tranches , & la couvrez de tranches de Veau,
& de jambon, & de bardes de Lard ; mettez-là cuire à petit feu , prenant garde qu'elle ne prenne trop
de couleur : étant cuite , & d'une belle couleur, tirez-là , & la mettez égoûter ; dressez-là sur le
plat ou vous la voulez servir ; mettez-y une es-

sence

sence de jambon, ou bien un ragoût de laitues, & servez chaudement pour Entrée. Vous pouvez mettre dessous toutes sortes de Ragoûts de Légumes.

Poitrine de Veau à la braise.

Prenez une Poitrine de Veau, & la faites refaire, ensuite la piquer de gros lard assaisonné, garnissez le fond d'une marmite de bardes de lard, & de tranches de bœuf, assaisonnez de sel de poivre, fines épices, & tant-soit-peu de fines herbes, un couple d'ognons coupez par tranches, quelques carotes, & y mettez la Poitrine de Veau, & la renversez du côté que vous l'avez piquée; l'assaisonnez dessus de même que dessous, & la couvrez de tranches de bœuf, & de bardes de lard; fermez la marmite, & la mettez cuire feu dessus & dessous: étant cuite, tirez-là de la marmite, & la mettez égoûter, & la dressez dans un plat, & y jettez dessus un ragoût de ris de veau, cretes, champignons, truffes, & mousserons, pointes d'asperges, & culs d'artichaux dans la saison. L'on sert aussi cette Poitrine de Veau à la braise, avec un ragoût de mousserons seuls; une autre fois, avec un ragoût de champignons; une autre fois, avec un ragoût de truffes. On trouvera la manière de faire tous ces ragoûts differens au Chapitre des Ragoûts; servez chaudement pour Entrée.

Poitrine de Veau, aux Pois verds.

Faites cuire la Poitrine de Veau à la braise, de la même manière qu'il est marqué ci-devant, faites un ragoût de Pois verds de cette manière:

Fai-

prenez la grosseur d'un œuf de beurre, &
le mettez dans une casserole avec un litron de
petits Pois, & un bouquet, les assaisonner de
sel & de poivre, & les mettez sur un fourneau,
& les laissez aller à petit feu : étant passez, mettez y une pincée de farine, & leur faites faire
deux ou trois tours ; ensuite, moüillez-les de
jus, & les laissez mitonner à petit feu : étant
cuits, liez-les de coulis, & les degraissez ; tirez
la Poitrine de Veau de la marmite, & la laissez
égoûter, & la dressez dans un plat : voyez que
le ragoût de Pois soit d'un bon goût, & le mettez dessus, & le servez chaudement pour Entrée.

Poitrine de Veau aux Concombres.

Prenez une Poitrine de Veau, la farcissez, &
la piquez de gros lard bien assaisonné, & la mettez cuire de la même maniére que la Poitrine de
Veau farcie, piquée de gros lard, que vous
trouverez marquée ci-devant : étant cuite, tirez
la Poitrine de veau, & la mettez égoûter ; si elle à une belle coûleur, dressez le ragoût de
Concombres au fond du plat, & mettez la Poitrine de Veau dessus, & la servez chaudement.
Vous trouverez la maniére de faire le ragoût,
au Chapitrre des Ragoûts.

Poitrine de Veau farcie, à la broche, au Jambon.

Prenez une Poitrine de Veau, & la farcissez
de la même maniére que celle qui est piquée de
gros lard, marquée ci-devant, & la piquez de

petit lard, & la mettez à la broche, & envelopée
de papier beuré, & la faite cuire à petit feu: é-
tant cuite, tirez-là, & la dressez dans un plat:
voyez que vôtre ragoût de Jambon soit d'un
bon goût, & le mêlez dessous; servez chaudement. On trouvera la maniére de faire le Ragoût
de Jambon en plusieurs endroits marquez ci-devant. On la sert aussi avec toutes sortes de petits Ragoût de légumes dessus, ou essence, &
poivrade: vous trouverez la maniére de le faire au Chapitre des Ragoûts.

Poitrine de Veau frite.

Prenez une Poitrine de Veau, & la mettez
cuire à la braise de la même maniére qu'il est
marqué ci-devant: étant cuite, tirez-là, & la
fendez du côté du tendron, & l'ouvrez en deux,
& la mettez mariner avec un peu de sel, de
poivre, des ognons coupez par tranches, feüilles de laurier, basilic, ciboules entiéres, tranches de citron & persil, & du vinaigre, & la
laissez pendant un couple d'heures; ensuite, la
retirer de la marinade, & la laissez égoûter, &
l'essuyer entre deux linges; battez trois à quatre œufs en omelette; & trempez la Poitrine de
Veau dedans, que l'œuf batu ait été bien par-
tout, & la retirer, & la paner d'une mie de pain
bien fine; mettez du sain-doux dans une poële
la quantité qu'il en faut. La friture étant chaude,
mettez-y la Poitrine de Veau, & la faites frire
de belle couleur; étant bien dorée, tirez-là;
pliez une serviette sur le plat que vous voulez
la servir, & la dressez dessus, & la garnissez
de persil frit, & la servez chaudement pour Entrée. Faites des Tendrons de Veau de la même

me maniére, que vous coupez par morceaux ; mettez-les cuire à la braise : étant cuits, marinez-les ; ensuite, les panez, & les faites frire de la même maniére que la Poitrine de Veau, & les servez de même. Une autre fois vous la tremperez dans du blanc d'œuf batu & la faites frire de même, & de la farine.

Poitrine de Veau en Sur-tout.

La Poitrine étant cuite à la braise, fendez-là du côté du tendron, & l'ouvrez, & la dressez dans au plat : ayez une farce de blanc de chapon ; faites un bord autour du plat de la hauteur de deux doigts de la même farce ; ayez des œufs bâtus en omelette pour dorer la farce, pour la rendre plus unie, & mettez dedans un ragoût de ris de veau, de foies gras, ou autres ragoûts, & la couvrez par-dessus de la même farce, la dorer de l'œuf bâtu, & la panez d'une mie de pain bien fine, & la mettez cuire au four : étant cuite, & d'une belle couleur, tirez-là, & la dégraissez ; nettoyez bien le bord du plat, & la servez chaudement. Vous trouverez la maniére de faire la Farce, au Chapitre des Farces.

Entrée de Tendrons de Veau, au blanc.

Prenez des Poitrines de Veau, coupez les Tendrons en morceaux, & les faites blanchir dans de l'eau : étant blanchis, tirez-les, & les mettez égoûter ; mettez un morceau de beurre frais dans une casserole, & y mettez les Tendrons de Veau, avec un bouquet, assaisonnez de sel & de poivre, y mettez des champignons & mousserons ; mettez la casserole sur le fourneau,

neau, & les paſſez : étant paſſez, mettez-y une pincée de farine, & leur faites faire trois ou quatre tours ſur le fourneau ; enſuite, moüillez-les de boüillon, & les laiſſez cuire à petit feu : étant à demi-cuits, mettez-y des pointes d'Aſperges, & des culs d'Artichaux dans la ſaiſon, que vous faites blanchir avant de les mettre ; faites une liaiſon de trois ou quatre jaunes d'œufs avec de la crême, & y mettez un peu de perſil haché : la fricaſſée étant diminuée à propos, liez-la avec la liaiſon, prenant garde de la remuer toûjours juſqu'à ce qu'elle ſoit liée, de peur qu'elle ne tourne : étant liée à propos, voyez qu'elle ſoit d'un bon goût, & la dreſſez dans le plat que vous voulez la ſervir, & la ſervez chaudement : & lorſqu'on veut la ſervir au verjus, il faut faire la liaiſon de verjus, au lieu de crême.

Tendrons de Veau, aux Pois.

Il faut paſſer vos Tendrons de la même manière qu'il eſt marqué ci-deſſus ; au lieu de les moüiller de boüillon, il faut les moüiller de jus, & les mettre cuire avec deux poignées de petits Pois : étant cuits, achevez de lier de coulis : voyez que le ragoût ſoit d'un bon goût ; dreſſez les Tendrons de Veau dans le plat que vous voulez les ſervir ; mettez les Pois, & la ſauſſé deſſus, & le ſervez chaudement. L'on fait des Fricaſſées de Poulets, & de Pigeons aux Pois de la même manière.

Blanquette de Veau.

Prenez un gros bout de longe de Veau rô-

ti, froid, & le coupez par petites tranches ;
mettez un morceau de beurre dans une casserole sur le fourneau : étant fondu, mettez-y une
pincée de farine, & la faites cuire un moment,
& y mettez de la ciboule ; ensuite, mettez-y le
Veau, & l'assaisonnez de sel, & de poivre, &
lui faites faire deux ou trois tours, & le moüillez d'un peu de boüillon, & lui laissez prendre
trois ou quatre boüillons ; ensuite, liez-le d'une
liaison de trois ou quatre jaunes d'œufs, & de
crême, & un peu de persil haché, & le remuez
toûjours sur le feu, de peur qu'il ne tourne :
étant lié à propos, voyez qu'elle soit d'un bon
goût, & la dressez dans un plat, & la servez
chaudement. Lorsque vous voulez la donner
au verjus, il faut faire la liaison de verjus, au
lieu de crême.

Poitrine de Veau en Galantine, à l'Angloise.

Prenez une Poitrine de Veau, & la bien désosser, & l'étendre tant que vous pourrez ; vous
l'assaisonnerez de persil, ognon, thin, marjolai-
ne, de la sarriette, de *mari-gools*, autrement
souci, le tout bien haché, de poivre, sel,
noix, muscade ; vous roûlez bien la Poitrine, la
ficelez bien, l'envelopez dans un linge, & la
mettez cuire dans un assaisonnement de bon
boüillon, & vin du Rhin ; vous la laissez refroidir dans son assaisonnement ; vous la servez entiére, ou coupée en tranches sur une serviette,
& la garnirez de ce que vous voudrez.

Cuisseau de Veau en Glaciére.

Prenez un Cuisseau de Veau que vous d'échar-

ne-

nerez l'os, & renverserez le dedans en déhors, & ôterez une partie de la chair ; & ensuite, vous le ferez piquer de petit lard tout autour, depuis le bas jusqu'en haut : étant piqué, il faut avoir un moule de cuivre rond, comme une grande dauphine, & la garni de petites bardes de lard bien minces ; ensuite, mettez-y vôtre Cuisseau de Veau & le manche du gigot, que le bout sorte un peu par le fond, & mettez un peu de farce dans le fond ; ensuite, vous y mettrez un ragoût de ris de veau & pigeons, ou autres volailles que vous jugerez à propos ; ensuite, le couvrirez de farce, & ramenez le bout de vôtre Cuissau par-dessus, & le couvrirez de bardes de lard ; ensuite, faites-le cuire, & prenez garde qu'il ne prenne pas trop de couleur ; étant cuit, vous le tournerez sans-dessus-dessous, & ôterez les bardes de lard, & le dégraisserez le mieux qu'il vous sera possible, & ferez sortir le manche du gigot qui doit se trouver dans le fond de vôtre Glacière, & qui se trouve dessus quand vous la tournez, & vous aurez soin de le faire sortir de la longueur de quatre à cinq pouces, & servez chaudement avec une sausse à l'Espagnole, ou une essence de jambon.

Roüelle de Veau, piquée & glacée.

Prenez un cuisseau de Veau, coupez-en deux roüelles de l'épaisseur de deux doigts ; aplatissez-les avec le couperet ; faites-les piquer de petit lard ; étant piquées, mettez-les suer dans une casserole, avec quelques tranches de jambon, un bouquet, quelques ognons ; & moüillez d'eau, & les faites cuire ; étant cuites tirez-les, & passez le bouillon dans un tamis de soie,

&

& le dégraiſſez, & le remettez dans une caſſerole ſur le feu, faites-le tarir juſqu'à ce qu'il ſe
mette en caramel, & y mettez vos roüelles de
Veau, & les mettez ſur des cendres chaudes,
pour qu'elles ſe glacent plus aiſément; prenez
des aſperges, coupez-les en petits pois, & les
faites blanchir; étant blanchies, mettez les dans
une caſſerole avec un morceau de beurre, paſſez-les ſur le fourneau quelques tours, poudrez-
les d'un peu de farine, & les moüillez d'un peu
de boüillon; faites une liaiſon de quatre jaunes
d'œufs, & un peu de crême & muſcade; liez
vos aſperges, & voyez qu'elles ſoient de bon
goût, dreſſez-les dans leur plat, & mettez vos
Roüelles de Veau deſſus, & ſervez chaudement
pour Entrée.

Quaré de Veau, piqué & glacé.

Prenez un quaré de Veau, & parez-le; mais
ne laiſſez pas les os trop longs: faites-le piquer
de petit lard; étant piqué, mettez-le dans une
caſſerole avec la parure que vous en avez ôtée,
quelques tranches de jambon, ognons: moüillez-le
moitié eau, moitié boüillon, & le mettez ſur le
feu; étant cuit, tirez vôtre Quaré, & paſſez le
boüillon; étant paſſé, dégraiſſez-le bien, remettez-le dans vôtre caſſerole, & le mettez ſur le
feu; & le faites tarir juſqu'à ce qu'il ſe mette en
caramel; étant cuit en glace, mettez-y vôtre
Quaré; mettez enſuite, vôtre caſſerole ſur des cendres chaudes, afin qu'il ſe glace comme il faut;
étant glacé, dreſſez-le dans ſon plat; mettez
dans la caſſerole un peu de boüillon, & de jus,
& un peu de coulis, & un jus de citron; dé-

graiſ-

graissez-le bien, & le passez dans un tamis de soie, & le mettez dessous vôtre Quaré de Veau, & servez chaudement pour Entrée. Vous pouvez y mettre des choux-fleurs, ou autre légumes, ce qu'il vous plaira, pourvû que les choses soient de bon goût. Ce quaré de Veau se fait sans être piqué; le ferez cuire de même que celui qui est piqué. Il n'est pas moins bon en le garnissant de choux-fleurs, mettant dans la casserole un peu de jus, du coulis, & un jus de citron, & passez ce coulis; mettez-le par-dessus vos choux-fleurs, & servez chaudement pour Entrée.

Quaré de Veau, en Chevreüil mariné.

Prenez un Quaré de Veau, parez-le bien proprement, n'en laissez pas les côtes trop longues, piquez-le de gros lard & de jambon; étant piqué, mettez-le dans une casserole avec ognons coupez en tranches, persil, fines herbes, sel, poivre, clous, laurier, un morceau de beurre, un couple de verres de vinaigne, & un peu de boüillon; ensuite, mettez-le à la broche, & le faites cuire; arrosez-le de sa marinade; étant cuit, tirez-le, & le dressez dans son plat, & mettez une poivrade liée par-dessus, & servez chaudement pour Entrée.

Cotelettes de veau glacées.

Prenez un Quaré de Veau qui soit bien blanc & mortifié, coupez entre deux côtes, une fausse, & l'aplatissez avec le couperet, & les faites piquer de petit lard; étant piquées, mettez-les dans une casserole avec quelques morceaux de Veau & de Jambon, ognon, une goûse d'ail, mouillez

de

de bouillon, & les faites cuire; étant cuites, tirez-les, & passez le bouillon, & le remettez
dans une casserole, & le faites tarir, jusqu'à ce
qu'il se réduise en caramel; & y étant réduit,
mettez-y vos Côtelettes, & des mettez sur des
cendres chaudes pour qu'elle se glacent; étant
glacées, il faut avoir des épinars tout prêts, que
vous dressez dans vôtre plat, & vos Côtelettes
de Veau par-dessus, & servez chaudement pour
Entrée. Vous pouvez également les servir glacées sans les faire piquer, en les faisant cuire
de même.

Côtelettes de Veau, en surprise.

Prenez un quaré de Veau & en ôtez le filet;
mettez les os dans vôtre marmite, prenez le filet de vôtre quaré de Veau, & en ôtez la peau,
& de faites couper en morceaux, avec un autre
morceau; mettez-les dans une casserole avec un
morceau de lard, & un morceau de graisse de
bœuf; assaisonnez le tout de persil, ciboule,
champignons, le tout haché, fines herbes, fines
épices, sel, poivre; passez le tout un moment
sur le feu; ensuite, faites-le bien hacher, étant
bien haché, mettez-y un morceau de mie de
pain cuite dans du lait; quatre jaunes d'œufs
crus; mettez le tout dans un mortier, & pilez
bien cette farce; prenez quelques petites tranches de jambon, coupez-les bien minces, & les
batez avec le dos de vôtre coûteau, & puis en
filets bien minces; ensuite, en petits dez; mettez-les dans une casserole sur des cendres chaudes pour les faire suer, ayant pris couleur, mettez-y un morceau de beurre, & une pincée de
farine, & les mettez sur un fourneau, en remuant

F 5

avec

avec un cuiller de bois ; moüilliez-les de jus, &
de coulis ; laiſſez-les cuire : ſi vous avez quelques
champignons & truffes, coupez-les en filets, &
les mettez avec vôtre jambon : le tout, étant de
bon goût, mettez-le à réfroidir ; étant froid, tirez vôtre farce & en prenez gros comme un
œuf, & faites avec cette farce, tout comme ſi
vous vouliez dreſſer un petit pâté, & y mettez
de vôtre petit ſalipicon, ce qu'il y en pourra tenir ; enſuite, tirez de la marmite vos os du quaré, & mettez un os à chaque côtelette, & fermez bien, afin que la ſauſſe ne puiſſe en ſortir ;
faites cette cérémonie, à autant de Côtelettes que
vous aurez beſoin ; enſuite, trempez-les dans de
l'œuf, & les panez de mie de pain bien fine, &
les faites frire dans du ſein-doux ; étant frites,
dreſſez-les dans leur plat, garni de perſil frit, &
ſervez chaudement pour Entrée.

Côtelettes de Veau, en papillottes.

Prenez un quaré de Veau, coupez-les en Côtelettes le plus proprement qu'il vous ſera poſſible ; mettez-les dans une caſſerole, avec un peu
de lard rapé, ſel, poivre, fines herbes, ciboû-
le, perſil haché ; mettez le tout ſur le feu un
moment, pour lui faire prendre goût, faites une
petite farce avec un morceau de Veau, de la
graiſſe de bœuf, & du lard ; hachez bien le tout
enſemble, aſſaiſonnez de ſel, poivre, fines herbes ; le tout étant bien haché, prenez du papier,
& le coupez comme vous le jugerez à propos ;
vous mettrez un peu de farce ſur un côté des
Côtelettes en-deſſous, & un peu en-deſſus, &
les pliez de papier tout de même & les arrangez
dans une tourtiére, & les faites cuire au four,

ou

ou sous un couvercle de tourtiére: étant cuites, dressez-les dans leur plat, & servez chaudement pour Entrée.

Côtelettes de Veau farcies.

Prenez un quaré de Veau, & le faites cuire dans vôtre marmite: étant cuit, tirez-le & le désosser; mettez la chair sur une table, avec un morceau de lard blanchi, un morceau de graisse de bœuf; hachez bien le tout ensemble; étant bien haché, mettez-y un morceau de mie de pain cuitte dans du lait, trois ou quatre jaunes d'œufs, assaisonnez de sel, poivre, fines herbes, fines épices, champignons; hachez bien le tout; prenez une tourtiére, & y mettez de la mie de pain, & formez avec vôtre farce des Côtelettes, & y mettez les os des Côtelettes; mais rendez vos Côtelettes les plus rondes qu'il vous sera possible; ensuite, batez un œuf, & en dorez vos Côtelettes; étant dorées, panez-les de mie de pain bien fine, & les faites cuire; étant cuites, dressez-les dans leur plat, avec une sauffe au jus deffous, & servez chaudement pour Entrée.

Filets de Veau glacez.

Prenez des quarez de Veau, ôtez-en les filets, parez-les bien proprement, & les faites piquer de petit lard: étant piquez, mettez-les dans une casserole avec quelques morceaux de veau, tranches de jambon, & ognons; mettez-les sur le feu, & les moüillez moitié boüillon, moitié eau: étant cuits, tirez-les, & les tenez chaudement: Passez leur boüillon, dégraissez-le

bien,

bien, remettez-le dans dans la casserole, mettez ensuite, vôtre casserole sur le feu, & faites tarir vôtre boüillon, jusqu'à ce qu'il se réduise en caramel. Remettez les filets dedans, & la casserole sur les cendres chaudes : étant glacez, dressez-les, dans leur plat, & mettez dans leur casserole un peu de boüillon avec du coulis, & un jus de citron ; dégraissez-le bien, passez-le ensuite, dans un tamis de soie, & le mettez dessous vos filets, & servez chaudement pour Entrée, ou pour hors d'œuvre. Vous pouvez aussi y mettre des ragoûts de toutes sortes de légumes, dont vous trouverez la maniére de les faire à l'Article des ragoûts. Vous pouvez aussi servir ces Filets de Veau sans les faire piquer, en les faisant cuire & glacer tout de même, comme ceux ci-dessus. Vous pouvez encore les faire cuire à la broche, & les servir tout de même.

Blanquette de Veau, à l'Huile.

Prenez un morceau de Veau roti, ôtez-en la peau, & les nerfs, & le coupez par petites tranches, le plus mince que vous pourrez : étant coupé, prenez une casserole, mettez-y un morceau de beurre, avec un ognon haché bien fin ; mettez-le sur le feu, & lui faites faire quelques tours ; ensuite, poudrez-le d'une pincée de farine, & le moüillez de bon boüillon. Assaisonnez vôtre ragoût de sel, poivre, un bouquet fait de persil, ciboules, fines herbes & clous ; observez qu'il soit de bon goût, & y mettez vôtre Veau. Faites une liaison de cinq ou six jaunes d'œufs délayez avec de la crème, & y mettez quelques échalotes hachées, avec une ro-

cam-

cambole hachée, du persil haché, & un peu de muscade râpée; goûtez vôtre Blanquette, & donnez-lui le meilleur goût que vous pourrez; liez-là avec vôtre liaison; étant liée, ajoûtez-y un jus de citron, avec une cuillerée d'Huile, & servez chaudement.

Epaule de Veau à la Piémontoise.

Prenez une Epaule de Veau, coupez-en le manche, & levez la peau de dessus d'un bout à l'autre, sans qu'elle quitte; faites des lardons de lard, & de jambon, & les assaisonnez de sel, poivre, fines herbes, fines épices, & lardez vôtre Epaule; étant lardée, mettez la peau par-dessus, ficelez-là, & la mettez cuire à la braise; prenez de l'oseille & des laitues, & les épluchez bien proprement, & les faites laver; ensuite, mettez-les sur une table, & les hachez, & les mettez dans une casserole sur le feu, avec un morceau de beurre, persil, ciboules hachées, champignons; vôtre oseille étant cuite, mettez-y un peu de coulis, & du jambon cuit, coupez en petits dez, des ris de veau de même; vôtre Epaule de Veau étant cuite, tirez-là de la braise, mettez-là dans le plat où vous la voulez servir; & puis de vôtre oseille dessous, & mettez vôtre Epaule dessus; levez la peau de vôtre Epaule, & y mettez le restant de vôtre oseille; remettez la peau par-dessus, & la panez de parmesan; arrosez-là d'un peu de beurre fondu, & panez de parmesan; faites lui prendre couleur au four; ayant pris couleur, tirez-là du four; ayez soin que vôtre plat soit nettoyez, propre, & servez chaudement pour Entrée.

Noix

Noix de Veau en Fricandeaux glacez.

Prenez une ou deux Noix de Veau mortifiée, & la plus blanche que vous pourrez avoir; levez-en la peau, mettez-là entre deux linges, & l'a-platissez avec le plat de vôtre couperet; faites-les piquer de petit lard; étant piquées, faites-les cuire dans une casserole, avec les parures que vous en avez tirées, avec quelques tranches de jambon, ognons, & clous; mouilliez-la, faites-les cuire tout doucement; étant cuites, tirez-les, passez le boüillon au travers d'un tamis, dé-graissez-le bien, le remettez dans vôtre casserole; mettez-le sur le feu, & le faites tarir jusqu'à ce qu'il soit réduit en caramel; ce que l'on apelle glace; mettez-y vos Noix de Veau, & de lard dans la glace, les mettez sur une cendre chaude, afin, qu'elles se glacent comme il faut; étant glacez, dressez-les dans le plat où vous les voulez servir; égoûtez la graisse de vôtre casse-role, & y mettez un peu de jus, & de coulis, un jus de citron; dégraissez-le bien, & le pas-sez dans un tamis, & le mettez dessous vos Noix de Veau; & servez chaudement pour Entrée. Une autre fois vous pouvez servir de l'oseille dessous ou chicorée, au blanc, ou au roux, ou bien aux céleri, ou des choux-fleurs, ou des laituës, cela dépend de l'Officier qui travaille. Les Poitrines de Veau, & autres viandes piquées de petit lard, se glacent, se cuisent, & se ser-vent de même.

Noix de Veau en étoufade, à la Piémontoise.

Prenez une Noix de Veau mortifiée, & que
la

la tétine y tienne ; lardez-la de gros lard , & de jambon ; mettez dans une casserole quelques bardes de lard , & y mettez vôtre Noix de Veau , & l'assaisonnez légérement ; mettez-y quelques ognons , une gousse d'ail , tranches de citron , laurier , un peu d'huile ; couvrez vôtre casserole , mettez-la au feu dessus , & dessous , & qu'elle cuise tout doucement ; étant cuite , tirez vôtre Noix de Veau , & la bardez de lard ; mettez-y ensuite un peu de boüillon , du jus , un peu de coulis ; faites boüiller le tout un moment , & le dégraissez bien , & le passez dans un tamis , & le mettez sur vôtre Noix ; & servez chaudement pour Entrée. Une autre fois , vous pouvez la faire sans y mettre de l'huile , parce que tout le monde n'aime pas l'huile , pourvû qu'elle soit bien cuite , & de bon goût , & servez chaument ; cela sufit. Vous pouvez aussi vous dispenser de mettre du coulis , seulement son propre jus.

Veau à l'Espagnole.

Ayez une longe de Veau , & la lardez moitié lard & moitié jambon ; que les lardons soient bien assaisonnez , & que l'ail domine : ensuite , mettez-la dans une casserole , & l'assaisonnez de sel , poivre , cloux , ail , basilic , thin , laurier , safran en poudre , vinaigre , une boüteille de vin blanc : & ensuite , vous la ferez chauffer , & la retournerez ; étant chaude , vous la retirerez du feu , & la laisserez reposer jusqu'au lendemain matin : alors , vous la ferez cuire à la broche couvert de bardes de lard & de papier , & vous l'arroserez avec sa marinade : étant cuite , vous aurez une poivrade liée toute preparée , dans

la-

laquelle vous mettrez un couple de cuillerées d'eau de safran, ou une cuillerée, simplement pour teindre la poivrade. Vous dresserez vôtre longe dans son plat, & verserez la poivrade par-dessus; servez chaudement; & observez que le tout soit de bon goût. Vous pouvez mettre des quarés, des épaules, & toutes sortes de viandes dans le même goût.

Cuisseau de Veau, à l'Angloise.

Prenez un Cuisseau de Veau, & coupez dans les bouts quelques morceaux de chair, ou d'un autre morceau de Veau; faites-le hacher avec un morceau de lard & de la graisse de bœuf, assaisonnez de sel, poivre, fines herbes, fines épices, basilic, thin, quatre ou cinq jaunes d'œufs cruds; hachez bien le tout ensemble: étant hachez, faites des trous avec vôtre couteau, jusque dans le cœur de vôtre cuisseau, & ensuite, remplissez tous les trous de vôtre farce, & le mettez à la broche; poudrez-le de farine, & le couvrez de papier beurré, & le faites cuire; étant cuit, mettez-le dans son plat, & une sausse blanche par-dessous, ou bien une poivrade liée. Vous pouvez faire de même d'un quartier de Veau entier, ou d'une longe de Veau, ou d'une Noix, ou du quarré.

Côtelettes de Veau marinées.

Prenez un quaré de Veau, parez-le du côté du filet, & en ôtez les os: ensuite, coupez-le en Côtelettes; parez le bout des Côtelettes, & les aplatissez avec le plat de vôtre couperet. Etant toutes aplaties, & parez le plus proprement

ment qu'il vous sera possible, mettez-les dans une casserole, avec du sel, poivre, basilic, feuilles de laurier, tranches de citron, ognons, clous, vinaigre, une cuillerée de boüillon du derriére de vôtre marmite, mettez vôtre casserole sur le feu, & faites boüillir vos Côtelettes, jusqu'à ce qu'elles soient à peu près cuites : ensuite, tirez-les égoûter, mettez du sain-doux à chaufer ; cassez trois ou quatre blancs d'œufs, & les batez ; passez-y vos Côtelettes les unes après les autres ; ensuite, dans la farine, & les faites frire ; étant frites, dressez-les dans leur plat, & garnissez de persil frit, & servez chaudement pour Entrée, ou pour hors d'œuvre.

Côtelettes de Veau aux fines herbes.

Prenez un quaré de Veau le plus blanc que vous pourrez, & qui soit un peu mortifié ; parez-le, ce qui veut dire, ôter les os du côté du filet, & ne laissez pas les côtes plus longues de six pouces ; ensuite, coupez-les en Côtelettes, & entre deux côtes, levez-en une fausse. Parez le bout de vos Côtelettes ; battez-les un peu avec le coûperet : levez des bardes de lard de huit à neuf pouces de long, & larges de quatre doigts, autant que vous avez de Côtelettes ; ensuite, vous assaisonnez le bout d'une barde, une pincée de ciboule bien hachée, une pincée de persil, une pincée de basilic en poudre, un peu de thin en poudre, une pincée de poivre, une pincée de sel, une pincée de fines épices, une pincée de champignons hâchez, si vous en avez. Vous faites un trou au bout de vôtre barde, du côté que vous l'avez assaisonnée, & y faites pas-

ser le bout de vôtre Côtelette ; assaisonnez vôtre
Côtelette dessus, comme vous-l'avez assaisonnée
dessous. Faites un trou à l'autre bout de la barde, & ramenez vôtre bardé par-dessus, & passez le manche de vôtre Côtelette dedans ; ensuite, arrangez toutes vôs Côtelettes dans une
tourtière, ou plat d'argent, & les panez de
mie de pain, & les faites cuire au four tout doucement, observez qu'elles soient de belle couleurs. Etant cuites, tirez-les, & les dressez dans
leur plat ; mettez-y un jus dessous, & servez
chaudement pour Entrée.

Côtelettes de Veau, grillez, aux fines herbes.

Prenez un quaré comme ci-dessus, parez-le
de même, & coupez-le de même en Côtelettes ; mettez-les dans une casserole avec un bon
morceau de beurre, assaisonnez de sel, poivre,
fines herbes, fines épices ; mettez vôtre casserole sur le feu, & lui faites faire quelques tours.
Panez-les, & les faites griller tout doucement,
& qu'elles soient de belles couleurs. Etant grillées,
dressez-les dans leur plat ; mettez un jus à l'é-
chalote dessous, & servez chaudement pour
hors d'œuvre.

Jarrêt de Veau farci.

Prenez un gros Jarrêt de Veau, levez-en la
peau, & coupez-en le gros os ; ensuite, prenez
la chair de vôtre Jarrêt, coupez-là par morceaux, & la mettez dans une casserole avec
quel-

quelques autres morceaux de Veau, un morceau
de lard, un morceau de graisse de bœuf, assaisonnez - les de sel, poivre, fines épices, fines
herbes, une pointe d'ail; hachez bien le tout
ensemble; étant bien haché, mettez-y un morceau de mie de pain cuite dans du lait, trois
ou quatre jaunes d'œufs, champignons hachez,
truffes, si vous en avez, mêlez bien le tout ensemble avec vos coûteaux; remplissez - en le
vuide de vôtre Jarrêt & le coulez; pliez - le
ensuite dans une étamine, & le faites cuire dans
une bonne braise; étant cuit, dressez-le dans
son plat, mettez une essence de jambon par-
dessus, & servez chaudement pour Entrée.

Jarrêt de Veau glacé.

Prenez un gros Jarrêt de Veau, ôtez-en le
gros os du côté du cuisseau, & le bout du côté du Jarrêt; mettez vôtre Jarrêt dans une casserole avec quelques morceaux de Veau, quelques tranches de jambon, un bouquet, un couple d'ognons, quelques champignons; mouillez-
le d'eau & d'un verre de vin blanc, & le faites
cuire; étant cuit, tirez - le; passez le bouillon,
& le remettez dans la casserole sur le feu, &
le faites taris jusqu'à ce qu'il soit réduit en caramel; ensuite, mettez-y vôtre Jarrêt de Veau
du côté qui vous paroîtra le plus beau. Glacez - le; étant glacé, dressez - le dans son plat;
mettez dans sa casserole un peu de jus, & un
peu de coulis, avec une rocambole écrasée,
un jus de citron; observez qu'il soit de bon
goût, passez-le dans un tamis de soie, mettez - le sous vôtre Jarrêt, & servez chaudement
pour Entrée.   G 2   Jar-

Jarrêt de Veau à l'Angloise.

Ayez un gros Jarrêt de Veau; qu'une partie du cuiſſeau y tienne, coupez-en le bout du manche; mettez une marmite au feu avec de l'eau dedans: mettez-y vôtre Jarrêt & du ſel; obſervez que le ſel domine un peu. Faites cuire vôtre Jarrêt; préparez des épinars & des choux-fleurs cuits dans leur blanc. Vôtre Jarrêt de Veau étant cuit, tirez-le & le dreſſez dans ſon plat. Mettez d'un côté des épinars, & de l'autre des choux-fleurs; mettez par-deſſus vos choux-fleurs une ſauſſe blanche, qui s'apelle beurre fondu lié, & ſervez chaudement pour Entrée. Une autre fois, vous pourrez ſervir ce Jarrêt avec des racines étuvées.

CHA.

CHAPITRE V.

Des Pâtés chauds, dreſſez de Poiſſon.

Pâté de Carpes.

AYez des Carpes, écaillez-les, vuidez-les, & les lardez de lardons d'anguilles bien aſſaiſonnez: enſuite, dreſſez un Pâté avec de la pâte ordinaire, qui eſt marquée à l'article des Pâtés chauds de viande, & qui eſt aſſez fine pour toutes ſortes de Pâtés de Poiſſon. Vôtre Pâté étant dreſſé, & élevé, foncez-le d'une farce de Carpes. Voici la maniére de faire cette farce. Prenez la chair d'une Carpe ou deux, de Brochets ou d'Anguilles; quand il y aura de tout mêlé enſemble, la farce n'en ſera que plus délicate: mettez-y une mie de pain cuite dans du lait, avec des champignons, & truffes, ſi vous en avez, perſil, ciboule, & échalotes: le tout étant bien haché, vous y mettrez du beurre à proportion du hachis que vous avez. Pour une moyenne Carpe, ſix onces de beurre, ou environ ſuffiſent: enſuite, vous l'aſſaiſonnerez de ſel, poivre, fines herbes, fines épices, & vous ferez bien piler le tout avec quelques jaunes d'œufs; étant bien pilé, vous en foncerez vôtre Pâté. La même farce vous pourra ſervir pour des petits maigres, pour

G 3

tou-

toutes sortes de Pâtés, & Tourtes de Poisson.
Vôtre Pâté étant foncé de cette farce, arrangez
vos Carpes avec des champignons, truffes, morilles, & mousserons, si vous en avez, & assaisonnez le tout de sel, poivre, fines herbes,
fines épices, & le couvrez de bon beurre; ensuite, mettez par-dessus un couvercle de la même pâte, le plus proprement qu'il vous sera possible, en le garnissant de fleurs de lis, ou autres
ornemens que vous jugerez à propos. Tout
cela étant fait, dorez vôtre pâté avec des œufs
bâtus, & le mettez cuire au four l'espace de deux
bonnes heures. Etant cuit, tirez-le du four,
découvrez-le, & le dégraissez bien; ensuite,
dressez-le dans son plat, & y mettez un bon coulis maigre, dont vous trouverez la maniére de
de le faire au Chapitre des Coulis; ou une sauf-
se hachée en maigre, dont vous trouverez aussi
la maniére de la faire au Chapitre des Sausses,
avec un jus de citron, & servez chaudement.

Pâté dressé de Brochets.

Vos Brochets étant nettoyez de la même maniére que les carpes ci-dessus, vous les coupez
ou vous les laissez entiers, s'ils ne font point
trop gros, cela dépend de vous; mais si vous
les laissez entiers, vous les larderez d'Anguilles,
ensuite, dressez vôtre Pâté, & le foncez de la
même farce qui est marquée ci-dessus; puis, vous
y arrangez vos Brochets, & les garnissez de la
même maniére que vous faites à l'égard du Pâté
de carpes ci-dessus, sans en rien excepter. Vous
finirez vôtre Pâté tout de même, & lui donnerez aussi la même cuisson, en y ajoûtant ensuite
la même sausse. Vous pourrez aussi, si vous le
vou-

voulez, y jetter un ragoût de laitances de carpes, cus d'artichaux & champignons, ou un
bon ragoût d'huitres; ce qui peut convenir aussi
au Pâté de Carpes. Vôtre Pâté étant de bon
goût, dressez-le dans son plat, & servez chaudement. Il se peut faire aussi au blanc.

Pâté chaud d'Anguilles.

Vos Anguilles étant dépouillées, & bien nettoyées, coupez-les par tronçons. Dressez vôtre
Pâté comme celui de carpes ci-devant, garnis-
sez-en le fond d'un godiveau maigre, dont vous
trouverez la manière de le faire au Chapitre des
Farces. Vôtre Pâté étant dressé d'une médiocre hauteur, arrangez-y vos Anguilles avec la
même cérémonie que vous avez faites au Pâté
de carpes; usez-en de même pour le finir, &
pour le faire cuire: étant cuit, faites encore la
même chose qu'à celui de carpes, en y jettant
un petit ragoût de champignons, truffes, &
laitances, avec un jus de citron par-dessus, &
servez chaudement. Le ragoût peut se faire au
blanc ou au roux; cela dépend de l'Officier qui
travaille.

Pâté de Tanches, chaud.

Vos Tanches étant échaudées, & netoyées,
vous dresserez vôtre Pâté d'une bonne hauteur,
& couperez vos Tanches par morceaux, & foncerez vôtre Pâté d'un peu de farce, & y arrangerez vos Tanches, le garnirez de champignons,
truffes, persil, ciboules, échalotes, de bon
beurre frais, le finirez, & le mettrez au four l'espace d'une heure & demi; étant cuit, dégrais-

sezfez-le bien, & y mettez un bon coulis maigre ou ragoût de laitances, & champignons au blanc, ou au roux, vous y mettrez un jus de citron, & le fervirez chaudement.

Pâté de l'Amproyes, chaud.

Vôtre l'Amproye étant échaudée, & netoyée de la même maniére que vos Tanches, vous foncerez vôtre Pâté de morceaux de bon beurre, & y mettrez vôtre l'Amproye, de la même maniére que fi vous la mettiez dans une casserole, qui veut dire tournée tout en rond, & y mettrez l'assaifonnement ordinaire, comme aux autres Pâtés, marqués ci-deffus, fans en rien excepter; vous de finirez, & le mettrez au four, l'espace d'une heure & demi; étant cuit, vous y mettrez une sauffe aigre, douce, où une poivrade en maigre; vous le ferez piquer de citron, & le fervirez chaudement.

Pâté de Lottes, chaud.

Vous échauderez vos Lottes de la même maniére de vos tanches; vous en garderez les foies pour mettre avec quelques laitances, pour en faire un ragoût, pour mettre dans ledit Pâté; vous drefferez vôtre Pâté d'une bonne hauteur, & le foncerez de bon beurre frais, manié avec des champignons, truffes, perfil, ciboules, échalotes, & autres affaifonnemens ordinaires: vôtre Pâté étant foncé de cela, vous y arrangerez vos Lottes dedans, & y mettrez quelques champignons coupez, quelques truffes, perfil, échalotes, & autres affaifonnements ordinaires; vous le nourrirez de beurre par-deffus, comme

vous

vous avez fait deſſous; le finirez, & le mettrez
au four, & le laiſſerez l'eſpace d'une bonne heure & demi: étant cuit, vous le dégraiſſerez bien,
& y mettrez vôtre ragoût de vos foies, l'aitan-
ces & queuës d'écrevices, ſi vous en avez, &
y mettrez un jus de citron, & le ſervirez chaudement.

Pâté de Truites, chaud.

Vous prendrez des Truites, les vuiderez,
les piquerez d'anguilles, & d'anchois; vous en
couperez la tête, & le bout de la queuë; vous
dreſſerez un Pâté d'une bonne hauteur, d'une
pâte fine à l'ordinaire, & foncez-le de beurre
frais; faites une farce d'un morceau de chair de
Truites, avec des champignons, truffes, perſil,
& ciboule; & aſſaiſonnez; achez le tout enſemble, & en farciſſez le corps des Truites, & les
arrangez dans le Pâté, & les aſſaiſonnez, & le
couvrez de beurre frais; enſuite, de ſon couve-
rele le finirez, & le mettrez au four, & vous
le laiſſerez le tems que vous jugerez à propos,
ſuivant la groſſeur de vos Truites: étant cuit,
vous le dégraiſſerez bien, & y jetterez un bon
ragoût d'écrevices, & un jus de citron, & le
ſervirez chaudement.

Pâté de Rougets, chaud.

Vous prendrez des Rougets, ſelon la grandeur
de vôtre Pâté; vuidez les, & en gardez les foies,
& leur coupez la tête; dreſſez vôtre Pâté d'u-
ne moyenne hauteur, & en garniſſez le fond
de bon beurre, ou faites un petit godiveau de

 deux

deux Rougets, de truffes, & champignons, perfil, ciboules, & l'affaisonnez à l'ordinaire; hachez bien le tout enfemble, & en garniffez de vôtre Pâté; arrangez deffus vos Rougets, & y mettez entre d'eux un peu de godiveau, affaisonnez le tout, & le couvrez de beurre frais; enfuite, de fon couvercle: vous les mettez au four l'efpace d'une heure & demi; & après faites piler vos foies de Rougets avec un anchois; prenez un coulis d'écrevices ou autres, & y délayez les foies pilez, & les repaffez à l'étamine: il faut lui donner de la pointe, & le tenir chaud fur les cendres. Quand le Pâté eft cuit, vous le dégraiffez, & y mettez le coulis, & les fervez pout Entrée; vous y mettez un jus de citron, & le fervez chaudement.

Pâté d'une Hure de Saumon, en maigre, chaud.

Prenez une Hure de Saumon, la vuidez, & la cizelée, & la piquez d'anguilles, & d'anchois; dreffez vôtre Pâté ôvale d'une pâte un peu plus commune qu'à l'ordinaire, à la proportion de vôtre Hure; étant dreffez, mettez au fond un lit de beurre, l'affaisonnez, & y mettez la Hure de Saumon, & l'affaisonnez deffus auffi, & le couvrez de beurre frais, les couvrez, & les mettez au four l'efpace de cinq heures: étant à demi cuit, tirez-le, & y mettez avec une antonnoir d'un coulis maigre, & anchois, & le remettez en four; quand il eft cuit, l'on le fert froid ou chaud: fi on le veut fervir chaud, on y met un ragoût d'écrevices maigre, un jus de citron.

Pâté

Pâté d'une Hure de Saumon, en gras, chaud.

Prenez une Hure de Saumon, & la coupez jusques aux nageoires, vuidez-là, ciselez-là, & la piquez d'un lard moyen, & jambon, bien af-faisonnez, le lard à part; dreffez vôtre Pâté comme celui ci-deffus, de la même pâte; met-tez au fond un lit de lard rapé ou pilé, & l'af-faifonnez: enfuite, mettez la Hure de Saumon dedans, & l'affaifonnez: deffus comme def-fous, & le couvrez de lard pilé, de beurre frais, & de bardes de lard; puis vous le cou-vrirez de fon couvercle, & le mettrez au four, le même tems que celui ci-deffus, & y fe-rez la même chofe: étant à moitié cuit, vous y mettrez environ une chopine de bonne effence de jambon, & veau clair, & le remet-trez au four, afin qu'il acheve de cuire; quand vous le retirerez, fi vous le voulez fervir froid, il faut le laiffer bien refroidir; & fi on le veut fervir chaud, il y faut mettre un ragoût de foies gras, & autres garnitures, comme champi-gnons, truffes, ou un ragoût d'écrevices.

Pâté d'Efturgeon, chaud.

Prenez de l'Efturgeon, fuivant la grandeur que vous voulez avoir vôtre Pâté; vous le cou-perez de l'épaiffeur de trois doigts, le piquez d'anguilles, & d'anchois; dreffez vôtre Pâté de la hauteur que vous le voulez de pâte ordinaire affez fine; garniffez-en le fond de beurre frais, affaifonnez à l'ordinaire, y mettez vôtre Efturgeon,

geon, & l'assaisonnez dessus comme dessous, & le couvrez de beurre frais: vous y pouvez coûper quelques champignons ou truffes; étant fait, vous le couvrirez, & le mettrez au four l'espace de près de trois heures; étant cuit, vous le dégraisserez bien, & y jetterez un coulis d'écrevices ou autre, un peu piquant. Celui de Thon se fait de même.

Pâté de Turbot, chaud.

Vous dresserez un Pâté d'une pâte très fine, & fort bas, comme en façon d'une caisse qui ne puisse porter que la hauteur d'une Fleur de Lis dans le tour, vous le foncerez de bon beurre frais, & assaisonnez de sel, poivre, & épices, mettez vôtre Turbot, lardé d'anchois, si vous voulez dessus, & l'assaisonnez dessus comme dessous, & le recouvrez de bon beurre frais; & ensuite, de son couvercle, le finissez, & le mettez au four fort peu de tems; étant cuit, vous le dégraisserez bien, & y mettrez un ragoût d'écrevices, champignons, & truffes, un jus de citron, & le servez chaudement.

Pâté chaud de Barbottes, qui veut dire Lottes.

Le Pâté de Barbottes, se fait à peu près de même que celui ci-dessus, excepté qu'il faut faire limoner vos Barbottes, & y mettre un bon bouquet de persil, ciboules, & plusieurs fines herbes dedans; & quand on le veut servir, y mettre un ragoût de laitances, un jus de citron, ou verjus; il convient assez pour le poisson.

Pâ-

Pâté de Soles, chaud.

Vos Soles étant écaillées, faites-les à demi frire, & les coupez par filets ; vous dresserez un Pâté d'une pâte la plus fine ; vous ferez un petit godiveau d'une chair d'anguille ou de carpes, à l'ordinaire, comme il est marqué au premier article des Pâtés de Poisson ; vous en garnirez le fond de vôtre Pâté, y arrangerez vos filets de Soles, les assaisonnerez, & couvrirez de beurre frais, & de son couvercle, & vous la mettrez au four très-peu de tems : étant cuit, vous le dégraisserez, & y jetterez dedans un petit ragoût de champignons, truffes, & quelques laitances, si vous en avez ; vous y mettrez un jus de citron : si c'est le tems du verjus ou grain, vous en pourrez jetter dedans vôtre Pâté, en le faisant, cela y convient fort.

Pâté de Macreuses, chaud.

Vous prendrez vos Macreuses, les retrousserez de la même maniére qu'il est marqué au Pâté de Canards, & y passerez quelques lardons d'anguilles ; vous les couperez en quatre ; ou vous les laisserez entiéres, comme vous voudrez ; vous dresserez vôtre Pâté d'une pâte un peu plus commune qu'à l'ordinaire, la foncerez du Godiveau maigre ; & si vous les laissez entiéres, vous pourrez les farcir dans le corps : vos Macreuses, étant arrangées dedans vôtre Pâté, vous le garnirez de champignons, truffes, persil, ciboules, échalotes, une pointe d'ail, sel, poivre, épices douces, & de bon beurre, le bien nourrir ; vous le couvrirez, & le finirez, & le mettrez au four l'espace de six heures, é-

tant

tant fort dur à cuire: étant cuit, vous le dégraisserez bien, & y jetterez dedans un bon ragoût de champignons, truffes, cus d'artichaux,
laitances; que le ragoût soit assez relevé: si on
le fait en gras, on le peut faire de la même maniére que le Pâté de Canards chaud, & y mettre un ragoût gras; & celui froid, la même
chose que le Pâté froid de Canard, mais cela ne
se mange guéres froid. Si on le fait pour manger froid, étant à moitié cuit, on le retirera du
four, & on y mettra une bonne sausse avec force anchois haché dedans: on y coulera cela dedans avec un antonnoir; & on le repoussera au
four; cela lui relevera bien son goût: on y pourra ajoûter aussi quelques truffes entiéres, ou coupées dans les coins, ce qui ne se trouve point au
Pâté de Canards.

Pâtés froids, de Poissons dressez, & autres, en maigre & en gras.

Pâté de Saumon.

Vous prendrez du Saumon la quantité que
vous voudrez, selon la grandeur de vôtre Pâté,
& vous preparerez de la même maniére qu'il est
marqué au Pâté de Saumon chaud: vous dressé-
rez vôtre Pâté d'une pâte assez bonne: vous le
foncerez d'un peu de farce, & y mettrez vôtre
Saumon; si c'est pour en maigre, vous le larderez d'anguilles, & anchois; si c'est en gras,
vous le larderez de jambon fin, & le nourrirez
de lard pilé, & le barderez en maigre; le nourrirez de beurre, & quelques tranches de citron:
vous

vous lui donnerez la cuisson ordinaire ; étant finis, le laisserez refroidir, & le servirez pour Entremêts.

Pâté d'Esturgeon, froid.

Vôtre Esturgeon étant lardez de lard, & de jambon, ou anguille, si c'est en maigre, si c'est en gras, il le faudra nourrir de bonnes bardes de veau, lard, jambon, & lard pilé ; l'on y pourra aussi mettre de bonnes truffes, si on en a, on le finira à l'ordinaire avec un bon assaisonnement comme celui ci-dessus ; en maigre, on le fait, & finit la même chose qu'en gras ; & il se sert pour Entremêts, étant refroidi.

Pâté de Truites Saumonées, froid en gras, & en maigre.

Vos Truites étant vuidées, vous en coupez les têtes, queues ; vous les larderez d'anguilles, & d'anchois ; & si c'est en gras, vous les larderez d'un lard fin & jambon, & l'assaisonnerez à l'ordinaire ; vous y pourrez couper quelques truffes : vôtre Pâté étant dressé, où si c'est en pâte couchée, vous foncerez vôtre abbesse d'une petite farce, & vous y arrangerez vos Truites ; & si c'est en gras, nourrissez-le de lard pilé, & le bardez ; & en maigre, de bon beurre, & ne le point bardé, y mettre quelques tranches de citron ; vous le mettrez au four autant de tems que l'autre qui est marqué au Pâté des Truites chaud : étant cuit, vous le laisserez refroidir, & le servirez pour Entremêts froids.

Pâ-

Pâté de Carpes, froid, en gras & en maigre.

Vous prendrez des Carpes, & les préparerez de la même maniére qu'il est marqué au Pâté chaud; si c'est en gras, vous ferez le godiveau en gras, & le nourrirez de lard pisé, & le barderez; à l'égard de la pâte, vous la ferez un peu plus forte pour dresser, que quand vous le ferez en pâte couchée en maigre; vous le nourrirez de beurre & tranches de citron, & le finirez, & mettrez au four: étant cuit, laissez-le refroidir, & servez-le pour Entremêts froid.

Pâté d'Anguilles, froid, en gras & en maigre.

Vos Anguilles étant dépoüillées, & préparées, vous les ferez en Pâté couché, ou en Pâté dressé, d'une pâte assez fine; c'est la même composition en gras & en maigre que celui de carpes, & de truites, & il n'y a aucunes differences; étant cuit, vous le laissez refroidir, & le servez pour Entremêts froid,

Pâté de Brochet, froid, en gras & en maigre.

Vôtre Brochet étant écaillé & nettoyé, vous le ferez de la même façon en gras & en maigre, de la même maniére que ceux ci-dessus couchez & dressez: étant cuit, vous le servez, étant froid, pour Entremêts.   Pâ-

Pâté de plusieurs Viandes, de Poisson froid, en fusée.

Vous prendrez de la chair de Carpes, Brochets, Anguilles, vous en ferez une farce d'un bon goût; vous ferez une abbesse de pâte fine, ou vous mettrez un lit de cette farce que vous aurez rougi avec le sang de vôtre Poisson, & vous y arrangerez des lardons d'Anguilles & des Anchois; puis, vous le recouvrirez de farce, & continuerez de même jusques au bout; ensuite, vous le nourrirez, & couvrirez, le mettrez au four, & le servirez froid.

Pâtés de Venaison, froid, dressés & couchés; c'est la même composition.

Pâté de Cerf, froid, ou Chevreüil.

Vous prendrez vôtre Cerf ou Chevreüil, le desossez, & le lardez de gros lard, & le mettez mariner dans une forte marinade, au moins un jour; ensuite, vous le retirerez, & le laisserez égoûter bien dans une nape; puis, vous dresserez vôtre Pâté d'une pâte assez forte, de la façon que vous voudrez; mais il est à observer toûjours dans les Pâtés froids; principalement, quand le couvercle est levé, que la viande soit plus haute que les bords: vôtre Pâté étant dressé, vous le foncerez de farce, si vous en avez, ou lard & graisse de bœuf, pilé ensemble, &

affaisonné; enfuite, vous arrangez vôtre viande, & l'affaisonnez deffus, & deffous, & y mettrez quelques feüilles de laurier & bafilic, il ne faut point oublier les épices douces: puis, vous le nourrirez de beurre ou lard, & graiffe de bœuf pilé, le barderez, & le couvrirez bien, & lui donnerez la façon que vous voudrez, & le mettez au four l'efpace de cinq heures; étant cuit, & bien nourri, vous le laifferez refroidir, & le fervirez pour Entremêts.

Pâté froid, de Liévres & Lapreaux, defoffez, ou autrement.

Vous prendrez vos Liévres ou Lapins, & les defoffez entiérement fans les défaire par morceaux; où fi vous ne voulez point les defoffer, après les avoir dépoüillez, & vuidez, vous les bâtez bien, & les concafferez, qu'il ne refte point un os entier; puis, vous les larderez d'un lard fin; vous les mettrez un couple d'heures dans une marinade, & les mettrez égoûter avec les foies; vous les pilerez avec du lard; & mettrez dans le fond de vôtre Pâté, dreffé, ou autrement, comme vous le voudrez faire, c'eft la même chofe; vous affaifonnerez vôtre viande d'un côté comme de l'autre, & le nourrirez bien, & barderez de quelques feüilles de laurier & bafilic, comme ci-deffus; puis, le couvrirez, finirez & mettrez au four l'efpace de deux ou trois heures, s'ils font jeunes ou vieux; étant cuits, & bien nourris, vous les laifferez refroidir, & les fervirez pour Entremêts.

Pâ.

Pâté froid, en fusée, de Liévre, & de Lapin, & tranches de Bœuf.

Vous prendrez des Liévres, & Lapins, & un morceau de tranche de Bœuf; vos Liévres & Lapins étant dépouillez, & vuidez, vous en tirez toute la chair, & ferez hacher avec vôtre morceau de tranche de Bœuf, à proportion de l'autre : étant bien haché, faites-y hacher du lard, de la graisse de veau & de bœuf; ensuite, vous d'assaisonnerez de sel, poivre, épices douces, un peu de fines herbes, hachez, une pointe d'ail, persil, ciboules, échalótes, truffes, & champignons; hachez le tout: étant bien haché, vous y mettrez une cuillerée d'essence pour le lier; puis, vous taillerez des lardons de lard & jambon; vous aurez des pistaches ou cornichons que vous fendrez en long: cela étant fait, vous ferez une grande abbesse, vous mettrez un lit de vôtre farce en rond ou en quarré, suivant la façon que vous voulez donner à vôtre Pâté, puis, vous y arrangerez ces lardons, & cornichons comme dessus une galantine; vous ferez un autre lit de farce, & ferez la même chose avec les lardons : vous ferez plusieurs lits comme cela, & puis, vous y mettrez un peu de lard pilé ou beurre, & quelques feüilles de laurier, le barderez, & le recouvrirez d'une autre abbesse, & lui donnerez la façon que vous souhaiterez; car ces sortes de Pâtez ne se dressent guéres, étant sujets à bouffer: il est à observer de ne les point serrer de pâte, en cas qu'il vienne à bouffer, qu'il ait de la place: étant fini, il lui faut bien cinq heures à cuire;

H 2

s'il

s'il eſt gros, vous le laiſſerez refroidir, & le ſervirez pour Entremêts.

Pâté, froid, de Perdrix, ou Perdreaux.

Prenez des Perdrix ou Perdreaux, les vuidez, & retrouſſez en dedans les pâtes ſur l'eſtomac, & faites revenir ſur la braiſe un peu fort, afin qu'ils ne bougent pas dans le Pâté; vous aurez un petit lard aſſez fin aſſaiſonnez, dont vous en larderez vos Perdrix deſſus, & deſſous; vous ferez une farce des foies & lard pilé, & l'aſſaiſonnez; vous en farcirez le corps de vos Perdrix: vôtre Pâté étant dreſſé, ou autrement, vous foncerez vôtre Pâté d'un peu de farce, vous arrangerez vos Perdrix, & l'aſſaiſonnerez deſſus & deſſous, & nourrierez de lard pilé ou beurre, l'un & l'autre n'eſt point mauvais enſemble pour toutes ſortes de Pâtés froids, quelques feüilles de laurier, & baſilic, & le bien barder: quand on à quelques truffes vertes à mettre dedans, celà n'eſt que bon; vous le couvrirez, le finirez, & le mettrez au four l'eſpace de trois ou quatre heures, ſi elles ſont jeunes ou vieilles; étant cuit, & bien nourris, vous le laiſſerez refroidir, & le ſervirez pour Entremêts. S'il arrivoit qu'un Pâté froid vint à crever au four, il faut avoir ſoin de le renourrir pour le maintenir blanc.

Pâté de Perdrix Rouges, froid.

Le Pâté de Perdrix Rouges ſe fait de la même maniére que celui ci-deſſus, ſans rien excepter; il ſe dreſſe, il ſe fait coucher tout comme ceux ci-deſſus.

Pâté de Gelinottes, froid.

Vos Gelinottes étant vuidées, & retroussées en dedans, vous ferez vôtre Pâté de la même maniére que celui de Perdrix ; excepté, que si vous voulez y mettre des bardes de veau dessus & dessous, & des truffes dedans : étant cuit, laissez-le refroidir, & le servez pour Entremêts.

Pâté de Bécasses, froid.

Prénez des Bécasses, les vuidez, & retroussez de la même maniére que vos Perdrix ; vous hacherez tous les foies, & entrailles qui vous serviront à les farcir avec du lard pilé, & foncé le Pâté ; vous le racheverez de la même maniére que ceux ci-dessus : étant cuit, laissez-le refroidir, & voir s'il est bien nourri, & le servirez pour Entremêts. Vous ferez celui de Bécassines de la même maniére sans en rien excepter.

Pâté de Pluviers, froid, ou de Vaneaux.

Vos Pluviers ou Vaneaux étant vuidez, & retroussez en dedans de la même maniére que ceux ci-dessus, vous composerez vôtre Pâté positivement, comme celui de Perdrix ou Bécasses, sans y rien excepter ; & le laisserez refroidir, & le servirez pour Entremêts. Tout autre Pâté froid de venaison qui ne sont point expliquez ci-dessus, comme celui de Sanglier, qui se fait de la même maniére que celui du Cerf ou Chevreüil, se font aussi de même que ceux ci-dessus, suivant ce que c'est.

 Pâ-

Pâté de grosses Viandes de Boucherie, & de Volailles, froid.

PREMIEREMENT,

Pâté froid de Jambon.

Prenez un Jambon, le parez bien, en levez la peau, & le mettez détremper sept ou huit heures avec de l'eau tiede; mettez de la farine la quantité que vous jugerez à propos, selon la grandeur de vôtre Pâté, & y mettez environ une livre de beurre avec cinq ou six jaunes d'œufs, & la détremper avec de l'eau chaude: vous observerez de la faire fort dure; étant faite, dressez vôtre Pâté; car si vous la laissez refroidir, elle vous donnera bien de la peine à dresser, & même elle sera sujete à se fendre. Vôtre Pâté étant dressez, vous le foncerez de tranches de bœuf, & y mettrez vôtre Jambon; vous aurez toutes sortes d'épices, & fines herbes pilées, avec quoi vous assaisonnerez vôtre Pâté, & nourrirez de bon lard haché & pilé; ensuite, vous le couvrirez de bonnes bardes de lard, achevez, barderez bien, le couvrirez, le finirez entiérement de le couvrir de pâte, & l'ornez de tels ouvrages que vous jugerez, & le mettrez au four l'éspace de douze heures au moins; étant à moitié cuit, rétirez le, & y jettez dedans deux bons verres d'eau de vie, ou de vin d'Espagne, & remettez le au four; étant cuit, vous le retirerez du four, & en tirerez toute la nourriture dehors; car la laissant dedans, elle seroit sujete à le faire fendre: étant presque froid, vous y remetterez sa nourriture, & si elle ne couvre

point

point jusques au-deſſus des bardes, augmentez-
le: étant bien refroidi, ſervez-le pour Entremêts. Une autre fois vous pouvez faire cuire vôtre Jambon à demi dans une petite braiſe,
& vous pouvez faire auſſi vôtre pâte un peu plus
fine, vôtre Paté en aura un plus bel œil, & par
conſequent, il ne faudra pas tant de tems pour
ſa cuiſſon.

Pâté froid, de Jambon, ſur le plat.

Prenez un Jambon bien deſſalé, paré, & cuit
à l'eau, comme ſi vous le vouliez ſervir ſur le
plat pour Entremêts: vous dreſſerez un Pâté d'u-
ne pâte ordinaire aſſez forte, ſur le bord d'un
plat, que vous couvrirez ſuivant vôtre goût;
enſuite, vous mettrez vôtre Jambon dedans, &
le pannerez de mie de pain & perſil, & le mettrez au four : quand la mie de pain aura belle
couleur, ayez ſoin de le couvrir d'une feüille de
papier : quand vous jugerez à propos que la croûte ſera cuite, vous le retirerez, & le laiſſerez
refroidir, & le ſervirez pour Entremêts froids ;
cela eſt très-bon quand on a un Jambon qui a dé-
ja ſervir, & que l'on le veut changer.

Pâté froid, d'une Roüelles de Veau, ou de Tranches de Bœuf, ou de Gigot de Mouton.

Prenez une Roüelle de Veau, la deſoſſez, &
la bâtez avec le rouleau, & la lardez d'un bon
lard, & dreſſez, ou faites une abbeſſe pour vôtre
Pâté, ſuivant comme vous le voulez qu'il ſoit fait,
& vous y arrangerez vôtre viande, & vous
l'aſſaiſonnerez deſſus comme deſſous, & le nourrierez de beurre ou graiſſe de Bœuf, ou Veau,

H 4

&

& Lard pilé; quelques feüilles de laurier & basilic; le barderez bien, le couvrirez, le finirez,
& le mettrez au four l'éspace de quatre à cinq
heures; & puis, le laifferez refroidir, & le fervirez pour Entremêts. Celui de tranches de
Bœuf ou de Gigots de Mouton, se fait de la même maniére, dreffez ou autrement.

Pâté froid, de Poulardes & Poulets, ou Pigeonneaux.

Prenez des Poulardes ou Poulets, ou Pigeons,
les vuidez, & retrouffez en dedans, & les bâtez fur l'eftomac, & les faites revenir fur la braife, & les épluchez, & les lardez de lard fin bien
affaifonné: vous drefferez vôtre Pâté, fi vous
voulez l'avoir autrement, vous ferez une abbeffe, & y arrangerez vôtre viande, & l'affaifonnez deffus & deffous, & le nourrirez de la
même maniére que celui ci-deffus, & le barderez bien, le recouvrirez, & finirez, & le mettrez au four l'éspace de trois heures, fuivant la
viande que c'eft; quoique ce foit, tout à peu
près la même cuiffon, & le laifferez refroidir,
& le fervirez pour Entremêts.

Pâté de Dindon, froid.

Vôtre Dindon étant vuidé, & retrouffé en
dedans, vous le bâtrez fur l'eftomac, & le ferez
refaire fur la braife, & l'éplucherez bien, & le
larderez d'un bon lard bien affaifonné, & l'affaifonnerez, & le mettrez dans vôtre Paté, qui foit
d'une bonne pâte, bien mangeable, & le finirez la même chofe que celui ci-deffus, & la même cuiffon, & le laifferez refroidir, & le fervirez pour Entremêts.   CHA-

CHAPITRE VI.

Des Patés chauds, de toutes sortes de Viandes blanches.

Pâté à la Royale.

PRenez un gigot de mouton, le meilleur que vous pourrez avoir, défoſſez-le, & le dégraiſ-ſez bien. Prenez enſuite trois à quatre perdrix, épluchez les, vuidez-les, & les trouſſez: puis, ayez deux filets de bœuf, ôtez-en les peaux, & les coupez en tronçons: enſuite, faites de gros lardons de jambon, & de lard; aſſaiſonnez ceux de lard de ſel, poivre, fines herbes, & fines épices; & ceux de jambon, de fines épices ſeulement: enſuite, lardez-en vôtre gigot de mouton, vos perdrix & vos filets de bœuf, & rognez vos lardons de maniére qu'il n'en paroiſſe rien en dehors. Prenez enſuite les rognures de vos lardons, ajoûtez-y un morceau de lard que vous hacherez avec, & faites bien piler le tout enſemble. Ayez enſuite, de la pâte briſée, & la détrempez à l'eau chaude. Après cela, dreſſez vôtre Pâté; & quand il ſera dreſſé de la maniére dont vous le voulez faire, mettez dans le fond du lard pilé; enſuite, mettez-y vôtre gigot de mouton, & vos perdrix autour, avec vos filets de bœuf, & une noix de jambon coupée en quatre: enſuite, aſſaiſonnez vôtre Pâté

H 5 de

de sel, poivre, fines herbes, fines épices, truffes, si vous en avez, & un peu de lard pilé par-
dessus avec de bon beurre; couvrez-le de tranches de veau, & de bonnes bardes de lard par-
dessus: ensuite, couvrez vôtre Pâté de la même
pâte dont vous l'aurez formé, & le façonnez
du mieux qu'il vous sera possible. Etant bien fa-
çonné, vous le garnirez tout autour de Fleurs
de Lis, ou autres armes que vous voudrez; ensuite, dorez-le d'œufs bâtus, & le faites cuire
l'espace de huit heures. Etant cuit, tirez-le du
four, & levez-en le couvercle, & en ôtez les
bardes de lard & tranches de veau, & le dégraissez bien. Etant dégraissé, dressez-le dans
son plat, mettez-y ensuite une sausse hachée,
ou bien une bonne essence de jambon avec un
jus de citron, & servez chaudement pour une
grosse Entrée.

Pâté de Côtelettes de Mouton, à l'Angloise.

Dressez vôtre Pâté d'une pâte brisée comme
pour les autres Pâtés. Etant dressé de la hauteur
de quatre pouces, vous pouvez mettre un godiveau dans le fond, si vous le voulez. Ensuite, ayez un quaré de Mouton coupé en Côtelettes comme pour des grillades, arrangez-les
dans vôtre Pâté, & les assaisonnez de sel & de
poivre; couvrez-les de beurre, & achevez de
couvrir vôtre Pâté d'une abbesse, & le façonnez du mieux qu'il vous sera possible, & garnissez les côtez de Fleurs de Lis ou autres Armes.
Ensuite, dorrez-le d'œufs bâtus, & le faites cuire au four l'espace d'environ quatre heures. Mettez un morceau de beurre dans une casserole
avec une bonne pincée de farine, & le faites

roussir

roussir sur le feu, en remuant avec une cuilliere de bois. Etant d'une belle couleur, moüillez de jus ou de boüillon, & l'assaisonnez de sel & de poivre. Vôtre Pâté étant cuit, tirez-le du four, découvrez-le, dégraissez-le & y mettez vôtre sausse avec un jus de citron, & servez chaudement. Une autre fois, vous mettrez un morceau de beurre manié dans du jus, & le ferez bien cuire, & le mettrez dans vôtre Pâté avec un jus de citron. Une autre fois, vous y pourrez mettre un bon coulis, ou une essence de jambon.

Pâté d'une Culotte de Bœuf, à l'Angloise.

Prenez une Culotte de Bœuf, & la désossez. Ensuite, piquez-là de gros lard bien assaisonné, & moitié jambon. Après quoi, faites une bonne abbesse de pâte brisée, & la mettez sur des feüilles de papier collées ensemble. Ensuite, mettez-y vôtre Culotte de Bœuf, & l'assaisonnez de sel, poivre, fines herbes, & fines épices; quelques truffes, si vous en avez, avec des champignons & des mousserons. Puis couvrez-là de bon beurre, & ensuite, de bonnes bardes de lard par-dessus. Achevez de la couvrir d'une autre abbesse de même pâte, & la collez bien avec celle de dessous: Ensuite, faites tourner le bord tout autour comme à une tourte, & y mettez une bande de trois ou quatre doits de large tout autour, pour soûtenir vôtre Pâté. Ensuite, mettez au-dessus une autre petite abbesse découpée de telle maniére que vous jugerez à propos: Puis, dorez-le d'œufs bâtus, & le faites cuire au four l'espace d'environ dix heures. Etant cuit, ouvrez-le par le haut, tirez-en les bardes de lard, & le dégraissez le mieux qu'il vous sera possi-

possible. Enfuite, mettez-y un bon coulis ordinaire, ou bien une sauffe hachée, ou bien une
effence de jambon, ou bien un ragoût de concombres dans la faifon, ou bien un ragoût de
cornichons dans l'hyver, ou bien une sauffe aux
anchois, & le dreffez dans fon plat, & fervez
chaudement pour groffe Entrée.

Autre Pâté de Culotte de Bœuf.

Prenez une Culotte de Bœuf, dégraiffez-la &
la défoffez. Etant défoffée, piquez-la de gros
lard bien affaifonné & moitié jambon, & une
pointe d'ail. Enfuite, faites une pâte brifée affez forte, & en dreffez un Pâté fuivant la grandeur de vôtre Culotte de Bœuf. Vous le pouvez dreffer ovale ou rond. Etant dreffé, foncez-le de lard haché & pilé, & affaifonné de fel,
poivre, fines herbes & fines épices, truffes,
champignons, perfil, ciboule; enfuite, mettez
vôtre Culotte de Bœuf dans vôtre Pâté, & l'affaifonnez de fel, poivre, fines herbes, fines épices, & une pointe d'ail; & la garniffez de truffes
vertes, fi vous en avez; champignons, & mouf-
ferons, frais ou fecs, felon la faifon. Enfuite,
mettez par-deffus du même lard que vous avez
mis deffous; ou bien couvrez-là de bon beurre
frais, tranches de veau & de jambon, & de
bardes de lard. Achevez de couvrir vôtre Pâté,
& le façonnez de telle maniére que vous jugerez à propos, en le garniffant de Fleurs de Lis ou
autres Armoiries. Dorez-le d'œuf bâtus, & le
faites cuire au four l'efpace de dix heures. Etant
cuit, ouvrez-le, & en tirez les bardes de lard
& de jambon, & le dégraiffez du mieux qu'il
vous fera poffible; dreffez-le dans fon plat, &

y mettez une essence de jambon avec un jus de citron, ou bien une sausse hachée, ou bien une sauße aux anchois, & servez chaudement pour grosse Entrée ou pour Relevée. Vous pouvez le servir froid également comme chaud. On en peut faire de même de cuisseaux de veau & de gigots de mouton.

Pâté à la broche.

Prenez un gigot de mouton dégraissez-le & en tirez tous les os, excepté le manche, en prenant garde de laisser vôtre gigot entier le plus & le mieux qu'il vous sera possible. Ensuite, faites des lardons de lard & de jambon ; assaisonnez ceux de lard de sel, poivre, fines herbes, & fines épices. Lardez-en vôtre gigot le plus proprement qu'il vous sera possible ; étant lardé, assaisonnez-le de sel, poivre, fines herbes, fines épices & pointes de rocamboles. Puis, étendez vôtre gigot sur une table, & y mettez une demi douzaine de petits pigeons, truffes & champignons, le tout bien assaisonné, avec une petite farce à la crème par-dessus. Ensuite, vous le coudrez avec une aiguille à brider & de bonnes ficelles, pour qu'il reprenne la forme de gigot. Après cela, vous l'enveloperez de bardes de lard, & le mettrez à la broche, & le ferez cuire un peu plus qu'à demi. Mettez deux jointées de farine sur une table ; faites un trou au milieu, & y mettez une pincée de sel fin, deux ou trois jaunes d'œufs, un morceau de sain-doux gros comme le poing, un morceau de beurre ; détrempez vôtre pâte avec de l'eau froide, & prenez garde qu'elle ne soit pas trop molle. Etendez-en une abbesse ; ensuite, ôtez vôtre gigot

du

du feu sans le tirer de la broche, & le mettez
sur vôtre abbesse, ôtez-en les ficelles qui sou-
tiennent les bardes de lard, & pliez vôtre gigot
dans vôtre abbesse de pâte, & faites passer en
dehors la ficelle qui coût vôtre gigot pour pouvoir la tirer. Vôtre Pâté étant bien soudé, en-
velopez-le dans cinq ou six feüilles de papier
beurré de sain-doux, & le remettez au feu; achevez de le faire cuire; étant cuit, tirez-le du
feu, ôtez-en les feüilles de papier, & le dressez dans son plat. Observez qu'il soit d'une belle couleur, & qu'il n'ait point crevé au feu.
Ensuite, tirez la ficelle qui passe en dehors, le
plus adroitement que vous pourrez, sans casser
la croûte de vôtre Pâté; & par ce petit trou-là
vous y pouvez mettre une essence de jambon
avec un entonnoir. Etant ainsi aprêté, servez-le chaudement pour Entrée ou Relevée. Vous
pouvez faire de même des Pâtés à la broche de
toutes sortes de volailles, avec cette difference
qu'il ne les faut point désosser, en les lardant de
lard & de jambon: Et étant à moitié cuites, il faut
les couvrir d'une farce fine, les enveloper dans
une abbesse de pâte, achever de les faire cuire,
& les servir de même que celui ci-dessus.

Pâtes pour faire, & dresser toutes sortes de Patés chauds, de Venaison, & Viandes blanches, tant de Boucherie que de Volailles.

Vous prendrez pour une livre & demi de
farine trois quarterons de bon beurre, une pincée de sel fin, & un couple d'œufs, vous la
moüil-

moüillerez, qu'elle foit un peu ferme en la faifant; prenez garde de ne la point trop manier à fec, crainte de la brûler, la rafraichir de tems en tems, étant ferme, cela facilitera à dreffer le Pâté: il eft à remarquer de ne la point tant manier en Eté qu'en Hiver.

Pâté de Perdreaux, chauds.

Vous prendrez vos Perdreaux, vous les vuiderez & les retrouflerez en dedans, & prendrez les foies & les pilerez avec du lard, perfil, ciboules, échalotes, aflaifonnerez de poivre, fel, & épices douces; fi vous avez des truffes ou champignons, vous en acherez dedans; cela étant fait, vous dreflerez vôtre Pâté, vous le foncerez de cette farce, & arrangerez vos Perdreaux, & garnirez vôtre Pâté de champignons, truffes, perfil, ciboules ou échalotes, fel, poivre, & épices comme ci-deffus, & le nourrirez bien de beurre ou lard pilé, le barderez, & le finirez, qui eft de le couvrir: vôtre Paté étant fini, vous le mettrez au four l'efpace de deux heures fi ce font de vieux Perdreaux, il faut les laiffer quatre heures: étant cuit, vous le dégraifferez vite, crainte qu'il ne reprenne la graiffe; vous y pourrez mettre un coulis de Perdreaux dedans, ou une effence de jambon, & finirez d'un jus de citron, & le fervirez chaudement.

Pâté de Bécaffes, chaud.

Vous prendrez vos Bécaffes, & les retroufferez de la même maniére que vos Perdreaux, & ferez une farce comme ci-deffus: vous y hacherez tout les boyaux de vos Bécaffes, vous
n'y

n'y oublierez point des truffes, ou champignons,
persil, ciboule, & assaisonnement comme ci-
dessus, c'est la même cuisson, des jeunes Perdreaux: l'on y peut mettre un coulis de Béca-
fes, ou une bonne essence: le Pâté de Bécassines
se fait de la même manière.

Pâté de Pluviers, chaud.

Vous prendrez vos Pluviers les retrousserez en
dedans, & dresserez vôtre Pâté, les arrangerez
dedans, le garnirez de champignons ou truffes,
le nourrirez, & l'assaisonnerez à l'ordinaire de
tout: le finirez, & le mettrez au four l'espace d'u-
ne heure & demi, ou deux heures: étant cuit,
vous le dégraisserez, & y mettrez une bonne
essence, ou une sausse hachée, & le servirez
chaudement.

Pâté de Lapreaux, chaud.

Vos Lapreaux étant dépouillez, vous vuiderez & couperez en sept ou huit morceaux, & ferez une farce des foies & lard pilé, & assaisonnez de persil, ciboule, sel, poivre, & épices:
vôtre Pâté étant dressé, vous arrangerez vos Lapreaux dedans, & y mettrez des champignons,
& truffes, & l'assaisonnerez & nourrirez à l'ordinaire, le barderez, le finirez, & le mettrez
au four; vous lui donnerez deux heures de cuisson; s'ils sont vieux, quatre heures: étant cuit, vous
le finirez d'un coulis de Lapreaux ou sausse hachée, ou essence, & le servirez chaudement.

Pâté chaud de Faisants.

Vous prendrez vos Faisants, les vuiderez &

retrousserez en dedans, vous dresserez vôtre
Pâté, vous mettrez vos Faisants dedans, & garnirez de Truffes, champignons, & l'assaisonnerez comme les autres ci-dessus, & lui donnerez
la cuisson, suivant la force qu'il seront étant cuit;
l'on y mettra une bonne essence de jambon ou
une sausse à l'Italienne, & le servirez chaudement: il faut observer de le bien degraisser.

Pâté de Filets de Lévreaux, ou Lièvres, au Sang.

Vous prendrez des Lévreaux ou Lièvres, vous
en leverez les filets & les foies, & le Sang qui
est dans le corps, vous en ferez une petite farce
avec un peu de lard pilé & l'assaisonnement ordinaire; vous dresserez vôtre Pâté, & y arrangerez vos filets, & les assaisonnerez comme les
autres Pâtés ci-dessus; vous finirez vôtre Pâté,
& y donnerez la cuisson suivante, s'ils sont vieux
ou jeunes; étant cuit, vous le finirez d'une sauf-
se hachée ou d'une essence; vous aurez du Sang
de volailles que vous mettrez dans une casserole,
avec une essence, & le ferez un peu cuire sur
le feu, prenant garde qu'il ne bouille, & y mettez un jus de citron. Observez que vôtre coulis soit d'un bon goût; ensuite, mettez-le dans
vôtre Pâté, & servez chaudement. C'est la
manière dont se font tous les Pâtés au Sang.

Pâté de Canards, aux Choux.

Vos Canards étant bien flambez, & épluchez, vous les vuiderez, & retrousserez en dedans; vous foncerez vôtre Pâté de leur foie &

lard pilé, & y mettrez vos Canards entiers ou
coupez; vous y mettrez des Choux blanchis,
& du petit lard maigre; vous mêlerez bien celà; si vous avez des faussices, vous pourrez en
mêlez dedans aussi, & l'assaisonnerez de persil,
ciboule, poivre, sel, épices, & le nourrirez
bien; vous le laisserez l'espace de trois ou quatre heures au four; étant cuit, vous le dégraisserez bien, & y mettrez une bonne essence dedans, un jus de citron, & le servirez chaudement, sans choux; vous les pourrez laisser entiers; car il faut les couper en quatre morceaux,
lorsque vous les faites aux choux.

Pâté dressé à l'Italienne.

Dressez vôtre Pâté d'une pâte brisée, bien
ferme, de la hauteur de cinq ou six pouces. Après
l'avoir dressé, mettez deux bandes de la même
pâte au milieu en forme de croix, qui sépare vôtre Pâté en quatre. Observez que les bandes
soient d'une hauteur raisonnable pour que le couvercle puisse poser dessus. Vous aurez soin que
les susdites bandes soient un peu épaisses & bien
serrées, afin que la sausse de l'un ne puisse pé-
nétrer dans l'autre: mettez des cailles dans l'u-
ne de ces séparations; des bécassines dans la se-
conde, des petits pigeons dans la troisiéme,
& dans la quatriéme des ortoláns. A chacun
de ces petits Pâtés, vous ferez une farce conve-
nable à son méts. A l'égard des cailles, pigeons
& ortolans, vous leur ferez un ragoût fin avec
des ris de veau, crêtes de coq, champignons
frais, truffes fraîches, si vous en avez, & quelques andoüillettes de la même farce, avec un
coulis à l'Italienne; dont voici la maniére de le
faire.

faire, Prenez une rotelle de veau que vous couperez en tranches ; mettrez-là dans une casserole
avec cinq ou six tranches de jambon, un ognon
ou deux, & des clous de girofle. Ensuite, fai-
tés aller vôtre casserole à petit feu, & quand
le veau aura rendu son jus, moüillez-le avec de
bon boüillon, & le laissez continuer à petit feu.
Après quoi, prenez un chapon à moitié rôti,
dont vous ôtez tout l'estomac, sans y laisser de
peau ; prenez aussi un demi quarteron de pignons, avec une mie de pain trempée dans de
la crême, & pilez le tout ensemble dans le mortier. Vôtre jus étant fait, vous en ôterez toute
la viande, & vous y mettrez l'estomac de chapon pilé ; observez qu'il n'y ait pas trop de boüillon pour mitonner vôtre coulis.

Pour ce qui est des bécasses, bécassines &
pendreaux, faites un coulis de veau & de jambon. Vous y mettrez deux ou trois cuillerées
d'huile, trois ou quatre anchois ; & quand vôtre coulis sera fait, vous le passerez par l'étamine. Ensuite, vous le mettrez dans une casserole, avec quelques câpres, des petits concombres, cus d'artichaux, ris de veau, crêtes de
coq, andoüillettes & champignons. Vous fai-
tés cuire le tout ensemble ; après quoi, vous le
mettez dans vôtre Pâté, en servant.

Pâté de Macaronis, à l'Italienne.

Faites boüillir vos Macaronis dans d'excellent boüillon, avec une bonne poularde ; étant
cuits, laissez-les refroidir. Ensuite, prenez quatre
ou six pigeons que vous désosserez ; faites une
farce des plus fines pour farcir vos pigeons que
vous barderez ensuite ; puis, les mettrez dans

I 2

une

une petite marmite que vous foncerez de bardes de lard & de tranches de veau. Vous affai-
sonnerez bien le tout, & y mettrez de la canelle entiére. Ensuite, vous ferez boüillir du lait,
que vous passerez après cela dans le tamis, &
dont vous moüillerez vos pigeons. Ensuite,
faites cuire vos pigeons à petit feu; quand ils
seront presque cuits, tirez-les de la marmite.
Dressez vôtre Pâté, & pilez de la moelle de bœuf,
avec un peu de beurre frais, & trois onces de
fromage de parmesan, avec un peu de canelle en
poudre. Faites d'abord un lit de cette farce dans
le fond de vôtre Pâté, & la couvrez de Macaronis. Ensuite, mettez vos pigeons par-dessus,
& les couvrez de Macaronis, & de vôtre farce. Vôtre coulis sera d'un estomac de chapon,
& de fromage de parmesan, & vous aurez soin
qu'il soit de bon goût. Le même Pâté se fait
aussi de chapons ou de poulardes, ainsi que de
cailles.

Pâté de Macaronis, en maigre.

Il faut faire boüillir vos Macaronis dans de
l'eau avec un peu de sel. Etant cuits, tirez-les
égoûter, & les laissez refroidir à sec. Ensuite,
prenez telle quantité de fromage de parmesan
qu'il vous plaira; vous le pilerez & le délayerez
avec de la crême douce. Vôtre Pâté étant dressé, vous ferez un lit d'excellent beurre frais dans
le fond; ensuite, un lit de Macaronis; & puis,
vous mettrez cinq ou six cuillerées de vôtre fromage délayé, en le poudrant de canelle fine.
Vous continuerez de même, jusqu'à ce que le
Pâté soit plein.

Pâte au vent, dont on se sert en Eté.

Prenez environ une livre & demi de farine, mettez-y quatre blancs d'œufs, & la grosseur d'un œuf de beurre avec du sel fin; ensuite, mouillez vôtre Pâte, & prenez garde qu'elle ne soit trop ferme; car il faut qu'elle soit moëlleuse. Quand elle sera étendue bien fine, coupez-là en onze ou douze morceaux; ensuite, ayez un plat d'argent de la grandeur de vôtre tourte, ou une tourtière, & l'arrosez de beurre. Prenez après cela un de vos morceaux de Pâte, dont vous ferez un rond avec le rouleau, le plus fin qu'il vous sera possible. Ensuite, vous le prendrez dans vos mains pour l'élargir, & le rendre aussi fin que du papier; & le mettrez dans vôtre plat ou tourtière: vous continuërez ainsi jusqu'à la sixième bardes; après quoi, vous y mettrez les confitures que vous jugerez à propos, & vous aurez soin d'arroser les bords avec un jaune d'œuf. Ensuite, vous couvrirez vos confitures de la manière dont vous avez fait le dessous; continuant d'arroser chaque couche avec de bon beurre, que le coûteau soit chaud, en façonnant les bords de la Pâte. Vous pouvez faire de pareilles tourtes avec du lard, de la graisse de bœuf & autres; & pour les jours maigres, on peut aussi se servir d'huile.

Pâté d'Oison, chaud.

Vous retrousserez vôtre Oison de la même manière que vos Canards; vous pourrez le couper en quatre, & le mettre dans vôtre Pâté, & le garnirez de Saussices, & de marrons dans la saison, & ménager l'assaisonnement, raport au Saussices, fices, vous le finirez de la même maniére que ci-deſſus; ſi c'eſt la ſaiſon des jeunes Oiſons, vous pourrez mettre dedans au lieu d'eſſence une purée verte, des petits pois dedans, & le ſervirez chaudement.

Pâté de Viandes blanches, chaud, de Poulets.

Vous prendrez des Poulets, & les couperez comme pour une fricaſſée, & les apprêterez la même choſe, vous dreſſerez vôtre Pâté, & le foncerez d'un petit godiveau, & y arrangez vos Poulets que vous garnirez d'artichaux, champignons, truffes, perſil, ciboules, ſel, poivre, & épices douces, & nourrirez de beurre, le barderez, & finirez vôtre Pâté, & le mettrez au four l'eſpace de deux heures, ſuivant la grandeur, plus ou moins: étant cuit, vous le dégraiſſerez, & y mettrez dedans une eſſence, ou un coulis blanc, un jus de citron, & le ſervirez chaudement; on le peut faire de la même maniére, les Poulets reſtant entiers retrouſſez comme pour boüillir, & batre un peu l'eſtomac: l'on peut les mettre aux huitres de la même maniére que ci-deſſus.

Pâté de Poularde, aux Huitres.

Vous prendrez une Poularde, la retrouſſerez comme pour boüillir, & vous aurez un ragoût d'Huitres; vous en mettrez dans le corps de vôtre Poularde: vôtre Pâté étant dreſſé, vous le foncerez d'un petit godiveau, & y mettrez vôtre Poularde, l'aſſaiſonnerez comme le Pâté ci-deſſus,

sus, le finirez, & le mettrez un couple d'heures au four; étant cuit & dégraissé, vous y mettrez un ragoût d'Huitres au blanc, ou au roux, & le servirez chaudement.

Pâté de petits Pigeons, chaud.

Vos Pigeons étant échaudez, blanchis, & retroussez comme pour une compotte de Pigeons, vous prendrez du lard, & de la graisse de rognons de Bœuf que vous ferez piler bien ensemble, la ferez fondre, & la laisserez refroidir, c'est ce qui vous servira à nourrir dessus & dessous vôtre Pâté; vôtre Pâté étant dressé, vous y arrangerez vos Pigeons, ris de veau, crétes, champignons, & cus d'artichaux, un peu de persil, sel, poivre; le nourrirez, barderez, & le mettrez au four deux heures & demi, ou trois heures; étant cuit, vous le degraisserez bien, & y mettrez dedans une bonne essence de jambon, un jus de citron, & servirez chaudement.

Pâté de Pigeons, aux Laituës.

Vous prendrez des Pigeons ordinaires, les retrousserez en dedans, & ferez revenir, & leur bâtrez un peu l'estomac; vous aurez des Laituës blanchies; vous dresserez vôtre Pâté, & le foncerez d'une petite farce, & y arrangerez vos Pigeons & Laituës entremêlées, & l'assaisonnerez généralement comme les autres ci-dessus, & nourrirez la même chose avec du beurre, le barderez, le finirez, & mettrez au four l'espace de deux heures & demi; étant cuit, le dégraisserez, & y mettrez une bonne essence de jambon,

I 4

bon,

bon, un jus de citron, & le servirez chaudement.

Pâté de Poulets, à la Crême.

Vôtre Pâté étant dressé, vous y mettrez vos
Poulets, par cartiers, assaisonnez à l'ordinaire,
de champignons, morilles, ou truffes, & abat-
riez de bardes de lard, & le recouvrez; quand il
est cuit, vous le dégraissez, & vous y mettrez
dans un coulis à la Reine, & un jus de citron, &
le servirez chaudement.

Pâté à l'Allemande, aux Huitres.

Vous prendrez un cartier d'agneau de derriè-
re que vous couperez par morceaux, & larderez d'un lard fin; dressez vôtre Pâté de la pâte à l'ordinaire, & vous y mettrez vôtre viande
dedans, & l'assaisonnerez à l'ordinaire, puis
vous le garnirez de lard pilée & ciboules; le
couvrirez, & le mettrez au four l'espace de trois
heures: étant cuit, vous y jetterez un ragoût
d'Huitres dedans.

Pâté au sang de filets de Bœuf, & de Veau.

Vous aurez la valeur d'un bon verre de sang
de cochon ou volailles; vous prendrez vos filets
de bœuf & de veau, vous le piquerez de jambon
fin, & lard, vous le mettrez tremper dans
le sang, vous ferez un petit godiveau de
chair de poulets, perdrix, veau, lard, & de la
moelle, avec un peu de graisse de veau, persil, &

ciboule, & une pointe d'ail, de truffes, champignons ; le tout bien haché, & bien nourri: mettez le fang dans cette farce : vous dreſſerez vôtre Pâté, vous mettrez la moitié de ce godiveau au fond de vôtre Pâté, & vous arrangerez vos filets deſſus, & le recouvrirez du reſte de vôtre farce : vous le couvrirez à l'ordinaire, & le laiſſerez ſix ou ſept heures au four ; il ſe mange à la fourchette : vous y mettrez dedans un coulis de perdrix, & un jus de citron.

Pâté à l'Angloiſe, en hachis, chaud.

Il faut prendre quelques filets de Liévre, & une noix de gigot de mouton, hachez le tout enſemble avec de bon lard cruds, & de la moëlle, un peu de graiſſe de veau, le tout bien haché, bien nourri, & bien aſſaiſonné de toutes ſortes d'Epices douces, & fines herbes, avec quelques champignons hachez parmi : vous dreſſerez vôtre Pâté, vous mettrez cette farce dedans, & le couvrirez de bardes de lard, le racheverez, & le mettrez au four un couple d'heures : vous y mettrez dedans, étant cuit, & bien dégraiſſez, un coulis de perdrix, ou un jus de citron.

Pâté chaud de Godiveau.

Vous le ferez d'une pâte un peu plus fine que les autres, mais qu'elle ſe ſoûtienne ; vous prendrez une livre de veau, trois quarterons de graiſſe de bœuf, & un morceau de lard ; le tout crûd ; vous le ferez hacher fort fin, & l'aſſaiſonnez de perſil, ciboules, échalotes, ſel, poïvre, & épices douces, le tout étant bien haché, vous y mettrez un couple d'œufs crûs, & un peu de farine, & le ferez bien piller; étant pilez, vous le rendrez mollet & avec du lait ou crême; cela étant fait, vous en foncerez vôtre Pâté, & ensuite, vous acheverez de l'élelever; ordinairement il se dresse ovalle, & le couvercle est découpé comme une tourte de confiture; pour la garniture elle est composée de toutes sortes d'ingrediants, comme ris de veau, foies gras, champignons, truffes, mousserons, crêtes, morilles, des petites andoüillettes, de ce godiveau, persil, cibolles, échalotes, & autres assaisonnement à l'ordinaire, une barde dessus; étant cuit, il lui faut donner une heure & demi au four; vous le dégraisserez bien, & y mettrez une bonne essence dedans ou un coulis blanc, comme il vous plaira, & un jus de citron, & le servirez très-chaud.

Pâté de Poulets, aux Macaronis.

Vous prendrez de la pâte à l'ordinaire; vous en dresserez un Pâté d'une bonne hauteur; si vous avez des Poulets de cuits, ou vous en ferez cuire à la broche; étant cuits, vous les deferez par membre, & foncerez vôtre Pâté d'un peu de farce, & y arrangerez vos Poulets & ris de veau, cuit à proportion des Poulets, & assaisonnerez le tout à l'ordinaire comme celui ci-dessus, & vous aurez du Macaronis d'Italie qui aura été cuit à l'eau & refroidis, vous en remettrez un petit lit sur vos Poulets, & un peu de fromage de parmesan rapé dessus, & une autre lit de Macaronis, & du parmesan, jusqu'à ce que vôtre Pâté soit rempli; vous y mettrez un morceau de beurre & parmesan dessus, & vous le couvrirez à vôtre fantaisie, & y donnerez
une

une heure & demi de cuisson ; étant cuit, le
dégraissez avec une essence que vous jetterez
dedans, & un jus de citron, & le servez chaudement. Il faut un lit de Macaronis, & un lit
de poulets.

Pâté chaud, à la Ciboulette.

Vous dresserez un Pâté de la hauteur de deux
bons doigts, & ferez une farce cruë de veau &
graisse de bœuf, & lard, comme celle de godiveau, excepté les œufs, & farines, & ne la point
piller ; étant assaisonnée la même chose, vous y
concassé un roignon de bœuf, & en finisant une
cuillerée d'essence froide, & un jus de citron, &
amolirez vôtre farce : étant mollette, vous en
remplirez vôtre Pâté, & y jetterez un peu de ciboules hachées dessus, le couvrirez, & le mettrez
au four l'espace d'une heure & demi pour le
servir ; dégraissez-le bien, & y mettez une essence ou un coulis blanc, & un jus de citron ;
l'on peut le faire entre deux abbaisses d'une pâte
fine brisée, le couvercle découpé comme une
tourte de confiture, & vuidez à l'entour ; c'est
comme il plaira à l'Ouvrier.

Pâté en Croustades, chaud.

Le Pâté en Croustades est composé ordinairement de côtelettes de mouton, ou côtelettes de
veau : il se fait d'une pâte très-fine, qui est pâte
brisée : vos côtelettes étant parrées, vous étendrez une abbaisse de vôtre Pâté, vous la foncez
d'un peu de farce, & vous y arrangerez vos côtelettes, que vous garnirez de champignons, truffes, persil, ciboules, échalotes, & autre assaisonnement ordinaire, comme nourriture : bardez-le
&

& le couvrirez d'une autre abbaiſſe que vous vi-
derez à l'entour, & lui donnerez la façon que
vous voudrez : étant fini, vous le mettrez au
four l'eſpace de quatre ou cinq heures ; dégraiſſez-
le bien, & y mettez une bonne eſſence dedans,
& un jus de citron, & ſervez chaudement.

Pâté chaud en caſſerole, ou en timbale.

Vous ferez vôtre Pâté de telle viande que
vous la voudrez faire, de la même maniére que
ceux qui ſont marquez ci-deſſus ; voici la maniére de le faire : vous prendrez une pâte ordinaire aſſez fine, vous en ferez une grande abaiſſe,
& vous dorerez vôtre caſſerole de ſain-doux, &
vous y étendrez vôtre abbaiſſe dedans, & vous
y compoſerez vôtre Pâté à rebour, de ſorte,
que vôtre Pâté étant cuit, vous le retournerez
ſur le plat ; il ſe trouve comme il doit être, &
vous le finirez de la même maniére qui ſera
marqué à l'article de celui que vous aurez choiſis.

Pâté chaud, de Jambon.

Vous prendrez un Jambon que vous parerez ;
étant deſſalé, vous le mettrez dans un grand
chaudron pour le faire cuire, & puis vous le retirerez ; & le laiſſerez refroidir, puis vous dreſſerez
un Pâté d'une bonne pâte, ou ſi vous voulez ſur
le bord de vôtre plat, c'eſt comme vous le voudrez : vôtre Pâté étant dreſſé, vous arrondirez,
ou donnerez la façon de vôtre Pâté à vôtre Jambon, & leverez la coüenne ; le mettrez dans
vôtre Pâté, & l'aſſaiſonnerez de poivre, épices,
perſil, ciboules, & de quelques fines herbes,
hachez deſſus, & deſſous ; & le nourrirez un peu
de

de lard pilé, le barderez, & le couvrirez de
son couvercle: étant fini, vous le mettrez au
four, suivant comme il aura été cuit auparavant:
pour le servir, vous y mettrez une bonne essence peu salée, & piquée de citron.

Pâté chaud d'une noix de veau en fricandeaux, ou fricandeaux de veau glacé.

Vous dresserez vôtre Pâté à proportion de
vôtre viande, point trop haud de bord; car il
faut observer que vôtre viande qui est dans vôtre Pâté soit plus haute que le bord, pour que
vôtre Paté ait sa forme; vous foncerez vôtre
Paté de quelques petites bardes de veau, & jambon, & un bouquet de persil, ciboules, une
gousse d'ail, & un peu de basilic que vous aurez soin de retirer; vôtre Pâté étant dressé &
foncé de tout cela, vous y mettrez vôtre noix de
veau ou fricandeaux dessus, ayant eu son assaisonnement ordinaire par-dessous la noix; étant
ficelée par-dessous pour la faciliter à prendre
goût, vous le couvrirez d'une seule barde, & le
nourrirez à l'entour d'un peu de lard rapé, & le
couvrirez de son couvercle naturellement sans
façon: le couvercle ne devant point servir, vous
le mettrez au four l'espace de deux heures &
demi: étant cuit, vous le dégraisserez bien, &
vous aurez un bon caramel de veau, & de jambon, & d'une belle couleur: vous en dorre-
rez vôtre noix de veau; puis, vous jetterez une
bonne cuillerée d'essence dans le reste de vôtre
caramel, & un jus de citron que vous coulerez à
l'entour; puis, vous le servirez chaudement: il
se

se peut faire d'une poularde piquée avec un ragoût dans le corps, de la même maniére.

Pâté de Langues de Mouton, chaud.

Vous prendrez des Langues de Mouton, &
les épluchez bien, & les ferez blanchir pour leur
faire sortir le goût de tripe; puis, vous les
fendrez en deux, & dresserez vôtre Pâté d'une
moyenne hauteur, & le foncerez d'un peu de
godiveau, y arrangerez vos Langues de Mouton, & y mettrez quelques champignons coupez,
persil, ciboules, & échalotes, & d'un morceau
de beurre pour nourriture; étant assaisonné à
l'ordinaire, on y peut mettre dedans quelques
petites boulettes de ce godiveau parmi cela; il
convient aussi comme au Pâté de godiveau; étant
couvert, vous le mettez au four l'espace d'une
heure & demi: étant cuit, vous le dégraisserez
bien, & y jetterez une petite sauce hachée dedans, ou une essence claire, avec un jus de citron,
& le servez chaudement: celui de Langues de
veau & de bœuf se fait la même chose; excepté qu'il faut couper la Langue de bœuf après avoir
été cuite dans une marmite, comme si c'étoit pour
mettre en mirotton; ou on les fend seulement
en deux, étant lardé, & cuit dans une braise
claire pour lui épargner la longeur du tems qu'il
devroit rester dans le four autrement.

Baraquilles.

Pour faire des Baraquilles, il faut avoir un
couple de perdrix, avec une poularde cuite, &
couper le tout en petits filets. Ensuite, ayez
des

des moules de Baraquilles, qui font faits comme
des moules de petits pâtez, mais beaucoup plus
grands; il y faut une farce comme pour des petits pâtez. Voici la manière de la faire. Prenez une noix de veau, un morceau de lard, un
morceau de graiſſe de bœuf, & une tétine de
veau blanchie, coupez le tout par petits morceaux dans une caſſerole; aſſaiſonnez-le de ſel
poivre, ciboules hachées, perſil haché, & fines
herbes, mettez la caſſerole au feu pour blanchir
le tout, & le remuez de tems en tems; enſuite,
laiſſez-le refroidir; étant froid, hachez le tout ſur
la table avec quelques champignons, & fines
épices; enſuite, hachez-la bien, faites un morceau de pâte feuilletée, foncez-en vos moules
de Baraquilles; enſuite, mettez-y vôtre farce, a-
vec une abbaiſſe par-deſſus; dorez-les, joignez-
les bien, & les faites cuire au four. Prenez des
champignons & truffes vertes, & les coupez
en filets de ris de veau de même; mêlez le
tout enſemble; & enſuite, mettez-en la moitié
dans une petite caſſerole avec un morceau de
beurre, & le paſſez quelques tours ſur le feu;
poudrez-le d'une pincée de farine, & le mouïllez
de bon bouillon; laiſſez-le mitonner tout doucement ſur un fourneau; prenez l'autre partie
de ris de veau, champignons, & truffes, & les
mettez dans une caſſerole avec un peu de coulis, un peu de jus, & eſſence; & les mettez
mitonner doucement ſur un fourneau. Obſervez
qu'ils ſoient d'un bon goût, & y mettez la moitié de vos filets de perdrix, & poularde, & l'autre moitié dans le blanc: obſervez que vos deux
ragoûts ſoient de bon goût; étant prêt à ſervir,
faites une liaiſon de jaunes d'œufs; delayez-les
avec un jus de citron, perſil haché; & un peu

de

de muscade, & en liez vôtre ragoût blanc; & si
l'autre n'est pas assez liez, mettez-y un peu d'essence & de coulis; étant prêt à servir, tirez vos
Baraquilles, ouvrez-les par-dessus, & en ôtez
une partie de la farce; faites la même chose à
toutes; ensuite, mettez-les dans leur plat, & remplissez une Baraquille de vôtre ragoût de filets au
blanc, & un autre de vôtre ragoût coloré, &
poursuivez de même avec des filets de pistasches
par-dessus, & servez chaudement pour Entrée.

Autre grande Baraquille.

Servez-vous de cette même farce comme il
est marquez ci-devant, prenez une tourtiére de
la grandeur de vôtre plat, & la foncé d'une
abbaisse de pâte feüilletée, & la remplissez de
cette farce à petit pâté; ensuite, vous coupez
vôtre feüilletage par bandes, & vous les mettez
tout au tour sur vôtre farce, & qu'elles croisent
les uns sur les autres, jusques à la fin, & que celà fasse comme un escargot; dorrez là avec un
œuf bâtu, & la mettez cuire au four; étant cuit,
& prêt à servir, ayez un de ses deux petits ragoûts marquez ci-devant tout prêt, & tirez vôtre Baraquille du four, & ouvrez-le par-dessus,
& en ôtez une partie de la farce, & le remplissez de vos filets en ragoût, un jour au blanc, &
l'autre jour au roux, quand bon vous semblera,
mais pas plus qu'un ragoût à la fois, avec un jus
de citron, & remettez le couvercle, & servez
chaudement pour Entrée.

Pâté à la Bavaroise.

Faites un morceau de pâte brisée, à moitié
sain-

sain-doux & à moitié beurre, avec deux jaunes
d'œufs, la quantité pour faire une petite tourte,
ayez des moules ovales de trois doigts de hauteur & de cinq pouces en longeur, frotez-les
de sain-doux, & fonsez-les d'une abbaisse de cette
Pâte, & ensuite, remplissez-les de la farce comme les baraquilles ci-devant ; ensuite, vous les
couvrez d'une abbaisse, & façonnez les bords comme vous le jugerez à propos, les dorrez, & les
faites cuire au four, prenez une poularde ou des
poulets avec un couple de perdrix ; coupez le
tout en petits filets, & les mettez sur un plat
proprement ; ensuite, ayez des soles frites, & les
coupez en filets de même, des filets de brochets
cuits au court-boüillon, quelques filets de saumon, si vous en avez ; filets de vives cuites;
prenez une casserole, & y mettez des champignons, coupez en tranches, des truffes vertes en
filets ; ensuite moüillez-les de coulis, & d'essence, & les laissez mitonner tout doucement,
& y mettez vos filets de viande, & filets de
poison les uns après les autres, & les laissez mitonner un moment: observez qu'ils soient d'un
bon goût, & y mettez un jus de citron : étant
prêt à servir, tirez vos Pâtés du four, & hors
des moules les ouvrez, & en ôtez une partie de
la farce, & les remplissez de vôtre salipicon en
filets, & les dressez dans leur plat : il en faut ordinairement trois ou quatre dans un plat, & servez chaudement pour Entrée.

Petits Pâtés à la Napolitaine

Faites une pâte brisée, fine, & en formez des
abbaisses, & en dressez des petits Pâtés de cinq

Tome II. K à

à six pouces de hauteur, & d'un pouce & demi de largeur, pour les dresser avec plus de facilité; quand vôtre abbaisse est étendue, vous la pliérez par-dessus le bout de vôtre rouleau, & formerez vôtre petit Pâté dessus le plus uniment qu'il vous sera possible; ensuite, vous retirerez vôtre rouleau de dedans, & ferez la même cérémonie de tous les autres petits Pâtés; il faut que vôtre rouleau soit beaucoup plus menu par le bout pour avoir plus de facilité de le retirer; vos petits Pâtés étant tous dressez, remplissez-les de farce, comme on fait aux autres petits Pâtés; vous les couvrez ensuite, les uns après les autres, & les dorez d'un œuf batu, & les faites cuire au four; il faut avoir un petit coulis d'écrévices tout prêt, & un petit salipicon de vos queuës d'écrévices, & autre garniture, comme en voici la maniére : vous prendrez un cent de petites écrévices de bonne eau, vous les laverez, & les ferez cuire à l'eau, & au sel; étant cuites, épluchez-les, & en gardez les queuës, & les petits œufs, s'ils en ont; étant toutes pluchez, faites piler les coquilles le mieux qu'il vous sera possible; car on ne sauroit le trop bien piler: prenez un morceau de rouëlle de veau, & la coupez par petites tranches, avec un couple de tranches de jambon, un ou deux ognons; mettez le tout dans une cassérole, & le faites suer jusqu'à ce qu'il s'atache; étant ataché légérement, moüillez-les de bon boüillon, & l'assaisonnez d'un couple de tranches de citron, d'un peu de basilic, couple de cloux, un verre de vin de Champagne, ou autre, pourvû qu'il soit blanc; mettez un morceau de mie de pain gros comme deux œufs, & le laissez mitonner tout doucement;

ment; prenez les queuës de vos écrévices & les coupé en dez, & des champignons de même, & truffes ; mettez le tout dans une petite casserole, moüillez-le d'un peu de boüillon, & le mettez sur un petit fourneau pour qu'il cuise ; ensuite, prenez le blanc d'une perdrix, & le coupez en petits filets avec le blanc d'un poulet de même, & le tout cuit, quelques crètes de coq en filets, & mettez le tout avec vos queuës d'écrévices & truffes ; observez que vôtre coulis soit d'un bon goût, & en tirez le veau, le jambon & les ognons : vos coquilles d'écrévices étant bien pilées, mettez-les dans vôtre coulis, & les passez à l'étamine : vôtre coulis étant passez, mettez-le avec vôtre petit salipicon, & vos petits Pâtés étant cuits, tires-les, & en ôtez presque toute la farce, & les remplissez de vôtre petit salipicon ou coulis d'écrévices : observez que le tout soit d'un bon goût, d'un bel œil, & les dressez dans leur plat, & servez chaudement.

Petits Pâtés au Jus.

Faites un morceau de pâte brisée, & la laissez reposer ; ensuite, prenez un morceau de roüelle de veau comme le poing avec autant de lard, & autant de graisse de bœuf ; coupez le tout par petits morceaux, & le mettez dans une casserole, & l'assaisonnez de sel, & de poivre, fines herbes, & fines épices, & le passez quelques tours sur le feu ; ensuite, les faites hacher, y mettez quelques champignons : le tout étant bien hachez, arrosez-les d'un peu de crême ou de lait, mêlez bien le tout ensemble, & l'élevé sur une assiette ; étendez vôtre pâte brissée, & en formé de petites abbaisses; dressez vos petits Pâtés d'un pouce de haut, étant dressés, remplissez-les de vôtre farce; les couvrez, & les dorez d'un œuf batu; & les faites cuire au four : étant cuits, ouvrez-les par le haut, & y mettez un petit coulis d'essence de jambon, & les servez chaudement.

Autres petits Pâtés au Blanc.

Faites une pâte brisée, comme aux autres petits Pâtés ci-devant, & les dressez de même, & faites une farce de même; la difference qu'il y a, c'est d'y ajoûter quelques chairs de volailles: vos petits Pâtés étant cuits, vuidez-les dans une casserole, & y mettez un petit coulis Blanc à la Reine, dont vous trouverez la maniére de faire ce coulis au Chapitre des Coulis: remplissez-en vos petits Pâtés; observez qu'ils soient d'un bon goût, & les dressez dans leur plat, & servez chaudement pour hors d'œuvre; au lieu d'un coulis Blanc, vous y pouvez mettre un coulis d'écrévices, & quelques queuës.

Autres petits Pâtés.

Mettez environ deux livres de farine, & faites un trou dans le milieu, & y cassez un couple d'œufs, & y mettez un morceau de beurre gros comme la moitié d'un œuf, & une pincée de sel, si vôtre beurre n'est point salé; ensuite, détrempez-là avec de l'eau fraîche, & prenez garde qu'elle ne soit pas trop dure, n'y trop môle, & la laissez reposer pendant une demi-heure; faites une petite farce : prenez un morceau

ceau de veau gros comme un œuf, de la cuisse,
& le mettez sur vôtre table avec autant de lard,
& deux fois autant de graisse de bœuf, hachez
bien le tout; ensuite, assaisonnez-le de sel, de
poivre, fines herbes, fines épices, & le mouillez d'un peu de lait, & une pointe de rocambole; achevez de les hacher ensemble, & l'élévez
sur une assiette, étendez vôtre pâte, & y mettez presque aussi gros de beurre que de pâte, &
l'étendez par-dessus vôtre pâte; & ramenez les
bouts de vôtre pâte l'une sur l'autre, & l'étendez légérement avec vôtre rouleau à pâte; en-
suit, ramenez les bouts l'un sur l'autre, & la
tournez de travers pour la retendre; continuez
de même jusqu'à trois ou à cinq fois: observez
que vôtre pâte ne s'attache point à vôtre tour à
pâte, ou à vôtre rouleau; & pour empêcher celà, il le faut poudrer de tems en tems de farine; & ensuite, étendez vôtre pâte, & en coupez avec vos coupes pâtes de petites abbaisses,
& en foncerez de petits moules à petits Pâtés,
& l'y remplirez de vôtre petit godiveau, & mettrez dans chaque petit Pâté un grain de verjus
dans la saison, & les couvrirez d'une autre petite abbaisse de vôtre pâte par-dessus, & les dorez d'un œuf batu, & les ferez cuire au four:
étant cuits, dressez-les dans leur plat, & les servez chaudement pour hors d'œuvre, ou pour
garnir des piéces de bœuf, ou autres. Les petits
Pâtés maigres se font de même, hors qu'on se sert
de chair d'anguilles, de carpes, ou autres poissons qui ne sentent point la bourbe, en se servant de beurre au lieu de lard, & de la mie de
pain cuite dans du lait, & de quelques jaunes
d'œufs: il faut avoir soin que les choses soient bien

 assaiaffaisonnées & d'un bon goût, & en foncez vos petits Pâtés de même ; faites-les cuire, & vous vous en servirez dans telle occasion que vous jugerez à propos.

Canelon.

Prenez des bâtons de cannes qui ne soient point trop gros, & les coupez de la longueur du doigt ; faites une pâte de cette maniére : prenez une poignée de sucre en poudre, & deux de farine, que vous mettez sur un tour, un peu de rapure de citron verd, deux jaunes d'œufs frais, & un blanc : mettez un demi verre d'eau dans une casserole, avec la grosseur de deux noix de beurre frais, & les faites chauffer tant-soit-peu : faites un trou au milieu de vôtre farine, & sucre, sur le tour, & y vuidez d'eau & le beurre ; & maniez le tout ensemble, comme une autre pâte, & la rendez bien maniable ; ensuite, faites-en une abbaisse sur le tour bien mince, & la coupez en petits morceaux, de la grandeur qu'il faut pour enveloper les bouts de cannes, & les envelopez en même tems ; prenant garde qu'il n'y ait qu'un des bouts de canne bouché ; faites-les frire dans du sain-doux : la friture étant chaude, comme pour des bégnets, mettez les Canelons : ayant pris belle couleur, tirez-les, & les mettez égoûter ; ôtez les bout de cannes de chaque Canelon, & le remplissez de plusieurs sortes de marmelades, & y râpez du sucre dessus, & y passez la péle rouge ; ensuite, dressez-les sur un plat, & les servez pour Entremêts, ou pour garniture.

Pr.

Potin, à l'Angloife.

Prenez deux ou trois poignées de farine, une pinte de lait, fix œufs, mêlez les bien enfemble; prenez une livre de raifin, une livre de coriandres, épluchez-les, & les lavez bien, mettez le tout enfemble, avec une livre de graiffe de bœuf, hachez le bien, & le mettez avec les autres chofes; ajoûtez une moitié de noix mufcade rapée, un quarteron de livre de fucre, un peu de fel, un peu d'eau de fleur-d'orange, un peu d'eau-de-vie, batez le tout enfemble dans une cafferole; prenez une cafferole de la grandeur de vôtre plat, beurrez-là avec un morceau de beurre, mettez vôtre compofition dedans, faites-là cuire dans le four une heure & demi: étant cuite, tirez-là, & la renverfez dans vôtre plat, poudrez-là d'un peu de fucre deffus, & fervez chaudement. Vous pouvez une autre fois le faire cuire dans une marmite, en le mettant dans une ferviette blanche; vous le formerez auffi gros que vous jugerez à propos, le mettez dans une marmite deffus le feu avec l'abondance d'eau; mettez vôtre Potin dedans, & le faites boüillr l'efpace de deux heures & demi ou trois; enfuite, tirez-le, & le deficelez, & le dreffez dans le plat que vous-voulez le fervir; mettez par-deffus une fauffe de beurre liée; enfuite, un peu de fucre en poudre, & fervez chaudement pour Entrée.

Potin de Pain.

Prenez la mie d'un pain de deux livres, le

plus blanc que vous pouvez avoir, faites-le tremper avec une pinte de crême, quatre œufs, un peu de sucre, un peu de muscade rapée, un peu de canelle en poudre, un peu d'eau de fleurs - d'orange, un peu de vin d'Espagne ou d'eau - de - vie, mêlez bien le tout ensemble, beurrez-le dans une serviette blanche, mettez vôtre composition dedans, attachez-le bien fort, avec une ficelle, mettez-le cuire dans une marmite avec de l'eau, dans trois quarts d'heures il sera cuit : faites une sauffe avec un morceau de bon beurre, & un couple de cuillerées à bouche de vin d'Espagne, un peu de sucre ; liez ce tout ensemble sur le feu, tirez vôtre Potin de l'eau, deficelez-le, & le dressez dans le plat que vous voulez le servir ; mettez vôtre sauffe par-dessus, & servez chaudement pour Entrée, ou pour hors d'œuvre.

Potin aux Ris.

Prenez un quart de livre de Ris, faites-le boüillir dans une pinte de lait jusqu'à ce qu'il soit cuit, prenant garde qu'il ne s'attache pas dans le fond de vôtre casserole : prenez six œufs, un peu de sucre, un peu de sel, un peu de muscade rapée, un peu de canelle en poudre, un peu d'eau de fleurs - d'orange, un peu de vin d'Espagne ; mêlez bien le tout ensemble : étant mêlé, prenez le plat que vous le voulez servir dedans, & faites un bord de bonne pâte : étant garnis, mettez-y vôtre composition ; mettez auffi quelques petites tranches de citron confit par-dessus ; faites-le cuire dans le four, dans trois quarts d'heures il sera cuit : étant cuit, tirez-le du four,

four, poudrez-le d'un peu de sucre par-dessus, & le servez chaudement : observez que le cu de vôtre plat soit propre.

Petit Potin à Pomme d'Amour.

Prenez la mie d'un pain de deux livres, & la faites tremper dans de la crême, six œufs, un peu de sucre, un peu de sel, un peu de canelle en poudre, un peu de muscade rapée, un peu de vin d'Espagne un peu d'eau de fleurs-d'orange ; mêlez le tout ensemble avec un peu de farine ; prenez garde qu'il ne soit pas trop leger : prenez trois Pommes d'Amour, beurrez-les bien, séparez vôtre composition en trois ; dans l'un vous mettrez un peu de jus, des épinars sans avoir été blanchi, & que vous avez fait piler pour le rendre verd ; dans l'autre, vous mettrez quelques corinthes, épluchez-les, & bien lavez, & l'autre tout unis, remplissez vos Pommes d'Amour, & les ouvrez avec un petit morceau de linge, & l'attachez bien fort avec une ficelle, que le linge ne puisse pas se défaire ; faites-les cuire dans une marmite avec de l'eau, dans un heure de tems ils seront cuits ; étant cuits, tirez-les, & ôtez le linge, les renversez sur une assiette, & en égoûtez l'eau ; étant égoûtez dressez-les dans leur plat, faites la même cérémonie aux autres ; étant tout dressez dans leur plat pour celui qui est tout uni, il faut avoir des amandes douces échaudez, & coupez en filets, & les lardez, & les autres vous les laisserez comme ils sont ; faites une sausse avec un bon morceau de beurre, un peu de vin d'Espagne, un peu de sucre, liez le tout dessus le feu ;

K 5

étant

étant lié de bon goût, mettez-le deſſus vôtre Potin, & ſervez chaudement pour hors d'œuvre, ou pour Entrée.

Potin de Moëlle.

Prenez la mie d'un pain de deux livres, rapez-le bien, & paſſez-le dans une paſſoire, faites-là boüillir un peu ſur le feu avec une pinte de crême, étant boüillie, ôtez-là de deſſus le feu, & la laiſſez refroidir; prenez huit œufs, battez-les bien, & paſſez dans un tamis de crin; mettez-les dans vôtre caſſerole avec vôtre pain, & la crême, prenez un quarteron de ſucre, un peu de noix de muſcade rapée, un peu de canelle en poudre, un peu de ſel, un peu de fleurs-d'orange, un peu de vin d'Eſpagne; prenez de la moële de deux jarêts de bœuf, ou de la moële de gros os de cuiſſe, hachez-en une partie, & en gardez quelques morceaux rond pour mettre par-deſſus; mêlez bien le tout enſemble, prenez le plat ou vous voulez ſervir, faites un bord de bonne pâte autour de vôtre plat; étant garni, mettez vôtre compoſition dans vôtre plat, mettez auſſi quelques tranches de citron confit, quelques morceaux de moële par-deſſus; faites-le cuire au four dans une heure & demi il ſera cuit; étant cuit, tirez-le du four, & ſervez chaudement. Voyez que le cu de vôtre plat ſoit bien propre.

Potin de Moruë, à la Moſcovite.

Prenez la mie d'un pain de trois à quatre livres, la mettez tremper dans du lait ou de la
crê-

crême, & la faites un peu cuire; après, laissez-
là refroidir; prenez une Moruë séche ou une Moruë blanche bien dessalée, & la faites cuire à
grande eau; étant cuite, ôtez-en toutes les arê-
tes & la peau; ensuite, la faites hacher; étant
hachée, mettez-y vôtre mie de pain qui a trempée dans la crême, & une douzaine d'œufs blanc
& jaune, assaisonnez de poivre & un peu de
sel: si vôtre Moruë se trouve un peu trop déf-
salée, un peu de persil & de ciboule, un peu de
basilic, de la muscade rapée avec deux livres
de bon beurre; hachez bien le tout; étant haché,
mettez-y un verre de vin d'Espagne, & mê'ez
bien le tout; ensuite, prenez une casserole, &
étendez une serviette dessus, mettez-y vôtre Moruë, & pliez vôtre serviette, la ficelez & serrez
bien; ayez une marmite assez grande remplie
d'eau sur le feu, qui puisse contenir vôtre Potin;
& quand elle boüillira, mettez-le dedans, trois
heures sufisent pour sa cuisson; étant cuit, deficelez-le, & le dressez dans le plat que vous voulez servir, mettez-y une sausse d'un bon beurre bien lié, & servez chaudement: vous pouvez
faire ce Potin de toutes sortes de poissons, & le
servir de la même maniére.

Autre Potin.

Prenez trois cuillerées à bouche de bonne far-
rine, où même de farine de ris, deux onces de
sucre, deux onces de biscuit de Savoie, &
délier le tout avec un peu de crême douce; étant
ainsi, il faut prendre une douzaine d'œufs, les
bien batre pour les mêler dedans, & beurrer un
linge qu'il faut fariner par-dessus, & verser la
com-

composition dedans, le lier , & mettre à l'eau boüillante , avec un peu de fel , un peu de mufca-de, trois quarts d'heures cuire ; il faut faire une fauffe avec du beurre , un peu de farine , & vin de Cannarie, & fucre, il eft fort bon : on le fert au fecond fervice , & l'on peut auffi faire un bordé de pâte à un plat d'autre maniére , & le mettre au four, qu'il ne foit pas trop chaud.

Maniére de faire un Potin de Grozeilles, à l'Angloife.

Vous ferez un morceau de pâte brifée , & vous prendrez une petite ferviette que vous froterez de beurre dans le milieu ; après quoi, vous l'éten-drez dans une poupetonniére, où un tamis, pour la forme , & vous ferez une abbeffe de vôtre pâte , que, vous étendrez deffus vôtre fer-viette ; après quoi , vous mettrez vos Grozeilles bien épluchez dans vôtre abbaiffe , & mettrez du fucre en poudre deffus , & deffous ; ceci étant fait, vous fermerez vôtre pâte bien clofe , & vôtre ferviette de même , & vous attacherez a-vec une ficelle , & le ferez boüillir dans l'eau pendant deux heures ; étant cuit, vous détache-rez vôtre ferviette autour de vôtre pâte , & vous renvercerez vôtre Potin fans-deffus-deffous ; a-près quoi , vous verferez une fauffe au beurre par-deffus ; enfuite, vous raperez un peu de fucre deffus.

Pâté de Culote de Bœuf, à l'Angloife.

Ayez une Culote de Bœuf, defoffez-là , & la
cou-

coupez par tranches forts minces. Dreſſez vôtre
Pâté, & y faites un lit de tranches de Bœuf, &
l'aſſaiſonnez de poivre, ſel, perſil, ciboules, truffes, champignons, pointe d'ail, fines herbes, &
jambon haché; enſuite, faites un ſecond lit de
tranches de Bœuf, aſſaiſonnez-les de même, &
continuez de même juſqu'à ce que vôtre Pâté
ſoit plein, couvrez-le de bardes de lard, le
fermez, & le façonnez comme vous jugerez à
propos. Il faut au moins ſix heures pour le
faire cuire. Etant cuit, ouvrez-le, dreſſez-le, &
y mettez un bon coulis, des anchois, & un jus
de citron, & ſervez chaudement. Vous pouvez auſſi y mettre une ſauſſe hachée.

CHAPITRE VII.
Des Pâtisseries.

*Maniére de faire la Pâte brisée, pour toutes
sortes de Tourtes de Viande.*

LA Pâte brisée ordinaire est à huit livres,
c'est-à-dire, que pour douze livres de farine
vous mettez huit livres de beurre, & six œufs,
ainsi, à proportion de la diminution que vous
en ferez. Si le beurre est salé, vous n'y mettrez point de sel. Mettez vôtre farine sur vôtre
Tourte à pâte, & faites un trou dans le milieu,
cassez-y vos six œufs, & vôtre beurre tout autour de vôtre farine par morceaux, détrempez-
là, ensuite, avec de l'eau fraîche, & la brisez
un peu; prenez garde de la trop manier, crainte de la bruler; après cela, ramassez vôtre Pâte
dans un peloton, & la laissez reposer; & quand
vous voudrez vous en servir pour des abbesses
de Tourtes, coupez-en un morceau selon la
grandeur de vôtre Tourte & la tournez, &
l'étendez, & en foncez la Tourtiére dont vous
voudrez vous servir. Cette sorte de Pâte peut
vous servir pour toutes sortes de Tourtes chaudes de Viandes, volailles, gibiers, & poissons.

Vous pouvez rendre vôtre Pâte plus fine, en
y mettant dix livres de beurre au lieu de huit.
Observez toûjours de ne la point trop manier,
crainte de la brûler.   *Pâ-*

Pâte brisée pour toutes sortes de Pâtés dressez à l'œil sans peser ; de quelques qualité de viandes que ce soit.

Mettez de la farine, dessus un tour à Pâte, la quantité que vous jugerez à propos, selon la grandeur du Pâté que vous voulez faire. Faites un trou au milieu de vôtre farine, cassez-y cinq à six jaunes d'œufs, & du beurre à proportion. Détrempez-là avec de l'eau fraiche, & la brisez le mieux qu'il vous sera possible, & la tenez aussi dure que vous pourrez, en prenant garde, cependant, de la brûler, à force de la manier. Ensuite, laissez-la reposer; étant reposée, étendez-là comme une abbesse de Tourte, selon la grandeur du Pâté que vous voulez faire, & la rognez tout autour, & la dressez en rond ou en ovale, selon la figure que vous voudrez donner à vôtre Pâté. Une autre fois, vous la pouvez détremper à l'eau chaude; l'on n'y met pas tant de beurre, & l'on est plus assuré que le Pâté se soûtienne. La difference qu'il y a, c'est que la Pâte n'est pas si fine, elle est plus coriasse.

Pour ce qui est des petits Pâtés chauds, il faut, autant qu'il est possible, les faire à l'eau froide; pour un petit Pâté chaud de perdrix ou de bécasses, il faut quatre livres de farine, une livre & demi de beurre pour la Pâte; mettez le tout sur un tour à pâte, faites un trou au milieu, & y mettez six jaunes d'œufs; mettez-y du sel, si vôtre beurre n'est pas salé. Ensuite détrempez vôtre farine avec de l'eau froide, & brisez bien vôtre pâte, & la tenez la plus dure que

que vous pourrez, afin qu'elle se soutienne bien,
quand vous dresserez vôtre Pâté, prenant garde
de ne pas la brûler en la maniant trop.

Pâte feuilletée pour toutes sortes de Tourtes de Confitures, & de Crêmes.

Pour faire le feuilletage comme il faut, pour
tout ce qu'on peut avoir besoin, vous prendrez
douze livres de farine, qui font un boisseau de
France ; mettez vôtre farine sur le tour à Pâte,
faites un trou au milieu, & y cassez six œufs,
mettez-y environ une livre de beurre, & du sel
à proportion que vôtre beurre est salé ; & si le
beurre n'est point salé, vous y mettrez environ
six onces de sel. Ensuite, détrempez vôtre farine avec de l'eau fraîche ; observez que la Pâte
soit d'égale dureté à vôtre beurre. Vôtre feuilletage étant détrempé, vous le laisserez reposer
au frais. Ensuite, pesez douze livres de beurre
que vous manierez pour en faire sortir l'eau.
Après cela, étendez votre Pâte, & étendez vôtre beurre dessus. Pliez vôtre Pâte, c'est-à-dire,
enfermez vôtre beurre dans vôtre Pâte, & lui
donnez d'abord trois tours ; après quoi, laissez-la
reposer. Cela étant fait, si c'est pour des petits
Pâtez, il lui faut quatre tours, & celui du tra-
vail fait cinq, dont vous en foncez vôtre tour-
tiere sur le champ. On en use de même pour
toutes sortes de pâtisseries, excepté les Tourtes,
où il faut donner à la Pâte un tour de plus, quand
il y a douze livres de farine. On pourra se ré-
gler à ce qui est marqué ci-dessus, quand il n'y
auroit qu'une livre de farine.

P 4.

Pâte feüilletée pour une Tourte de Fruits, Confitures, où autres douceurs.

Prenez une bonne jointée de farine à deux mains, & la mettez fur un tour à pâte, où fur une table bien nette. Faites un trou au milieu, & y caffez un œuf; mettez-y un morceau de beurre de la groffeur d'un œuf, avec une pincée de fel, fi vôtre beurre n'eft pas falé. Enfuite, détrempez vôtre farine avec de l'eau fraîche, & obfervez que vôtre Pâte foit d'égale dureté à vô-tre beurre, ce qui veut dire pas trop molle ni trop dure. Enfuite, étendez-là, & mettez du beurre par-deffus auffi gros que la Pâte; renfer-mez vôtre beurre dans vôtre Pâte en la pliant un bout fur l'autre; après quoi, donnez-lui d'a-bord un tour, un moment après un autre, & vous continuerez de même jufqu'à quatre fois. Enfuite, étendez vôtre Pâte, & formez-en une abbeffe que vous mettrez dans la tourtiére, où vous voudrez faire vôtre Tourte. Après cela, vous y mettrez une marmelade de pommes ou de cerifes confites, ou d'abricots confits, ou ge-lée de grofeilles, & autres Confitures que vous jugerez à propos. Enfuite, vous étendrez un morceau bien mince de vôtre Pâte que vous pou-drerez de farine en le pliant en quatre ou cinq doubles; enfuite de quoi, vous couperez vôtre Pâte par petits filets, & en banderez vôtre Tour-te de quelle maniére vous jugerez à propos. Après cela, vous y mettrez une bande tout au-tour de la largeur d'un pouce, & la couperez le plus proprement que vous pourrez, & vous fe-rez cuire vôtre Tourte au four ou fous un cou-vercle. Etant cuite, vous la poudrerez de fucre, & passerez la pêle rouge par-dessus pour la glacer. Après quoi, vous la dresserez dans son plat, & la servirez chaude ou froide, comme vous jugerez à propos.

Tourte de Marmelade de Pommes.

Prenez des Pommes, & les pelez. Coupez-les en quatre quartiers, & en ôtez les pepins. Ensuite, coupez-les en plusieurs morceaux, & les mettez dans une casserole avec un peu d'eau, du sucre, de la canelle en bâton, & la mettez sur le feu; étant reduits en Marmelade, rapez-y un peu d'écorce de citron verd; observez que vôtre Marmelade soit d'un bon goût, & la laissez refroidir. Faites une abbesse de pâte feuilletée, & la mettez dans une tourtiére de la grandeur dont vous voulez faire vôtre Tourte; mettez-y de la Marmelade de Pommes ce que vous jugerez à propos, & la couvrez d'une autre abbesse de pâte découpée; ou bien la bandez d'une bande bien fine, avec un bord d'un pouce de large tout autour, & la façonnez du mieux qu'il vous sera possible. Faites-la cuire au four ou sous un couvercle. Etant cuite, poudrez-la de sucre, & la glacez avec une pêle rouge. Dressez-la ensuite dans son plat, & la servez froide ou chaude pour Entremets.

Les Pommes de rainette sont les meilleures pour faire ces sortes de Marmelades.

Tourte de Pommes, à l'Angloise.

Prenez des Pommes, & les pelez; coupez-les en quatre quartiers, & en ôtez les pepins.
Fon-

Foncez une tourtiére d'une abbesse de pâte feüilletée, ou pâte brisée fine, & y arrangez vos
Pommes la quantité que vous jugerez à propos,
& les couvrez de sucre avec du citron verd rapé. Ensuite, couvrez vôtre Tourte d'une autre
abbesse de pâte, & la faites cuire au four. Etant
cuite, tirez-là, & la glacez, & la dressez dans
son plat, & l'ouvrez par-dessus; ensuite mettez-y quelques morceaux de bon beurre frais,
un peu de crême de lait, & la remuez bien avec
une cuilliére, pour que le tout se mêle bien dans
vôtre marmelade. Après cela, coupez la croûte
que vous en avez ôtée en quatre ou six morceaux
en équiére, & les piquez dans vôtre marmelade
de distance en distance, les uns des autres, &
servez chaudement pour Entremêts.

Tourte de Groseilles blanches, à l'Angloise.

Ayez des Groseilles bien épluchées, & foncez une tourtiére d'une abbesse de pâte demi
feüilletage; mettez-y vos Groseilles autant qu'il
en pourra tenir dans la tourtiére, & les couvrez
de sucre avec de l'écorces de citron verd rapé.
Couvrez vôtre Tourte d'une autre abbesse de
pâte, & la façonnez de telle maniére qu'il vous
plaira. Ensuite, faites-là cuire au four; étant
cuite, glacez-là avec du sucre, & la pêle rouge. Dressez-là dans son plat, & servez chaudement pour Entremêts.

La Tourte de Groseilles rouges se fait de même que celle ci-dessus.

Tourte de Poires de bon Chrétien, à la bonne Femme.

Prenez des Poires de bon Chrétien, fendez-les en deux, & en ôtez les pepins, & les pelez ; étant pelées, mettez une partie des peaux dans un pot de terre ou cloche. Ensuite, mettez-y vos poires, & un bâton de canelle, un peu de sucre, un verre de bon vin rouge, un peu d'eau ; mettez l'autre partie des pelures par-dessus ; couvrez vôtre pot de son couvercle, & le blutez avec de la pâte, & faites cuire vos Poires tout doucement pendant cinq à six heures, feu dessus, & dessous. Ensuite, foncez une tourtiére d'une abbesse de la grandeur du plat d'entremets que vous voulez servir, & y faites un bord tout autour de la largeur d'un pouce ; observez que vôtre abbesse ne soit pas trop épaisse, & la faites cuire ; étant cuite, glacez les bords : vos Poires étant cuites, tirez-les, & passez leur jus dans un tamis de soie ; arrangez vos Poires dans vôtre abbesse, & mettez par-dessus le jus qui doit être d'une couleur bien vermeille. Si par hazard le jus étoit trop long, vous le ferez reduire, & le mettrez par-dessus vos Poires, & servirez chaud ou froid pour Entremets.

Autre Tourte de Poires de bon Chrétien, grillées.

Prenez des Poires, & les coupez en deux ou en quatre, si elles sont grosses ; ôtez-en les pe-

pepins, & les pelez, & les faites blanchir. Ensuite, prenez du sucre, & le mettez dans une casserole ou poële d'office, selon la quantité des Poires que vous aurez ; ajoûtez-y de l'eau pour faire fondre vôtre sucre ; ensuite, mettez-y un couple de blancs d'œufs, foüettez ; & mettez vôtre sucre sur le feu pour le faire clairifier ; étant clairifié, mettez-y vos Poires, & les faites cuire ; étant cuites, tirez-les, & faites diminuer le sirop, jusqu'à ce qu'il commence à prendre une petite couleur d'or. Ensuite, remettez y vos Poires, & les faites toûjours marcher sur le feu, jusqu'à ce qu'elles ayent prises une belle couleur. Si le sirop n'est pas assez fort, vous y pouvez mettre un peu de sucre en poudre, cela vous facilitera à griller. Ayez une abbesse de pâte toute cuite comme l'autre ci-devant. Tournez vos poires dans une assiette, ou dans un plat sans-dessus-dessous, & les glissez sur le champ dans vôtre abbesse cuite, & la servez chaude ou froide pour Entremêts.

Vous pouvez aussi les mettre dans une abbesse de pâte cruë, & la faire cuire au four ; cela dépend de l'ouvrier qui travaille, je vous donne l'autre pour la meilleure. La Tourte de Pommes grillées se fait de même.

Autre Tourte de Poires de bon Chrétien, ou autres.

Prenez des Poires, & les coupez en quatre selon leur grosseur, ôtez-en les pepins, & les pélez ; faites-les blanchir à l'eau, & ensuite, faites-les cuire dans du sirop, comme les autres ci-devant; faites une abbesse d'une pâte feuilletée, avec un bord tout autour de la largeur d'un pouce. Vos Poires étant cuites, arrangez-les dans vôtre abbesse, & faites cuire vôtre Tourte au four, ou sous un couvercle; étant cuite, glacez-en les bords avec un peu de sucre, & un peu de rouge, & la dressez dans son plat; rafraichissez-là d'un peu de sirop de Poires, & servez chaud ou froid pour Entremêts. Vous pouvez servir des Poires de Coins de le même manière.

Manière de faire la Pâte à l'Angloise; cette Pâte doit être environ de huit livres au boisseau.

Vous prendrez la farine, & le beurre à proportion de ce que vous en aurez besoin, vous y mettrez un œuf; après-quoi, vous mêlerez bien vôtre farine & vôtre beurre à sec, étant bien mêlé, vous moüillerez vôtre pâte, après qu'elle sera bien assemblée, vous la laissez sans la fraise.

Cette Pâte sert pour de gros Pâtez de venaison, ou autres sortes des viandes, & pour des Tourtes d'Entrées de même.

Autre sorte de Pâte pour des Tourtes d'Entremêts, à l'Angloise.

Vous prendrez de la farine ce que vous aurez besoin, & du beurre de même, que vôtre Pâte soit fine, & vous y mettrez une poignée de sucre en poudre, deux blancs d'œufs, un peu

de

de sel, vous mêlerez bien le tout ensemble à sec; après qu'il sera bien mêlé, vous mettrez de l'eau pour l'assembler: quand elle sera bien assemblée, vous la laisserez sans la fraisée. Vôtre Pâte étant faite, vous aurez une carte où litron de grosse groseilles verte que vous éplucherez proprement, après-quoi, vous ferez une abbesse de Pâte dans vôtre Tourtiére d'Entremets; ensuite, vous mettrez vos grosse groseilles dedans vôtre abbesse avez du sucre en poudre dessus, & dessous; après-quoi, vous couvrirez vos groseilles d'une abbesse de Pâte: ceci, étant fait, vous moüillerez vôtre Tourte par-dessus avec de l'eau; après-quoi, mettez du sucre en poudre par-dessus, c'est ce qui formera la glace de vôtre Tourte; ensuite, mettez au four: vous pouvez faire des Tourtes de groseilles rouge de serises, d'abricots, de poires, ou de pommes la même chose.

Tourte de Pêches grillées.

Prenez des Pêches qui soient mures, fendez-les en deux, & en ôtez le noyau avec la peau. Mettez dans une casserole du sucre en poudre; ensuite, arrangez-y vos Pêches, & les mettez sur le feu, & les remuez de tems en tems. Faites une abbesse de pâte avec un bord tout autour de la largeur d'un pouce, & la faites cuire. Etant cuite, dressez-là dans son plat, & vos Pêches étant grillées d'une belle couleur, tournez sans-dessus-dessous dans un plat ou dans une assiette, & les glissez le plus adroitement que vous pourrez dans vôtre abbesse. Mettez une goûte d'eau dans la casserole où vous ayez grillé vos Pêches, pour en tirer un petit sirop,

& ensuite, le mettez avec vos Pêchez, & mettez sur vos Pêchez leurs amandes, & servez vôtre Tourte chaude, ou froide pour Entremets.

Autre Tourte de Pêches grillées.

Vos Pêches étant grillées comme celles ci-dessus, dressez-les dans une abbesse, & les faites cuire au four, ou sous un couvercle. Étant cuites, glacez-les avec du sucre, & d'une pèle rouge, & servez chaud, ou froid pour Entremets.

Autre Tourte de Pêches.

Foncez une Tourtière d'une abbesse d'une pâte feüilletée, & y faites un bord tout autour de la largeur d'un pouce. Ayez des Pêches, fendez-les en deux, & en ôtez la peau, & les arrangez dans vôtre abbesse, mettez du sucre en poudre par-dessus, & faites cuire Vôtre Tourte au four ou sous un couvercle. Étant cuite, poudrez-la de sucre, & la glacez avec une pèle rouge; dressez-la dans son plat, & la servez chaude ou froide pour Entremets.

Tourte de Crême.

Mettez dans une casserole deux cuillerées à bouche de farine, avec six jaunes d'œufs, dont vous garderez les blancs. Détrempez vôtre farine avec une pinte de lait, & l'assaisonnez de sucre, un bâton de canelle; ensuite, faites-la cuire en remuant toûjours avec une cuilliere de bois, & y mettez un morceau de bon beurre. Vô-

Vôtre crême étant à demi cuite, mettez-y du citron verd rapé, de l'écorce de citron confite, hachez quelques biscuits d'amande amére, & achevez de la faire cuire; étant cuite, laissez-là refroidir. Ensuite, foncez une Tourtiére d'une abbesse de pâte feuilletée, & y faites un bord autour, de la largeur d'un pouce. Foüettez vos blancs d'œufs en nége, & les mettez dans vôtre crême avec un peu d'eau de fleurs d'oranges. Mêlez le tout ensemble, & le vuidez dans vôtre abbesse de pâte. Il ne faut pas trop la remplir, faites-là cuire au four ou sous un couvercle; étant cuite, poudrez là de sucre, glacez-là avec la pêle rouge, & la servez chaudement pour Entremêts.

Tourte de Rognon de Veau.

Ayez le Rognon d'une longe de Veau cuite à la broche, hachez-le bien, ayez de la crême, faite comme celle ci-dessus, autrement dit de la crême patissiére, que vous mêlez avec vôtre Rognon, & l'assaisonnez de sucre, d'écorces de citron confit bien hachée, quelques biscuits d'amandes améres, cinq ou six blancs d'œufs foüettez en nége; ensuite, ayez une Tourtiére foncée d'une abbesse de pâte toute prête, comme l'autre ci-devant, & y vuidez vôtre apareil de Rognon de Veau, & la faites cuire au four. Etant cuite, poudrez-là de sucre, & la glacez avec une pêle rouge. Dressez-là dans son plat, & la servez chaudement pour Entremêts.

Les Tartelettes de Rognon se font de la même maniére que la Tourte de Rognon de Veau, & les Tartelles de crême, de même que la Tourte de crême.　　L 5　　　　　*Tour-*

Tourte de Moële.

Ayez de gros os de bœuf, tirez-en la Moële, & la faites fondre; étant fondue, ayez de la crême patissiére toute prête, & y mettez vôtre Moële de bœuf fondüe; mêlez bien le tout ensemble; ensuite, assaisonnez-la de sucre; s'il n'y en a point dans vôtre crême, de l'écorce de citron confit haché, des biscuits d'amandes amére, de l'eau de fleurs-d'orange, le tout moderément. Ayez six blancs foüettez en nége tout prêts; étant foüettez, mêlez-les avec vôtre composition. Ensuite, foncez une Tourtiére d'une abbesse de feüilletage, & y mettez un bord de la largeur d'un pouce tout autour; vuidez-y vôtre apareil; vous y pouvez figurer dessus quelques fleurs ou quelques fleurons très-legers, & la faites cuire sur le champ. Etant cuite, poudrez-la de sucre, & la glacez avec la pêle rouge; dressez-la dans son plat, & la servez chaudement pour Entremêts.

Tourte d'Amandes.

Ayez une livre d'Amandes douces, faites-les échauder, & les épluchez; ensuite, faites-les piler bien fin, en les arrosant de tems en tems d'un blanc d'œuf, de peur qu'elles ne se tournent en huile. Prenez huit œufs, & en faites foüetter les blancs en nége; détrempez la moitié des jaunes avec des biscuits de Savoie, de l'écorce de citron verd rapé, de l'écorce de citron confit hâché, de la fleurs-d'orange pralinée, ou de l'eau de fleurs-d'orange. Tirez vos Amandes du mortier, & les mêlez avec cette composition, & y mettez du sucre médiocrement.

ment. Enfuite, mettez-y vos blancs d'œufs
fouettez en nége. Ayez une tourtiére foncée
d'une abbeffe de pâte feüilletée, avec un bord
autour de la largeur d'un pouce, & y vuidez
vôtre apareil, & la faites cuire fur le champ.
Etant cuite, poudrez-là de fucre, & la glacez
avec une pêle rouge; dreffez-là enfuite dans
fon plat, & la fervez chaudement pour Entremêts.

Tourte d'Epinars.

Ayez des Epinars bien épluchez, bien lavez,
blanchis. Etant blanchis, mettez-les dans de
l'eau froide, tirez-les, & preffez-les bien pour
en faire fortir l'eau. Enfuite, hachez-les, & les
mettez dans une caffarole avec un morceau de
bon beurre, du fucre, de l'écorce de citron
confit haché, paffez le tout fur le feu, & l'humectez d'un peu de bonne crême ou de lait. Obfervez qu'il foit d'un bon goût, & le laiffez refroidir. Etant froid, foncez une Tourtiére d'u-
ne abbeffe de pâte feüilletée, & y mettez vos
Epinars de l'épaiffeur d'un pouce; enfuite, ban-
dez-la finement du même feüilletage de telle façon que vous jugerez à propos, & y mettez un
bord, autour de la largueur d'un pouce; & la faites cuire fur le champ. Etant cuite, dreffez-là
dans fon plat; poudrez-là de fucre, & la glacez avec la pêle rouge, & la fervez chaudement pour Entremêts.

Tourte de Piftaches.

Ayez une livre de Piftaches échaudées, &
des faites piler le plus fin qu'il vous fera poffible,
&

& les arrosez de blanc d'œuf en les pilant. Ayez trois ou quatre biscuits de Savoie, & les humectez tant-soit-peu de crême de lait pour pouvoir les écraser comme de la pâte. Ensuite, prenez huit œufs, & en faites fouetter les blancs en nége; prenez la moitié des jaunes, & les mêlez avec vos biscuits, & vos Pistaches quand elles seront pilées bien fines, assaisonnez-les de sucre, d'écorces de citron confit, haché bien fin, & y mêlez vos blancs d'œufs foüettez en nége. Ensuite, ayez une Tourtiére foncée d'une abbesse de pâte feüilletée, & un bord de la largeur d'un pouce tout autour. Vuidez-y vôtre apareil de Pistaches, & faites cuire vôtre Tourte sur le champ. Etant cuite, poudrez-là de sucre, & la glacez avec une pêle rouge, dressez-là dans son plat, & la servez chaudement pour Entremêts.

Autre Tourte de Pistaches.

Vos Pistaches étant échaudées, & pilées comme celles ci-dessus, ayez de la crême patissiére toute prête, la quantité que vous jugerez à propos, selon la grandeur de vôtre Tourte, que vous mêlerez avec vos Pistaches, & l'assaisonnerez de sucre, écorces de citron verd rapé, écorces de citron confit bien haché; ensuite, ayez six blancs d'œufs foüettez en nége, que vous mêlerez avec vôtre crême, & Pistaches. Ensuite, foncez une Tourtiére d'une abbesse de pâte feüilletée, de la grandeur que vous jugerez à propos, avec un bord tout autour de la largeur d'un pouce, & y vuidez vôtre apareil, & la faites cuire sur le champ au four. Etant cuite, poudrez-la de sucre & la glacez avec la

pêle

pêle rouge ; dressez-là dans son plat, & la servez chaudement pour Entremêts.

L'on fait des Tartelettes & toutes autres sortes
de pâtisseries, qu'on nomme feuillantines, petits
gâteaux de Nioffe, de Génoises, qui se font de
cette maniére. Pour les gâteaux de Nioffe, il
faut avoir une pâte feuilletée ; vous les coupez avec un coupe pâte en rond, de la grandeur
de la pâte d'un verre, & y mettez un peu de
composition de ces Pistaches, tant de l'une que
de l'autre, elles sont également bonnes. Vous
les couvrez d'une autre petite abbesse découpée,
& les rendez bien proprement ronds. Ensuite,
vous les faites cuire au four ; étant cuits, poudrez les de sucre, & les glacez avec la pêle
rouge, & vous en servez pour des petits Entremêts, ou pour garniture des gros. Pour ce qui
est des feuillantines, quand vôtre pâte feuilletée
est étenduë, vous les coupez avec vôtre coupe pâte, la quantité que vous jugez à propos d'en faire. Ensuite, vous découpez la moitié de ces petites abbesses, & sur l'autre moitié vous y mettez vôtre crême de Pistaches, un peu à chacune, ensuite, vous ramenez l'abbesse par-dessus,
de maniére qu'elles se forment comme un croissant,
& les façonnez avec la pointe d'un coûteau. Ensuite, faites-les cuire au four ; étant cuites,
poudrez-les de sucre, & les glacez. Servez-vous-
en pour des petits Entremêts, ou pour garniture
des gros Entremêts de Pâtisserie.

Pour les Génoises, il faut avoir une pâte brisée fine ; vous l'étendez fort mince, & ensuite
vous y mettez de cette crême de Pistaches,
gros comme un petit bouton, une enfilade de
toute la longueur de vôtre pâte ; & ensuite,
vous ramenez l'abbesse de pâte par-dessus, &
for-

formez vos petites Génoises; ensuite, vous les coupez avec un petit moule à bougons, & leur donnez le tournant avec la main; c'est-à-dire, dressez un peu les bords; ensuite, vous les faites frire; étant frites, vous les poudrez de sucre, & les glacez avec la pêle rouge, & vous en servez pour des petits Entremets, ou pour garniture des gros.

Tourte de Chocolat.

Mettez plein deux cuilliéres à bouche de farine dans une casserole, & six jaunes d'œufs, dont vous garderez les blancs pour les faire fouetter en nége. Détrempez le tout avec du lait; étant détrempé, mettez-y un quarteron de Chocolat rapé, un bâton de canelle, du sucre, un peu de sel, de l'écorce de citron verd rapé, & faites cuire le tout. Etant cuit, mettez-y quelque peu de citron confit haché; observez qu'il soit d'un bon goût, & le laissez refroidir. Etant froid, fouettez vos blancs d'œufs, & les mettez dans vôtre crême de Chocolat. Foncez une Tourtiére d'une abbesse de pâte feüilletée, faites-y un bord autour de la largeur d'un pouce; ensuite, mettez-y vôtre crême de Chocolat, & la faites cuire sur le champ. Etant cuite, poudrez-là de sucre, & la glacez avec la pêle rouge; dressez-là dans son plat, & la servez chaudement pour Entremets. Cette même crême peut vous servir à faire des Tartelettes, des petits Gâteaux, des Génoises. La marmelade de pommes, d'abricots, est également bonne pour faire cette sorte de petite Pâtisserie. Il y a beaucoup de Personnes qui n'aiment point l'odeur dans la crême, on ce contentera de n'y point mettre de fleurs-d'orange, ni canelle, ni citron.

Tour-

Tourte de Canelle.

Mettez dans une casserole deux cuillerées à bouche de farine, avec six jaunes d'œufs, & en gardez les blancs pour les faire fouetter en nége. Détrempez vôtre farine avec de bon lait ou de la crême; étant détrempée, mettez-y de la Canelle en poudre qui y domine beaucoup, & l'assaisonnez de sucre, un peu de sel, de l'écorce de citron verd rapé, & de l'écorce de citron confit hâché. Ensuite, faites-là cuire; étant cuite, mettez-y quelques biscuits d'amendes amere écrasez, une goûte d'eau-de-fleurs-d'orange, & la laissez refroidir; vôtre crême étant froide, foüettez vos blancs d'œufs, & mettez-les dans vôtre crême. Foncez une Tourtiére d'une Abbesse de pâte feüilletée, & y faites tout autour un bord de la largeur d'un pouce. Vuidez-y vôtre crême, & la faites cuire sur le champ. Etant cuite, poudrez-là de sucre, & la glacez avec la pêle rouge; dressez-là dans son plat, & la servez chaudement pour Entremêts.

Cette sorte de crême est également bonne pour toutes les petites pâtisseries, & pour fourrer des gâteaux, ou tartelettes & gênoises.

Tourte en Busquéres.

Ayez un beau feüilletage, faites une grande abbesse, coupez vôtre pâte en façon d'équiére, & la garnissez de confitures; faites le couvercle de la même façon, & le découpez dessus, ou le bandez comme une Tourte de confiture, & la borderez de même; faites vos busquéres à proportion de la grandeur de vôtre Tourte; vous ferez en sorte qu'étant dressez dans vôtre plat,

il y en puiſſe avoir huit ou dix: Vous les pourez faire attacher avec du caramel ; mettez-les
cuire ſur un plafond ; étant cuites, vous les dreſſez, & garniſſez le haut d'une orange confite ou
autre choſe, & ſervez ce plat pour Entremeſs.
Les Buſquéres ſe peuvent faire de la même maniére que la croquante vitrée ; vous les dreſſez
ſur un fond de croquante vitrée, garnie de confitures. Il faut obſerver de bien vitrer vos Buſquéres, autrement cela feroit un très-mauvais
effet.

Tourte en Colonade.

La Tourte en Colonade, ſe fait de pâte à
croquante ou de feüilletage. Quand c'eſt de
pâte à croquante, vous faites un fond de croquante, de la façon que vous voulez ; & faites
des S ou Dauphins que vous faites cuire ſur un
plafond à part. Vos S ou Dauphins étant cuits,
vous les dreſſez ſur vôtre fond, & les faites attacher avec un caramel de ſucre ; enſuite, vous
garniſſez le fond de pluſieurs ſortes de confitures ou de gelée de groſeilles, & l'enjolivez ſuivant vôtre goût, & ſervez pour Entremêts.

Maniére de faire les Gâteaux feüilletez.

Vous faites un beau feüilletage fin, comme
il eſt marqué ci-devant. Vôtre feüilletage étant
fait, vous l'étendez avec vôtre rouleau, & lui
laiſſez l'épaiſſeur de deux florins, autrement d'un
écu de France. Vous prendrez enſuite un plat
de la grandeur que vous voulez faire vôtre Gâteau, & le poſerez ſur vôtre pâte que vous couperez tout autour ; enſuite, vous leverez cette

abbeſſe

abbesse sur une feüille de papier, ou sur un plafond; ensuite, vous en formerez encore une autre de la même maniére, & la découperez de
telle maniere que vous jugerez à propos. Après
quoi, vous mettrez sur vôtre prémiére abbesse
une marmelade d'abricôts, ou de la crême de
piltaches, ou autre crême, ou marmelade de
pommes. Ensuite, mettez vôtre abbesse découpée par-dessus, faites qu'elle joigne bien dans
les bords; ensuite, faites cuire vôtre Gâteau,
étant cuit, poudrez-le de sucre, & le glacez
avec la pêle rouge; dressez-le dans son plat, &
le servez chaudement en crême pour Entremêts.
Quand vous y mettez d'autres confitures, vous
le servirez froid, si vous voulez.

Gâteau de mille feüilles.

Faites un beau feüilletage de quatre à cinq
livres de farine pour un Gâteau; vôtre feüilletage étant fait, étendez-le sur vôtre tour à pâte
de l'épaisseur d'un florin; mettez un plat sur vôtre feüilletage de la grandeur que vous voulez
faire vôtre Gâteau, & coupez l'abbesse tout autour; ensuite, mettez-la sur une feüille de papier, & formez sept ou huit abbesses de la même maniére, dont la derniére sera découpée. Ensuite, faites-les cuire au four; étant toutes cuites,
glacez celle qui est découpée, & en formez vôtre
Gâteau comme ceci. Mettez sur la prémiére
abbesse un lit de marmelade d'abricôts; ensuite,
mettez une autre abbesse par-dessus celle-là, &
la beurrez de gelée de groseilles; remettez encore une autre abbesse par-dessus celle-là, & la
beurrez de framboises confites; ensuite, vous remettez encore une autre abbesse par-dessus, &

la beurrez de gelée de pommes. Ensuite, vous remettez une autre abbesse par-dessus, & la beurrez de gelée de groseilles; & à la fin vous mettez par-dessus, lentout vôtre abbesse qui est découpée & glacée. Vous les ferez bien joindre toutes, afin que cela ne paroisse point être plusieurs abbesses. Pour cet effet, il faut les glacer depuis le bas jusqu'en haut d'une glace blanche, & une verte, & une de couleur de cochenille; cela empêchera qu'on ne connoisse qu'il y a plusieurs abbesses. Faites la glace comme ceci. Mettez du sucre en poudre dans un vaisseau de terre, la quantité d'environ une livre; vous y mettrez deux blancs d'œufs, la moitié d'un jus de citron; battez bien le tout avec une cuillière de bois; si vôtre glace paroit être trop claire, vous y remettez un peu de sucre. Ensuite vous mettrez cette glace en trois parts; dans l'une un peu de cochenille préparée; dans l'autre du jus d'épinars que vous aurez fait piler, & bien presser; & l'autre, vous la laisserez blanche. Vous glacerez vôtre Gâteau de la blanche, depuis le bas jusqu'en haut; ensuite, de celle de couleur de cochenille; ensuite, de la blanche: ensuite, de la verte; & vous continuerez de même, jusqu'à ce que vôtre Gâteau soit glacé tout autour. Ensuite, vous le mettrez un moment dans un four tiéde, ou devant le feu, en le tournant de tems en tems, pour que la glace se puisse sécher. Vôtre Gâteau étant comme il faut, dressez-le dans son plat, & servez pour Entremêts. On le fait aussi gros qu'on le veut, pour servir dans les gros Entremêts, ou dans les petits.

Gâteau au Lard.

Faites un feüilletage : vôtre feüilletage étant fait, étendez-le de l'épaiſſeur d'un florin ; mettez un plat deſſus, de la grandeur que vous voulez faire vôtre Gâteau ; coupez la pâte tout autour ; mettez cette abbeſſe ſur un plafond, & la beurrez de Lard pilé ou fondu. Ayez du petit lard plus qu'à moitié cuit ; coupez-le en morceaux plats, comme la moitié du pouce ; enſuite, vous en faites un cordon tout autour par-deſſus vôtre abbeſſe ; enſuite, vous mettez une autre abbeſſe par-deſſus de la même épaiſſeur, & la mettez par-deſſus l'autre ; vous la garniſſez auſſi de petit Lard, de même que l'autre ; enſuite, vous remettez encore une autre abbeſſe par-deſſus ; & vous la dorez d'un œuf batu. Ayez des morceaux de petit Lard, longs comme la moitié du doigt, & larges de même. Obſervez qu'il faut auparavant faire blanchir le petit Lard. Enſuite, vous le piquez par-deſſus vôtre Gâteau autant qu'il en pourra tenir, ſans pourtant que les morceaux ſe touchent, & faites cuire vôtre Gâteau au four. Etant cuit, dreſſez-le dans ſon plat, & ſervez chaudement pour Entremêts.

Gâteau de Puits d'amour.

Faites un feüilletage : vôtre feüilletage étant fait, étendez-le de l'épaiſſeur d'un écu ou de deux florins. Mettez un plat par-deſſus de la grandeur que vous voulez faire vôtre Gâteau ; coupez la pâte tout autour ; mettez cette abbeſſe ſur un plafond ; enſuite, prenez un autre plat qui ſoit plus petit d'un bon pouce, & refai-

tes

tes une autre abbeffe ; coupez-là dans le milieu, & en enlevez la piéce de fix pouces en rondeur, felon la grandeur de vôtre Gâteau, & mettez le collier fur vôtre premiére abbeffe ; faites quatre *S* auffi grandes que vous le jugerez à propos, pour le moins de quatre pouces de hauteur ; elles fe font du même feüilletage. Faites cuire le tout au four ; étant cuit, poudrez vôtre Gâteau de fucre, & le glacez avec la pêle rouge ; il faut que les *S* foient glacées de tout côtez. Vous formez un petit cordon de-là longueur de quatre à cinq pouces pour imiter les feaux d'un Puits ; il faut que ce cordon foit cuit au four, & glacé de même que le refte. Enfuite, vous faites cinq petits choux gros comme le poing ; étant cuits, vous les fendez par un coin, & fans les féparer, & les farciffez de gelée de grofeilles ou de marmelades d'abricôts. Dorez-les avec du beurre fondu ; enfuite, poudrez-les de fucre, & les glacez avec la pêle rouge. Dreffez vôtre Gâteau dans le plat où vous voulez le fervir, & rempliffez le cœur de vôtre Puits d'amour de gelée de grofeilles, ou marmelades d'abricôts. Enfuite, ayez dans une cafferole du caramel bien chaud, trempez-y le bout de vos *S*, & les pofez fur vôtre Puits d'amour en croix, en les faifant toucher en haut les unes contre les autres ; enfuite, trempez le bout de vôtre chaîne dans le caramel, & l'attachez au haut de vos *S*, de maniére que cela imite la chaîne, & les feaux d'un Puits. Enfuite, vous mettez un de vos choux fur le haut, & les autres quatre dans les quatres coins des intervales des *S*, & fervez vôtre Gâteau pour Entremêts. On le fait auffi grand, & auffi petit qu'on le veut ; celà dépend de la fantaifie de l'Ouvrier. *Pe-*

Petit Puits d'amour.

Il se fait également de feüilletage, comme celui ci-dessus. Vôtre feüilletage étant fait, étendez vôtre abbesse de l'épaisseur de deux florins; & en formez des abbesses avec un coupe-pâte dentellé, de la grandeur du haut d'un verre; ensuite vous les arrangez sur un plafond; vous formerez encore autant d'autres abbesses que celles que vous avez faites, mais d'un demi tiers plus petites. Ensuite, vous en emporterez la pièce du milieu de deux doigts en rondeur, ou d'un pouce, selon la grandeur que vous formerez le petit Puits d'amour. Vous ferez la même cérémoine à toutes, & les mettrez sur vos premiéres abbesses. Vous pourrez garder les petits morceaux que vous avez enlevez du milieu, & ferez cuire le tout au four; étant cuit, vous le poudrerez de sucre, & le glacerez avec la pêle rouge; ensuite, vous remplirez les creux de gelée de groseilles, ou marmelade d'abricôts, & mettrez par-dessus les petites piéces que vous avez enlevées du milieu; vous les dresserez dans un plat, & les servirez pour Entremêts.

Gâteau roulé en Colimasson.

Le Gâteau roulé en Colimasson se fait de feüilletage, & l'on y met une crême aprêtée de la même maniére qu'il est marqué à l'Article de la tourte de crême ou franchipanne, même verte ou blanche; cela dépend de la fantaisie de l'Ouvrier. Vous alongerez un morceau de pâte de feüilletage de la longueur d'une aune ou deux, suivant la grosseur dont vous voulez faire vôtre Gâteau, de l'épaisseur de deux écus, & de la lar-

geur

geur de quatre ou six doigts. Puis vous alongerez de là crême comme si vous faisiez une an-
doüille, & l'enfermerez bien dans vôtre pâte,
qu'elle n'en puisse point sortir; ensuite, vous
tournerez vôtre pâte sur un papier beurré, comme une espéce de Colimaffon que vous dorerez;
vous y mettrez un cordon de papier beurré autour, en le mettant au four. Etant cuit, vous
le poudrerez de sucre fin, & le glacerez d'une
belle couleur avec la pêle rouge; puis, vous le
dresserez dans son plat, & le servirez pour Entremêts.

Gâteau en Feüillantine.

Vous ferez le Gâteau en Feüillantine de la
même crême que celui ci-dessus. Vous ferez
une abbesse d'un beau Feüilletage sur un papier,
& y mettrez vôtre crême. Si vous voulez, pour
le rendre plus beau, vous y mettrez sur le bord
un petit bord de Feüilletage, & le recouvrirez
d'un cordon de Feüilletage, & le codronnerez
au bord, & le dorerez, & le mettrez au four.
Etant cuit, vous le glacerez de sucre avec la
pêle rouge d'une belle couleur, & le servirez
chaud ou froid pour Entremêts.

Gâteau d'Amandes.

Pour faire ce Gâteau d'une moyenne grandeur, vous prendrez une livre d'Amandes douces, avec environ trente Amandes améres, que
vous échauderez; ensuite, vous les pilerez bien
fin, & les raffraichirez de tems en tems de blanc
d'œufs en les pilant : étant bien pilées, vous les
mettrez dans un vaiffeau, où vous ajoûterez trois
quar-

quarterons de sucre en poudre, avec un peu d'eau de fleurs d'orange, & trois œufs entiers. Démêlez bien le tout avec une espatulle, batez-le bien, & y mettez aussi de l'écorce de citron verd rapé. Puis, vous continuerez toûjours à batre, en y ajoûtant des jaunes d'œufs. Après, quand vous verrez que cela blanchira, à la longueur du tems que vous l'aurez bien batu, & que vous y aurez bien augmenté une douzaine d'œufs, vous foüetterez vos blancs, & ferez toûjours batre vos Amandes par une Personne, pour qu'elles ne tombent point. Vos blancs étant foüettez bien ferme, vous les mêlerez dans vos Amandes, que vous mettrez dans un moule de fer blanc bien beurré. Il faut absolument que le moule soit de fer blanc, car il faut que cela ait un four fort doux. Vous le laisserez cuire trois quarts d'heure, & tachez qu'il ne soit point forcé du dessous, & qu'il soit d'une belle couleur. Etant cuit, vous le renversez sur un petit plafond, & le servez au naturel pour Entremets. Vous en pouvez faire de petits de la même pâte, dans de petits moules.

Bonnet de Turquie.

Pour faire ce Gâteau, il faut avoir un moule qui se nomme Bonnet de Turquie, fait en côtes de melon. Vous le faites de pâte de Gâteau de Savoie, ou de pâte à Gâteau d'amandes, de la même maniére qu'il est marqué ci-dessus à l'Article des Gâteaux. Vous le pouvez faire aussi de pâte à croquante, dont vous trouverez la maniére de la faire à son Article. Vous ferez une grande abbesse de cette pâte dont vous foncerez vôtre moule, & ferez bien marquer le dessein fein de vôtre moule. Puis, en le mettant au four, vous aurez foin de le bien piquer avec la pointe du coûteau, afin qu'il ne cloche point. Vous pouvez faire la pâte plus fine, & même la foncer d'une pâte de maffepins blanche, qui font des amandes douces bien pilées, vous y en ajoûtez quelques améres dedans, pour le goût; étant bien pilées enfemble, vous les mettez fur le feu dans une cafferole, avec une poignée de fucre en poudre, & les remuez toûjours avec une éfpatulle. Etant cuites, vous en faites une abbeffe, comme pour un fond de croquante; foncez-en vôtre moule, & le mettez cuire d'une belle couleur, ainfi que des autres. Etant cuit l'un comme l'autre, pour les fervirez avec des confitures de plufieurs fortes de couleurs; vous en dorerez les côtes de vôtre Gâteau, & y femé de la nompareille de plufieurs fortes de couleurs, à part. Vous faites une côte d'une couleur, & l'autre d'une autre, ce qui fait un très-joli effet. Vous fervez vôtre Gâteau fur un fond garni de confitures, comme un fond de croquante. Vous l'enjoliverez le plus qu'il vous fera poffible, & le fervirez pour Entremêts

Croquante en Couronne.

Cette Croquante en Couronne fe fait ordinairement de pâte à Croquante; puis vous faites des bandes de cette pâte que vous mettez fur une cafferole. Vous imitez le deffein d'une Couronne, foit de France ou Imperiale, ou autre, le plus qu'il vous eft poffible; vous la dorez, & la mettez cuire; étant cuite, vous la garniffez de plufieurs fortes de couleurs de confitures, & de nonpareille, comme le gâteau ci-deffus, & la

fer-

servez sur un fond de Croquante garni de confitures en parterre, attendu que cette Couronne
est toute à jour, & forme un très-joli Entremêts.

Croquante vitrée.

Pour faire une Croquante vitrée, il ne faut
pas que la pâte soit si fine; voici la manière de
la faire. Il faut pour deux onces de sucre, six
onces de farine au moins, & une goûte d'eau
de fleurs d'orange, mais point d'œufs, attendu
que cela séche trop la pâte, mouillez-la à l'eau,
& observez de ne la faire ni trop molle ni trop
dure. Ensuite, prenez une casserole en dôme,
que vous beurrerez bien; étant bien beurrée,
faites une abbesse de pâte; mettez-la sur vôtre
casserole, & la découpez ou la bandez; cela
dépend de vous. Etant prête à cuire, ayez
de beau sucre en poudre, dont vous la couvrirez par tout à l'égalité de la pâte; ensuite, mettez-la au four; ayez soin de la retourner, &
d'avoir un morceau de bois sec qui flambe dans
vôtre four, pour qu'elle prenne une belle couleur. Vôtre Croquante étant cuite d'une belle
couleur, laissez-là bien refroidir, avant que de
la lever. Etant froide, vous passerez la casserole sur un fourneau, puis vôtre Croquante se
détachera. A l'égard du fond, vous pouvez le
faire de pâte d'amandes, de la façon que vous
voudrez, pourvû qu'il soit bon, comme une
pâte de massepins. Quand vous voudrez la servir, vous mettrez des confitures de plusieurs
couleurs en dessein dans le fond, ou de la gelée de groseilles tout uniment, & la servirez de
cette façon avec son couvercle, pour Entremêts.

M 5

Croquante de Feüilletage.

Faites une abbesse de Feüilletage que vous mettez sur le cul d'une casserole, de la grandeur dont vous voulez faire vôtre Croquante, ou tourtiére. Découpez vôtre abbesse de tel dessein que vous jugerez à propos; faites-la à moitié cuire; étant cuite à moitié, poudrez-la de sucre fin, & sur-tout dans les fentes de vôtre Feüilletage, afin qu'il puisse se rendre en vitrage; ensuite, remettez-là au four, & ne la quittez point de vûe; observant que la glace soit la plus belle qu'il se pourra. Ensuite, tirez-là & la laissez refroidir à moitié; & faites ensorte de la détacher le plus adroitement qu'il vous sera possible, sans la casser. Faites une autre abbesse du même Feüilletage, de la grandeur de vôtre dessus, & la faites cuire; étant cuite, dressez-là dans le plat où vous voulez la servir, & la beurrez de gelée de groseilles ou autres confitures; mettez vôtre Croquante vitrée dessus, & la servez pour Entremêts. On les fait aussi grandes, & aussi petites qu'on veut.

Gâteau de Savoie.

Prenez des œufs selon la grandeur que vous voulez faire vôtre Gâteau, mettez-les dans une des balances, & dans l'autre du sucre en poudre; aussi pesant d'œufs que de sucre. Ensuite, ôtez de vôtre balance le sucre, & laissez la moitié des œufs dans l'autre. Pesez ensuite, aussi pesant de farine que la moitié de vos œufs. Puis, séparez les jaunes d'avec les blancs, & faites foüetter les blancs en nége le plus qu'il vous sera possible; étant foüettez, mettez-y les jaunes

nes & continuez de batre toûjours. Enfuite,
mettez-y vôtre fucre; un moment après mét-
tez-y vôtre farine; enfuite, mettez-y de l'é-
corces de citron verd rapé, quelques feüilles de
fleurs-d'oranges pralinées & hâchées, fi vous
en avez. Enfuite, ayez un moule de fer blanc,
ou cafferole, ou bonnet de Turquie beurré; vuidez-y vôtre Gâteau; jettez par-deffus quelques
filets d'amandes pralinées fans couleur, filets de
piftaches de même, de l'écorces de citron confit, hâché bien fin, & le faites cuire fur le champ
au four; obfervez que vôtre four ne foit pas
trop chaud; & pour le faire cuire à propos, il
y faut laiffer une heure & demi de tems, felon
la groffeur de vôtre Gâteau. Etant cuit; tirez-le du moule; & s'il eft d'une belle couleur,
vous le fervirez de même, ou vous le glacerez
avec une glache blanche, comme le Gâteau de
mille feüilles; ou bien vous le dorerez avec un
peu de firop, & le poudrerez de nonpareille.
Enfuite, dreffez-le dans fon plat, & le fervez
pour Entremêts. Vous en pouvez faire d'auffi petits que vous jugerez à propos dans des petits moules.

Autre Gâteau de Savoie.

Ce Gâteau fe fait à peu près comme une ef-
péce de bifcuit. Pour un Gâteau d'un moyen
plat, pefez une livre & demi de fucre en
poudre; mettez-le dans un vaiffeau. Enfuite,
caffez trente œufs, dont vous garderez les
blancs: Puis, ayez des amandes ou bifcuits d'a-
mandes, & macarons que vous écraferez dedans, avec de l'écorces de citron verd rapé, du
citron confit haché, & une goûte d'eau de
fleurs-

fleurs-d'orange. Enſuite, mettez dedans une partie de vos jaunes d'œufs & les batez bien ; à meſure que celà s'affermira, vous y mettrez vos jaunes d'œufs ; puis ſoüettez bien vos blancs ; & enſuite, mêlez bien le tout enſemble. Enſuite, ayez cinq quarterons de farine que vous ferez paſſer au tamis par-deſſus, & mêler à meſure avec le reſte. Le tout étant bien mêlé, mettez-le dans un moule ou caſſerole bien beurrée, & le mettez au four pendant une heure & demi ; obſervez que le four ne ſoit ni trop chaud ni trop doux pour le faire cuire. Vous le pouvez glacer avec une des glaces de la couleur que vous ſoûhaiterez. Vous trouverez la maniére de la faire à l'article du Gâteau de mille Feüilles. Si vôtre Gâteau eſt d'une belle couleur, vous le pouvez ſervir de ſa couleur naturelle ; vous pouvez auſſi le ſervir glacé en blanc, & poudré de nonpareille de pluſieurs ſortes de couleurs.

On en peut faire des petits de la même pâte, dans des moules à grenadins & timbales, ou aûtres petits moules.

Poupelain.

Mettez environ deux ou trois verres d'eau dans une caſſerole, un morceau de beurre de la groſſeur d'un œuf, un bâton de canelle avec un peu de ſel ; mettez vôtre caſſerole ſur un fourneau allumé, & quand elle boüillira, vous y mettrez de la farine en remuant toûjours avec une cuilliére de bois, juſqu'à ce qu'elle ſoit fort épaiſſe, & continuërez de la remuer à force de bras ſur le feu, juſqu'à ce qu'elle ſe détache. Enſuite, ôtez-là de deſſus le feu, & la laiſſez un peu refroidir ; mettez-là dans

une

une autre casserole; ensuite, cassez-y des œufs
un à un, en détrempant bien vôtre pâte à force
de bras, avec une cuilliére de bois : Observez
de ne la point rendre trop claire. Ensuite,
mettez-y un peu d'écorces de citron verd rapé;
prenez une feüille de papier & la beurrez, mettez vôtre pâte dessus, & l'étendez de l'épaisseur
de deux doigts, dont vous formerez vôtre Poupelain; & y mettez une bande de papier tout autour pour le soûtenir. Ensuite, faites-le cuire
au four; observez que vôtre four ne soit point
trop chaud, & le tenez ouvert le moins que
vous pourrez, y maintenant toûjours un feu égal.
Etant cuit, tirez-le & l'ouvrez par la moitié;
& en tirez la pâte qui est dedans; ensuite, fro-
tez-le avec eu beurre fondu & le poudrez de
sucre; puis, glacez-le avec une pêle rouge, ou
bien dans le four. Ensuite, vous mettrez en
dedans quelques gelées de groseilles ou autres
confitures bien minces, avec du citron confit,
coupé en morceaux bien minces. Ensuite, couvrez vôtre Poupelain de l'autre moitié; frotez-
le avec du beurre fondu, & le poudrez de sucre; glacez-le avec la pêle rouge; ensuite,
dressez-le dans son plat, & le servez pour Entremêts. Vous pouvez le faire aussi grand &
aussi petit que vous le jugez à propos. Vous
pouvez aussi le faire dans une casserole, en
graissant la casserole avec du beurre, & le faire cuire de même, ou dans un bonnet de Turquie.
Cette sorte de pâte vous sert aussi à faire des petits choux, & des begnets, qu'on appelle des pets.

Tourte de Cailles, pour Entrée.

Les Cailles étant plumées, & vuidées, prenez-en les foies, & en ôtez l'amer; mettez-les
sur

fur une table, avec des champignons, un peu de jambon, du lard, de la ciboules, & du perfil haché, affaifonnez de poivre, de fel & de fines herbes. Hachez bien le tout enfemble, & le pilez dans le mortier. Le tout étant bien pilé, tirez-le, & en farciffez les Cailles dans le corps. Prenez une tourtiére de la grandeur que vous voulez faire vôtre Tourte ; farinez-là, faites une abbeffe qui ne foit ni trop épaiffe ni trop mince de pâte brifée, & foncez la tourtié-re. Faites un petit lit de lard ratiffé, haché ou pilé ; enfuite, arrangez les Cailles avec quelques morceaux de ris de veau, & quelques crêtes de coq, des petits champignons, & quelques mouf-ferons ; affaifonnez-le deffus, mettez un bouquet dans le milieu, & du beurre par-deffus ; cou-vrez-les de tranches de veau, & de bardes de lard ; enfuite, couvrez-là d'une abbeffe de la même pâte, & y faites autour telle façon que vous jugerez à propos ; dorez-là d'un œuf bat-tu, & la mettez au four. Etant cuite, tirez-là, & la dreffez dans un plat, & la découvrez ; ôtez-en les tranches de veau, & les bardes de lard, & la dégraiffez bien ; jettez dedans une effence de jambon : obfervez que la Tourte foit de bon goût, & fervez chaudement pour En-trée.

Tourte de Godiveau.

Prenez un morceau de veau, avec quelques blancs de chapon ou de perdrix, & les mettez fur une table. Affaifonnez-les de fel, poivre, fines épices, & tant-foit-peu de fines herbes : mettez autant de graiffe de bœuf que de vian-de, un peu de perfil haché. Hachez bien le

tout

tout ensemble, faites une abbesse d'une pâte
brisée, & foncez la tourtiére où vous voulez
faire vôtre Tourte. Etant foncée, faites-y un
lit de Godiveau, arrangez-y des ris de veau,
quelques crêtes, & des petits champignons. Faites quelques andouillettes de Godiveau, mettez-les dessus avec quelques bardes de lard, &
de beurre ; ensuite, couvrez vôtre Tourte d'un
couvercle de la même pâte, & la dorez avec un
jaune d'œuf, & la mettez cuire au four. Etant
cuite, tirez-là, & la découvrez : ôtez-en les
bardes de lard, & la dégraissez ; mettes-y un
coulis clair de veau & de jambon ; observez
qu'elle soit de bon goût, & la servez chaudement. Dans la saison, vous y mettrez des cus
d'artichaux, & des pointes d'asperges, après les
avoir fait blanchir.

Tourte de Bécasses.

Les Bécasses étant plumées, vuidez-les, gardez-en les entrailles ; piquez les Bécasses de
moyen lard assaisonné ; levez-en les cuisses &
les aîles, & coupez les carcasses en deux, que
vous garderez avec les têtes pour faire le coulis. Pilez les entrailles avec du lard rapé, des
champignons, truffes hachées, tant-soit-peu de
persil, & de ciboules. Ensuite, faites une abbesse de la grandeur que vous voulez faire vôtre Tourte ; mettez-y au fond le lard que vous
avez pilé, arrangez-y les Bécasses, & les assaisonnez de sel, poivre, fines herbes, & fines
épices ; mettez-y des bardes de lard par-dessus
avec un morceau de beurre frais, & la couvrez
d'une abbesse de la même pâte ; dorez-là
d'un œuf, & la mettez cuire au four. Ensuite,
fai-

faites un coulis de cette maniére. Prenez une livre de roüelle de veau, & la mettez dans une casserole avec quelques tranches de jambon, un ognon coupé en deux, & quelques morceaux de carotes. Couvrez la casserole, & la mettez suer sur un fourneau; étant attachée, mettez-y un morceau de beurre avec une pincée de farine: ensuite, remuez-là, & la moüillez, moitié boüillon & moitié jus; assaisonnez-les d'une ciboule entiére, & d'un peu de fines herbes, avec quelques champignons, un verre de vin blanc, & un peu de coulis: laissez-les mitonner a petit feu; étant cuit, observez qu'il soit de bon goût, & le passez à l'étamine. Etant passé, vuidez-le dans une casserole, & le tenez chaudement. La Tourte étant cuite, tirez-là, & la dressez dans son plat, ôtez-en les bardes de lard, dégraissez-là bien, mettez vôtre coulis dedans avec un jus de citron, & servez chaudement.

La Tourte de Bécassines se fait de la même maniére que celle de Bécasses, excepté qu'on les coupent en deux, ou qu'on les laisse entiéres; cela dépend de celui qui travaille.

Tourte de Perdrix, ou de Perdreaux.

Vos Perdrix étant vuidées, troussez-les, & les faites refaire. Levez-en les cuisses, & les aîles, & en réservez les reins pour faire un coulis. Ensuite, pilez un morceau de lard avec les foies dans un mortier. Après quoi, foncez une tourtiére d'une abbesse de pâte, & y mettez vôtre lard pilé avec les foies; ensuite, arrangez-y vos Perdrix dépecées avec quelques morceaux de ris de veau, truffes, & champignons,

gnons, si vous en avez, & l'assaisonnez de sel, & de poivre, fines herbes, & fines épices; couvrez-la ensuite, d'un morceau de beurre, quelques tranches de jambon, quelques petites tranches de veau, & bardes de lard. Ensuite, couvrez-la d'une autre abbesse de pâte, & la façonnez de tels ouvrages que vous jugerez à propos; dorrez-là d'un œuf batu, & la faites cuire au four, ou sous un couvercle. Après cela, faites un coulis pour vôtre Tourte comme ceci. Prenez un morceau de veau, coupez le par tranches, & les mettez dans une casserole avec quelques tranches de jambon, un ognon coupé, quelques morceaux de carotes; couvrez vôtre casserole, & la mettez suer doucement sur un fourneau. Etant atachée, moüillez-là moitié jus moitié boüillon, & l'assaisonnez de quelques champignons & truffes, si vous en avez, une branche de basilic, la moitié d'un citron coupé en tranches, quelques rocamboles, un couple de verres de vin de Champagne, ou autre, pourvû qu'il soit blanc. Ensuite, liez le d'un cuillerée à pot de vôtre coulis ordinaire. Faites piler les carcasses de vos Perdrix; étant pilées, tirez la viande qui est dans vôtre coulis, & observez qu'il soit d'un bon goût, & y mettez vos carcasses de Perdrix pilées; passez ensuite vôtre coulis à l'étamine & le mettez dans une casserole où vous le tiendrez chaudement. Vôtre Tourte étant cuite, tirez-là, découvrez là, ôtez-en le veau, & le jambon, & la dégraissez bien; ensuite, dressez-la dans le plat où vous voulez la servir; mettez vôtre coulis par-dessus, & servez chaudement pour Entrée.

Tourte d'Aloüettes.

Ayez des Aloüettes; plumez-les, épluchez-
les & les troussez. Faites-en piler les entrailles
avec un morceau de lard, & les assaisonnez de
sel, poivre, fines herbes, fines épices, champignons & truffes, si vous en avez, avec une
petite pointe de sauge; remplissez-en le corps
de vos Aloüettes. Ensuite, foncez une Tourtiére d'une abbesse de pate brisée, & y mettez
dans le fond du lard pilé & de la graisse de bœuf;
après quoi arrangez-y vos Aloüettes, & les assaisonnez de sel, de poivre, fines herbes, & fines
épices, & les couvrez d'un morceau de bon
beurre, & bardes de lard. Achevez de couvrir
vôtre Tourte d'une autre abbesse de pâte, & la
façonnez de telle maniére que vous jugerez à
propos, dorrez-là d'un œuf batu, & la faites
cuire au four, ou sous un couvercle. Etant cuite, ouvrez-là, ôtez-en les bardes de lard, &
la dégraissez bien. Ensuite, dressez-là dans son
plat, mettez-y vôtre coulis ordinaire, ou une
essence de jambon, & servez chaudement.

Tourte de Pigeons, à l'Angloise.

Ayez des Pigeons plumez à sec, ou échaudez,
épluchez-les, flambez-les, répluchez-les bien proprement, vuidez-les, & troussez les pieds en dedans. Ensuite, faites-les blanchir, & faites durcir
quelques œufs. Prenez, après cela, vos Pigeons
& les frotez avec du sel, du poivre, & fines herbes. Ensuite, foncez une tourtiére d'une pâte
brisée fine; arrangez-y vos Pigeons avec quelques jaunes d'œufs durs entiers, quelques ris de
veau;

veau; achevez de l'affaisonner de sel, & de
poivre. Ensuite, couvrez-la de beurre, & achevez de la couvrir d'une autre abbesse de pâte,
& la façonnez de telle manière que vous jugerez à propos.   Dorrez-la d'un œuf batu, & la
faites cuire au four.   Ensuite, mettez un morceau de beurre dans une casserole avec une bonne pincée de farine, & la faites rousfir d'une
belle couleur; mouillez-la avec un peu de jus &
de bouillon, & l'affaisonnez de sel, & de poivre, jus de citron, & observez qu'elle soit d'un
bon goût.   Vôtre Tourte étant cuite, tirez-la &
la découvrez, mettez vôtre sausse par - dessus, &
la servez chaudement pour Entrée.   Une autre
fois, si vous avez du coulis, vous en mettrez
dans une casserole avec un morceau de beurre
manié, un peu de jus, & un jus de citron.   Observez aussi que vôtre sausse soit d'un bon goût, &
la mettez dans vôtre Tourte.   Une autre fois
vous pouvez mettre un morceau de beurre manié avec du jus dans une casserole; vous le ferez boüillir, & le mettrez avec un jus de citron
dans vôtre Tourte.

Tourte de Côtelettes de Mouton, à l'Angloise.

Prenez un quaré de Mouton, & en coupez les
côtes à quatre doits du filet. Ensuite, coupez-les
en Côtelettes, & les aplatissez avec le couperet.   Ensuite, foncez une Tourtière d'une abbesse de pâte brisée, & y arrangez vos Côtelettes; assaisonnez-les de sel, & de poivre, &
achevez de remplir vôtre Tourte de Côtelettes
assaisonnées de même. Puis, couvrez-les de beur-

re, & achevez de couvrir vôtre Tourte d'une
abbesse de même pâte, en la façonnant de telle
maniére que vous jugerez à propos, dorez-la
d'un œuf batu, & la faites cuire au four. Etant
cuite, découvrez-là; ensuite, mettez-y une sauffe, comme à la Tourte de Pigeons ci-dessus, &
la servez chaudement pour Entrée.

Tourte de Lapins, ou Lapreaux.

Vos Lapins étant dépoüillez & vuidez, gardez-en les foies. Coupez vos Lapins en huit
morceaux, & hachez les foies avec du lard rapé, perfil, ciboules, échalotes, fel, poivre,
fines herbes, & fines épices. Ensuite, foncez
une Tourtiére d'une pâte brifée, & y mettez
vos foies hachez & pilez; puis, vous y arrangerez vos morceaux de Lapins, avec quelques
champignons, & truffes, fi vous en avez; & les
affaifonnez de fel, poivre, fines herbes, fines
épices, & du beurre par-deffus, avec des bardes
de lard, & achevez de couvrir vôtre Tourte
d'une autre abbesse de la même pâte, façonnez-
là, de telle maniére que vous jugerez à propos,
dorez-là d'un œuf, & la faites cuire au four l'efpace de trois heures. Etant cuite, tirez-là, découvrez-là, ôtez-en les bardes de lard, & la dégraiffez bien; mettez-y ensuite une effence de
jambon ou coulis de Lapreaux, dreffez-là dans
fon plat, & la servez chaudement pour Entrée.

Tourte de filets de Lièvre, ou Lévreaux.

Vos Liévres étant dépoüillez & vuidez, levez-en les filets. Prenez les foies, ôtez-en l'a-
mer,

mer, & les hachez avec du lard rapé, persil, ciboules, échalotes, champignons, truffes, si vous en avez, sel, poivre, fines herbes & fines épices. Foncez une Tourtiére d'une abbesse de pâte brisée, & y mettez vos foies hachez. Ensuite, arrangez vos filets par dessus, & les assaisonnez de sel, poivre, fines herbes, & fines épices, & les couvrez de beurre, quelques tranches de jambon, & de veau, & de bardes de lard; achevez de couvrir vôtre Tourte d'une autre abbesse de la même pâte, & la façonnez autour, de telle maniére que vous jugerez à propos. Dorez-la d'un œuf batu, & la faites cuire au four. Etant cuite, découvrez-la, ôtez-en les tranches de jambon, & de veau, avec les bardes de lard, & la dégraissez bien; dressez-la dans son plat, mettez-y un coulis ou une essence de jambon, & la servez chaudement pour Entrée.

Tourte de petits Pigeons.

Ayez des petits Pigeons, échaudez-les, vuidez-les, troussez les pates en dedans, comme pour une compôte, & les faites blanchir. Hachez un morceau de lard & un morceau de graisse de bœuf; ensuite, faites-les piler dans un mortier, foncez une Tourtiére d'une abbesse de pâte brisée, & y mettez vôtre graisse de bœuf & lard pilé, arrangez-y vos Pigeons dessus avec quelques morceaux de ris de veau, quelques champignons, culs d'artichaux, & truffes, si vous en avez, & les assaisonnez de sel, poivre, fines herbes, & fines épices, & les couvrez de beurre, & bardes de lard; achevez de couvrir vôtre Tourte d'une autre abbesse de la même pâte, & la façonnez de telle maniére que vous jugerez à propos ; dorez-là d'un œuf batu, & la faites cuire l'espace de deux heures. Etant cuite, découvrez-là, ôtez-en les bardes de lard & la dégraissez bien ; dressez-là dans son plat ; mettez-y une essence de jambon ou un coulis blanc, ou coulis d'écrevices, ou une liaison de jaunes d'œufs, & servez chaudement pour Entrée. Vous pouvez faire également des Tourtes de gros Pigeons comme celle ci-dessus. Si vous voulez, au lieu de graisse de bœuf & de lard pilé, vous pouvez y mettre un godiveau, & vos Pigeons par-dessus coupez en deux, ou tout entiers, cela dépend de l'Officier qui travaille ; & la façonnez de même que celle ci-dessus, en la servant chaudement, & de bon goût, pour Entrée.

Tourte de Poulets.

Prenez des Poulets, flambez-les, vuidez-les, & troussez les pattes en dedans. Faites-les blanchir à l'eau bouillante ; étant blanchis, coupez-les comme pour les mettre en fricassée. Foncez une Tourtiére d'une abbesse de pâte brisée assez fine, & la foncez de godiveau ; ensuite, arrangez-y vos Poulets dépecez, avec quelques morceaux de ris de veau, champignons, truffes, si vous en avez, & assaisonnez de sel, poivre, fines herbes, fines épices, & couvrez vôtre Tourte de beurre, & de bardes de lard ; ensuite, achevez de la couvrir d'une autre abbesse de la même pâte, & la façonnez de telle maniére que vous jugerez à propos. Dorez-là d'un œuf batu, & là faites cuire au four l'espace de deux bonnes heures. Etant cuite, tirez-là, découvrez-là, ôtez-en les bardes de lard, & la dégraissez bien ; dressez-là dans son plat, & y mettez

tez un coulis blanc, ou une essence de jambon, ou une liaison de jaunes d'œufs, & servez chaudement pour Entrée. La Tourte d'ailerons de volailles, qu'on nomme abatis, ou béatilles, autrement, *Hoquelle*, à la mode de Bretagne, se fait de la même maniére que celle de Poulets.

Tourte de ris de veau.

Faites dégorger des ris de veau, & ensuite, faites-les blanchir à l'eau bouillante. Vous ferez ensuite, des lardons de lard, & de jambon, & les assaisonnerez de sel, poivre, fines herbes & fines épices; piquez-en vos ris de veau, & coupez bien les lardons, de maniére qu'ils ne paroissent point. Foncez une Tourtiére d'une abbesse de pâte brisée, ou feüilletée ; mettez dans le fond un petit godiveau ; ensuite, arrangez vos ris de veau par-dessus, & les assaisonnez de sel, poivre, fines herbes, & fines épices ; mettez-y aussi des champignons, & truffes, si vous en avez, avec des crêtes de coq ; & les couvrez de beurre & de bardes de lard. Achevez de couvrir vôtre Tourte d'une abbesse de même pâte, & façonnez de telle maniére que vous jugerez à propos. Dorez-là d'un œuf, & la faites cuire au four. Etant cuite, tirez-là, découvrez-là, & en ôtez les bardes de lard : dressez-là, dans son plat, mettez-y une essence de jambon, ou un coulis d'ecrévices, ou un coulis à la Reine, & servez chaudement. La Tourte de foies gras se fait de même que celle de ris de veau.

Tourte de Fricandeaux.

Ayez des noix de veau bien blanches, & les

cou-

coupez en tranches de la largeur de trois doigts; aplauſſez-les avec le couperet, & les faites piquer de petit lard. Etant piquez, mettez du lard fondu dans une caſſerole, ou du ſain-doux; poudrez vos fricandeaux d'une pincée de farine, & les faites refaire dans cette caſſerole; enſuite, tirez-les & les laiſſez refroidir. Vous en ferez la quantité que vous jugerez à propos, ſelon la grandeur de vôtre Tourte. Enſuite, foncez une Tourtiére d'une abbeſſe de pâte briſée, & la foncez d'un petit godiveau, arrangez-y vos Fricandeaux avec quelques champignons, & les aſſaiſonnez de ſel, poivre, une pointe d'ail, un bouquet de fines herbes, un morceau de beurre, & des bardes de lard par-deſſus; achevez de couvrir vôtre Tourte d'une autre abbeſſe de la même pâte, & la façonnez de telle maniére que vous jugerez à propos; dorez-là d'un œuf batu, & la faites cuire au four l'eſpace de trois heures. Etant cuite, tirez-là, découvrez-là, ôtez en les bardes de lard, & la dégraiſſez bien; dreſſez-là dans ſon plat, mettez y un coulis ordinaire, ou une eſſence de jambon, avec un jus de citron; obſervez qu'elle ſoit d'un bon goût, & ſervez chaudement pour Entrée.

Tourte de Langues de Mouton.

Ayez des Langues de Mouton cuites à demi dans une braiſe ou dans un aſſaiſonnement, bien épluchées, & fenduës en deux. Foncez une Tourtiére d'une abbeſſe de pâte, mettez un petit godiveau ſur vôtre abbeſſe; enſuite, faites-y un lit de Langues, & les aſſaiſonnez de ſel, poivre, fines herbers, fines épices; remettez un autre lit de Langues par-deſſus, & les aſſaiſon-

nez de même, couvrez-les d'un morceau de
beurre, & de bardes de lard, & achevez de
couvrir vôtre Tourte d'une autre abbesse de la
même pâte, façonnez-là de telle maniére que
vous jugerez à propos, dorez-là d'un œuf batu,
& la faites cuire au four l'espace de deux heures. Etant cuite, tirez-là, découvrez-là, ôtez-
en les bardes de lard, dressez-là dans son plat,
mettez-y une sausse hachée, & servez chaudement pour Entrée. Vous trouverez la maniére
de faire cette sausse hachée, au Chapitre des
Sausses, & Coulis.

Tourte de Langues de Bœuf.

Les Langues de Bœuf, & de veau se font
cuire de même que celles de mouton ; & la
Tourte se fait de même, excepté qu'on coupe
les Langues de Bœuf en tranches, & celles de
veau en long, avec le même apareil.

Tourte de Poulets, ou autres Viandes sur le plat.

Mettez un godiveau, ou autre farce dans le
fond de vôtre plat, faites-y une bordure de
feüilletage tout autour. Ensuite, arrangez-y les
Viandes que vous voulez-y mettre, & les assaisonnez de sel, poivre, fines herbes, fines épices, quelques champignons & truffes, si vous
en avez, couvrez-les d'un morceau de beurre,
& de bardes de lard, achevez de couvrir vôtre
Tourte d'une abbesse de feüilletage découpé,
& façonnez les bordures de telle maniére que
vous jugerez à propos, ensuite, dorez-là d'un

œuf

œuf batu, & la faites cuire au four. Etant cuite, tirez-là, & l'ouvrez par-dessus; ôtez-en les bardes de lard, & la dégraissez bien; mettez-y un coulis tel que vous jugerez à propos, & observez qu'elle soit d'un bon goût, remettez son couvercle par-dessus, & servez chaudement pour Entrée.

Tourte à l'Escüille.

La Tourte à l'Escüille est une Tourte qui se fait de poulets ou autres viandes, telles que l'on souhaite; elle se fait aussi pour ce qui concerne le dedans, comme les autres ci-devant, excepté le couvercle que l'on fait d'une pâte à l'Espagnole. On trouvera la manière de faire cette pâte à l'Article des petits Patés à l'Espagnole. Il faut observer de ne point dorer le dessus de cette Tourte avec des œufs, mais bien avec du sain-doux neuf fondu; ensuite, vous la mettrez au four. Etant cuite, vous y mettrez telle sausse que vous jugerez à propos, & que vous mettrez dans vôtre Tourte avec un entonnoir, & servez chaudement pour Entrée.

Feüilletage de graisse de Bœuf.

Prenez de la graisse de Bœuf, hachez-là bien menu, faites-là fondre, & prenez garde de la laisser roussir. Etant fondue, passez-là, mettez-là dans de l'eau fraîche, & la pétrissez comme un morceau de beurre, ou bien la pilez dans le mortier. Faites vôtre pâte avec cette graisse, de la même manière que quand vous la faites avec du beurre, c'est-à-dire, qu'il y en faut mettre la même quantité que si c'étoit du beurre.

Ce Feüilletage sert pour les païs chauds où l'on ne peut avoir du beurre. Cette pâte sert également pour toutes sortes de pâtisseries, comme celle au beurre. Il faut observer que la graisse de Bœuf soit fraiche, & que vôtre pâtisserie soit servie chaude, pour qu'elle soit trouvée bonne, ainsi que celle au beurre. Cette pâte feuilletée à la graisse est d'une grande utilité pour les Juifs, parce que quand ils font gras, & qu'ils veulent manger de la pâtisserie, il faut qu'elle soit faite avec de la graisse de Bœuf, & ne pouvant se servir de beurre dans ce tems-là. On fait de la pâte brisée pour des Pâtés chauds ou froids, avec de la graisse de Bœuf en place de beurre ; & on nourrit le dedans des Pâtés avec de la graisse de Bœuf aussi, étant fondue & pilée.

Feüilletage à l'Huile.

Ayez un morceau de graisse de bœuf, & la faites fondre. Etant fondue, passez-la & la mettez dans de l'eau fraiche en bonne quantité. Ensuite, tirez-la, & la pétrissez bien pour en faire sortir l'eau. Puis, mettez-la dans un mortier, avec un peu de bonne Huile d'olive, & pilez bien le tout. Quand vous verrez que la graisse, & l'Huile sont bien liées ensemble, remettez-y encore de l'Huile, & repilez-les, & continuez à y mettre de l'Huile, jusqu'à ce que vôtre graisse devienne comme un bon beurre maniable. Il ne faut pas mettre trop d'Huile à la fois, cela empêche qu'ils ne se lient ensemble. Ensuite, mettez sur un tour à pâte la quantité de farine que vous jugerez à propos, selon la pièce de pâtisserie que vous voulez faire. Faites un creux au milieu, & y cassez un couple
d'œufs ;

d'œufs ; mettez-y une pincée de sel, un verre de bonne Huile ; ensuite, détrempez vôtre farine avec de l'eau fraîche ; prenez garde que vôtre pâte soit de la même dureté que vôtre composition d'Huile, & de graisse, & la laissez reposer. Ensuite, étendez-là avec vôtre rouleau, & y mettez de vôtre composition de graisse, & d'Huile, presque aussi gros qu'il y a de pâte ; ensuite, redoublez la pâte un bout par-dessus l'autre, & l'étendez avec vôtre rouleau, & ramenez vôtre pâte un bout par-dessus l'autre, & continuez ainsi jusqu'à cinq fois. Cette sorte de pâte est très-nécessaire dans les endroits ou le beurre est fort rare. Elle peut vous servir pour toutes sortes de petites pâtisseries ; ayant soin de les servir chaudes. Vous pouvez aussi vous servir de sain-doux au lieu de graisse de bœuf, en y mettant de l'Huile pareillement. Cette derniére sorte de pâte est également bonne pour toutes sortes de pâtisseries.

Autre Feüilletage à l'Huile.

Mettez environ trois livres de farine sur un tour à pâte, faites un trou au milieu, & y cassez deux œufs, & y mettez un verre de bonne Huile. Ensuite, détrempez-là avec de l'eau fraiche ; étant détrempée, laissez-là un peu reposer. Ensuite, étendez-là bien mince ; mettez-y de l'Huile par-dessus, mais peu à la fois, & la faites étendre sur toute la pâte. Ensuite, réxdoublez la pâte un bout par-dessus l'autre, étendez-là encore une fois bien mince, & y remettez de l'Huile légerement par-dessus, & rédoublez la pâte un bout par-dessus l'autre, étendez-là encore, & continuez à faire la même cérémonie jus-

qu'à

qu'à six fois. Faites enforte d'y faire entrer environ deux livres d'Huile. Cette pâte vous sert pour toutes sortes de pâtisseries, tant graffes que maigres, & Tourtes de douceurs.

Tourte à l'Oli, à la Provençale.

Faites une pâte feüilletée à l'Huile comme celle ci-deffus, & y mettez des anchois pilez, & hachez en la détrempant. Enfuite, foncez une Tourtiére d'une abbeffe de cette pâte, de l'épaiffeur d'un écu: mettez-y une bande toute autour de la largeur d'un pouce. Enfuite, ayez des anchois bien nettoyez, & en ôtez l'arrête. Remettez les deux moitiez de vos anchois en rondeur, & les mettez fur vôtre abbeffe en diftence, continuez, de même jufqu'à ce que vôtre abbaiffe foit pleine. Enfuite, coupez des morceaux de la même pâte, de la largeur d'un pouce en quaré, & de l'épaiffeur d'une piéce de vingt fols; & vous mettrez ces morceaux de pâte fur chaque anchois. Enfuite, dorez vôtre Tourte avec un œuf batu, & la faites cuire au four. Obfervez qu'elle foit d'une belle couleur, & point trop deffechée. Etant cuite, dreffez-la dans fon plat, & la fervez pour Entremêts, chaude ou froide.

Tourte de Carpes.

Ayez des Carpes felon la grandeur que vous voulez faire vôtre Tourte; écaillez-les, & les lavez. Enfuite, lévez la chair d'une & la mettez fur une table; hachez-la bien, & y mettez un morceau de mie de pain cuite dans du lait, un morceau de beurre, gros comme le poing,

&

& l'assaisonnez de sel, poivre, fines herbes, fines épices, champignons, & truffes, si vous en avez, & hachez bien le tout ensemble. Foncez une Tourtiére d'une abbesse de pâte brisée, & y mettez vôtre godiveau; ensuite, vuidez vos Carpes, & les fendez en deux, & coupez chaque moitié en trois morceaux; ayez soin d'en ôter les ouïes. Ensuite, arrangez-les dans vôtre abbesse par-dessus le godiveau; mettez-y quelques champignons, & truffes, si vous en avez, un bouquet de fines herbes, & les assaisonnez de sel, poivre, & fines épices; couvrez vôtre Tourte de beurre, & ensuite, d'une autre abbesse de la même pâte; façonnez-là de telle maniére que vous jugerez à propos; dorez-là d'œufs batus, & la faites cuire au four. Etant cuite, tirez-là, découvrez-là, & la dégraissez bien. Dressez-là dans son plat, mettez-y un ragoût de laitances de Carpes, ou coulis d'écrevices, & servez chaudement pour Entrée.

Tourte de Brochets.

Vos Brochets étant écaillez, vuidez, & lavez, coupez en morceaux comme les carpes ci-dessus, faites la Tourte de la même maniére, & y mettez un ragoût, ou un même coulis, & servez chaudement.

Tourte de Tanches.

Ayez des Tanches, échaudez-les bien proprement; ensuite, vuidez-les, lavez-les, & les coupez par tronçons. Foncez une Tourtiére d'une abbesse de pâte brisée; mettez dans le fond un petit godiveau de chair de carpes; en-

suite

suite, arrangez-y vos tronçons de Tanches, avec quelques champignons, cus d'artichaux, mousserons, & truffes, si vous en avez, & les assaisonnez de sel, poivre, fines herbes, & fines épices, & couvrez-les de beurre. Achevez de couvrir vôtre Tourte d'une autre abbesse de la même pâte, dorez-là d'œufs batus, & la faites cuire au four. Etant cuite, tirez-là, découvrez-là & la dégraissez; dressez-là dans son plat, & y mettez un ragoût de laitances de carpe au blanc, ou coulis d'écrevices, ou autre coulis, & servez chaudement pour Entrée.

Tourte d'Anguilles.

Ayez des Anguilles, dépouillez-les, vuidez-les, & les lavez; ôtez-en les arrêtes tout du long sur le dos & sur le ventre. Ensuite, coupez-les par tronçons, & les jettez dans de l'eau bouillante; mettez-les ensuite dans de l'eau fraiche. Fonçez une Tourtiére d'une abbesse de pâte brisée fine; mettez-y un godiveau de chair de carpe; arrangez vos tronçons d'Anguilles par-dessus, avec quelques champignons, mousserons, truffes seches ou vertes, si vous en avez, & assaisonnez de sel, poivre, fines herbes, fines épices, persil & ciboules hachées; couvrez-les de beurre; & ensuite, d'une autre abbesse de la même pâte par-dessus, & la façonnez comme vous jugerez à propos. Dorez-là d'œufs batus, & la faites cuire au four. Etant cuite, tirez-là, découvrez-là, & là dégraissez. Ensuite, dressez-là dans son plat, mettez-y une liaison de jaunes d'œufs, ou coulis d'écrevices, ou autres coulis maigre, ou sauffe blanche, & servez chaudement pour Entrée.

Tourte de Truites.

Vos Truites étant bien nettoyées, lardez-les d'Anguilles. Si vous voulez les faire en gras, vous les larderez de lard fin, & de jambon. Coupez-les en tronçons, ou laissez-les entieres, si elles sont petites. Foncez une Tourtiére d'une abbesse de pâte brisée, mettez-y un peu de farce de chair de carpes, & y arrangez vos Truites par-dessus, avec quelques champignons, mousserons & truffes, si vous en avez, & assaisonnez de sel, poivre, & un bouquet de fines herbes, & les couvrez de beurre, achevez de couvrir vôtre Tourte d'une autre abbesse de pâte, & la façonnez comme vous jugerez à propos. Ensuite, dorez-là d'œufs batus, & la faites cuire au four. Etant cuite, tirez-là, découvrez-là, & la dégraissez. Dressez-là dans son plat, mettez-y un coulis d'écrevices avec des queuës, ou une essence de jambon, & la servez chaudement pour Entrée.

Tourte de Saumon.

Ayez du Saumon coupé en tranches, & foncez une Tourtiére d'une abbesse de pâte brisée fine, mettez-y un godiveau de carpes, & y arrangez vos tranches de Saumon par-dessus. Assaisonnez-les de sel, poivre, fines herbes, fines épices, avec quelques champignons coupez en tranches, & truffes, si vous en avez, & les couvrez de bon beurre, achevez de couvrir vôtre Tourte d'une autre abbesse de la même pâte, dorez-là d'œufs batus, & la faites cuire au four. Etant cuite, découvrez-là, dégraissez-là, dressez-là dans son plat, mettez-y un

cou-

coulis d'écrevices, ou autre coulis, ou une essence de jambon avec un jus de citron, & servez chaudement pour Entrée.

Tourte d'Esturgeon.

Vôtre Esturgeon étant bien nettoyé, coupez-le par morceaux, de la largeur & épaisseur de quatre doigts en quarré. Passez-y quelques lardons d'Anguilles ; & si vous voulez les servir en gras, lardez-les de jambon, & de lard. Foncez une Tourtiére d'une abbesse de pâte brisée fine ; mettez-y un godiveau de chair d'Esturgeon, ou de carpe ; & arrangez vos morceaux d'Esturgeon par-dessus, avec quelques champignons & truffes, si vous en avez, assaisonnez-les de sel, poivre, fines herbes & fines épices, persil & ciboules hachées, échalotes, un couple de rocamboles hachées, le jus d'un couple de citrons ; couvrez le tout de bon beurre, & achevez de couvrir vôtre Tourte d'une autre abbesse de la même pâte ; façonnez-là de telle maniére qu'il vous plaira ; dorez-là d'œufs batus, & la faites cuire au four l'espace de deux heures. Une heure après qu'elle aura été au four, vous la tirerez, & y mettrez un demi-verre d'eau-de-vie, ou bien l'un verre de vin de Champagne, & acheverez de la faire cuire. Etant cuite, ouvrez-là par-dessus & la dégraissez. Dressez-là dans son plat, mettez-y un coulis d'Ecrevices, ou une sausse hachée, ou une essence de jambon, & servez chaudement pour Entrée.

Tourte de filets de Barbuës, ou autre Poisson.

Prenez des Barbuës, Turbots ou Soles ; étant

nettoyées, vuidées & lavées, levez-en les filets;
enfuite, mettez fur une table quelques-uns de
ces filets, & les faites hacher. Etant hachez,
mettez y un bon morceau de beurre, & affaifonnez de fel, poivre, fines herbes, & fines épices, champignons & truffes, fi vous en avez;
une mie de pain cuite dans du lait, & un couple
de jaunes d'œufs : Hachez encore une fois le
tout enfemble : Enfuite, foncez une tourtiére d'une
abbeffe de pâte feüilletée; mettez vôtre farce
dans le fond; arrangez-y vos filets par-deffus
avec quelques tranches de champignons, mouf-
ferons & truffes, fi vous en avez, & les affaifonnez de fel, poivre, fines herbes, fines épices, & un
couple de rocamboles hachées; enfuite, couvrez-
les de beurre, & achevez de couvrir vôtre Tourte
d'une autre abbeffe de pâte par-deffus; façonnez
de telle maniére qu'il vous plaira; dorrez-là
d'œufs batus, & la faites cuire au four l'efpace
d'une bonne heure; étant cuite, tirez-là, ouvrez-
là par-deffus, & la dégraiffez; enfuite, dreffez-
là dans fon plat, mettez-y un coulis d'écrevices
ou autre, & fervez chaudement pour Entrée.

Tourte d'Eperlans.

Ayez des Eperlans écaillez, vuidez, & bien
lavez. Foncez une tourtiére d'une abbeffe de
pâte feüilletée; prenez un morceau de beurre,
& l'affaifonnez de fel, poivre, fines herbes, fines épices, champignons, perfil & ciboules hâchées, foncez vôtre abbeffe d'une partie de ce
beurre; enfuite, arrangez vos Eperlans par-deffus, & affaifonnez-les de fel, & de poivre,
& y mettez le refte de vôtre beurre par-deffus;
achevez de les couvrir d'une autre abbeffe de
pâte;

pâte ; façonnez-là de telle maniére que vous jugerez à propos ; dorez-là d'œufs batus, & la faites cuire au four l'espace d'une petite heure : observant que vôtre four ne soit pas trop chaud. Vôtre Tourte étant cuite, tirez-là, découvrez-là, dégraissez-là ; mettez-y un petit coulis d'écrevices ou autre coulis, ou une essence de jambon, & la servez chaudement pour Entrée.

Tourte de Perches.

Ayez des Perches écaillées, vuidées, & bien lavées ; coupez-en la tête avec le bout des queues & des nageoires. Foncez une abbesse d'une pâte brisée, & y mettez un morceau de beurre assaisonné de sel, poivre, fines herbes, fines épices, champignons, persil & ciboules hachées ; ensuite, arrangez vos Perches par-dessus, & les assaisonnez de sel, & de poivre ; avec quelques champignons coupez en tranches, couvrez-les de bon beurre, & achevez de couvrir vôtre Tourte d'une autre abbesse de même pâte ; façonnez-là de telle maniére qu'il vous plaira ; dorez-là d'œufs batus, & la faites cuire au four. Etant cuite, tirez-là, ouvrez-là par-dessus, dégraissez-là, & y mettez un ragoût de champignons, ou coulis d'écrevices, ou un ragoût d'huitres au blanc, & servez chaudement pour Entrée. On fait ces sortes de Tourtes aussi petites & aussi grandes qu'on le juge à propos. Par exemple, pour des petites assiettes une Perche suffit, ou deux si elles sont petites. La Tourte de vives se fait de la même maniére que celle ci-dessus.

 Tour-

Tourte de Hachis de Carpes.

Ayez des Carpes selon la grandeur de la Tourte que vous voulez faire, écaillez-les, lavez-les, levez-en les peaux & la chair; ensuite, mettez la chair sur une table propre, & la faites hâcher; assaisonnez-là ensuite de sel, poivre, fines herbes, fines épices, champignons, truffes, si vous en avez, persil, & ciboules hachées, un morceau de mie de pain cuite dans du lait, & hachez bien le tout ensemble. Foncez une Tourtiére d'une abbesse de pâte feüilletée, mettez-y vôtre chair de Carpes hachée, couvrez-là d'un morceau de bon beurre; achevez de couvrir vôtre Tourte d'une autre abbesse de même pâte, façonnez le bord en godron; dorez-là d'œufs batus, & la faites cuire au four. Etant cuite, tirez-là, ouvrez-là par-dessus, dégraissez-là; mettez-y ensuite un petit coulis maigre ou gras, un jus de citron, & servez chaudement pour Entrée.

Vous pouvez faire des Tourtes de toutes sortes de poisson, comme celle-ci-dessus.

Tourte de Cabillau; en François, *Moruë fraiche.*

Foncez une Tourtiére d'une abbesse de pâte fine, mettez au fond un morceau de beurre manié, assaisonné, de persil, ciboules, & champignons hachez, de sel, poivre, fines herbes, fines épices, échalotes; ensuite, mettez des tranches de Cabillau par-dessus, & les assaisonnez de sel, & de poivre, persil haché & racines de persil en petits filets, une pincée de fleur de muscade, avec de bon beurre par-dessus; couvrez vôtre Tourte d'une autre abbesse de

même

même pâte; façonnez-là comme vous jugerez à propos; dorez-là d'œufs batus, & la faites cuire au four. Faites une sauſſe comme ceci. Mettez un morceau de beurre dans une caſſerole, une pincée de farine, un peu de ſel, poivre, & muſcade, un couple d'anchois hachez, un filet de vinaigre, & liez vôtre sauſſe ſur le feu; enſuite, mettez-y des huitres blanchies la quantité que vous jugerez à propos, ſelon la grandeur de vôtre Tourte. Etant cuite, tirez-là du four, levez-en le deſſus, dégraiſſez-là: obſervez qu'elle ſoit de bon goût, & y mettez un jus de citron par deſſus; enſuite vôtre, sauſſe, & ſervez chaudement pour Entrée.

Tourte de Moruë.

Ayez de la Moruë bien deſſalée, la quantité que vous jugerez à propos, ſelon la grandeur de la Tourte que vous voulez faire; faites-là cuire; étant cuite, mettez dans une caſſerole environ une livre de beurre, c'eſt-à-dire, ſelon la grandeur de vôtre Tourte; une pincée de farine, perſil & ciboules hachées enſemble, échalotes, & quelques rocamboles hachées, de la muſcade rapée; enſuite, tirez vôtre Moruë de l'eau & la levez par filets, qu'il n'y ait point d'arrêtes, & la mettez dans vôtre caſſerole avec vôtre beurre, un peu de crème de lait, & la mettez ſur le feu pour que la sauſſe ſe lie; étant liée, mettez-y un jus d'orange ou de citron: obſervez qu'elle ſoit d'un bon goût, & la laiſſez refroidir. Etant froide, foncez une Tourtiére d'une abbeſſe de feüilletage; mettez-y vôtre Moruë avec un morceau de beurre par deſſus; couvrez vôtre Tourte d'une autre abbeſſe de

O 3

même

même pâte; façonnez-là comme vous jugerez à propos, dorez-la d'œufs batus, & la faites cuire au four. Etant cuite, tirez-là du four, ouvrez-là par-dessus; mettez-y une petite sausse blanche de beurre, persil, & ciboule hachée par-dessus; remuez-là bien pour qu'elle se lie, coupez en morceaux la croûte que vous en avez levée, & la mettez par-dessus, & servez chaudement pour Entrée. La Tourte de Moruë séche, de Merluche & de Stockfiche se fait de même que celle ci-dessus.

Tourte de laitances de Carpes.

Prenez des laitances de Carpes, & les faites blanchir. Etant blanchies, mettez-les dans l'eau froide, & les tirez égoûter sur un tamis. Ensuite, foncez une Tourtiére d'une abbesse de pâte feüilletée, mettez dans le fond un godiveau de chair de Carpes ou autres, ou autre farce grasse; arrangez ensuite vos laitances par-dessus, avec quelques champignons, truffes, si vous en avez, & les assaisonnez de sel, & de poivre, un bouquet de fines herbes, & les couvrez de beurre, & de bardes de lard: si c'est en gras, achevez de couvrir vôtre Tourte d'une autre abbesse de même pâte, façonnez-là comme vous jugerez à propos, dorez-là d'œufs batus, & la faites cuire au four. Etant cuite, tirez-là du four, découvrez-la, ôtez-en les bardes de lard, & la dégraissez bien. Mettez-y ensuite, un petit ragoût de queues d'écrevices, & de champignons gras ou maigre, & servez chaudement pour Entrée.

Tourte d'Huitres.

Ayez de grosses Huitres, & les faites blanchir
dans

dans leur eau; étant blanchies, mettez-les dans de l'eau froide; & les tirez égoûter sur un tamis. Foncez une Tourtiére d'une abbesse de pâte fine; mettez au fond de vôtre abbesse un bon morceaux de beurre frais, manié & assaisonné de sel, poivre, fines herbes, fines épices, persil, ciboules & champignons hachez. Ensuite, pressez vos Huitres pour en faire sortir l'eau, & les mettez par-dessus, & les couvrez du même beurre assaisonné, que vous avez mis dessous; mais prenez garde au sel; si les Huitres font salées, ajoûtez-y quelques champignons en tranches, & truffes, si vous en avez; couvrez vôtre Tourte d'une autre abbesse de même pâte, façonnez-la comme il vous plaira, dorez-la d'œufs batus, & la faites cuire au four. Etant cuite, tirez-la, ôtez-en le couvercle, dégraissez-la bien, & y mettez ensuite une petite fausse hachée en gras ou en maigre, & la servez chaudement pour Entrée.

Tourte d'Huitres à la Hollandoise.

Ayez de grosses Huitres fraiches. Foncez une Tourtiers d'une abbesse de pâte fine; mettez-y au fond un morceau de beurre frais, avec de la chapelure de pain bien fine, & du persil haché. Puis, vous ferez là-dessus un lit d'Huitres, & ensuite, vous ferez la même chose comme dessous, pour y arranger un autre lit d'Huitres, que vous couvrirez encore de beurre, & de chapelure de pain bien fine. Vous ferez la même à chaque lit d'Huitres; si vous en voulez mettre plus de deux, cela depend de vous, selon la grandeur de la Tourte que vous voulez faire. Ensuite, achevez de couvrir vôtre Tour-

te

te d'une autre abbeſſe de même pâte; il faut que le couvercle ſoit découpé à jour tout de feuilletage, & le videllerez au bord; dorez-là d'œufs batus, & la mettez cuire au four. Etant cuite, dreſſez-là ſur ſon plat en ſortant du four, ſans la découvrir ni la dégraiſſer; ajoutez-y ſeulement un bon jus de citron, & ſervez chaudement pour Entrée.

Tourte de Moules.

Prenez des Moules, nettoyez-les bien, & les faites laver dans pluſieurs eaux, pour en ôter tout le gravier. Etant bien nettes, mettez-les dans une caſſerole ſur le feu pour les faire ouvrir. Tirez-en à ſec, la quantité qu'il vous en faudra, ſelon la grandeur de la Tourte que vous voulez faire. Cette Tourte ſe fait de la même manière, & avec le même aſſaiſonnement que celle d'Huitres ci-deſſus, & vous la ſervez chaudement pour Entrée.

Tourte d'Oeufs.

Faites durcir de Oeufs, & les coupez par tranches; faites une ſauſſe pareille à celle de la Tourte de morüe ci-devant marquée; mettez-y vos tranches d'Oeufs, & la laiſſez refroidir. Foncez une Tourtiére de la même pâte que pour la Tourte de morüe, & y faites la même cérémonie pour la faire cuire. Etant cuite, tirez-là du four, ouvrez-là par-deſſus; mettez-y une petite ſauſſe blanche de beurre, perſil & ciboules hachées, & la remuez bien pour qu'elle ſe lie; enſuite, coupez en morceaux la croûte que vous en avez levée, mettez-les par-deſſus vôtre Tourte, & ſervez chaudement pour Entrée.

CHA-

CHAPITRE VIII.
Des Entrées de Pigeons.

Entrées de Pigeons aurore.

PRenez des Pigeons, plumez à sec, vuidez-
les, & les faites refaire sur de la braise, &
les épluchez bien proprement ; râpé du lard,
persil, ciboule, basilic, sel, poivre, fines épices, fines herbes, champignons & truffes, le
tout bien haché ; mettez le tout dans le corps
de vos Pigeons ; ensuite, embrochez-les sur un
hâtelet, & les envelopez de bardes de lard, &
de papier ; observez qu'ils soient bien blancs,
ayez autant de petits fricandeaux que de Pigeons : on les fait d'une noix de veau, où bien
de ris de veau, il faut que cela soit tout prêt
quand vos Pigeons sont cuits, vous prenez une
noix de veau, & la coupez par la moitié, &
la bâtez bien plate, & la faites piquer de petit
lard : étant piquée, vous la couperez en équiere
grand comme un ris de veau, & vous la mettez cuire dans une casserole avec un bouquet,
trois cloux de girofle ; le bouquet se fait de persil, & de ciboules, vous y mettez un morceau
de veau coupé en tranches, & tranches de jambon ; moüillez-les, moitié boüillon & moitié
eau : Les fricandeaux étant cuits, vous les retirerez, & passerez le boüillon dans un tamis, &
le remetterez sur le feu, jusqu'à ce qu'il soit ta-
ri, & réduit en caramel ; ensuite, mettez-y vos

O 5

pe-

petits fricandeaux fur le lard, & les mettez fur de la cendre chaude afin qu'ils fe glacent comme il faut; & lorfque vous eftes prêt à fervir, tirez vos Pigeons de la broche, & les débardez; dreffez-les dans leur plat, & mettez entre chaque Pigeons un fricandeau, & une effence de jambon par-deffus, vos Pigeons fimplement, & les fervez chaudement pour Entrée.

Entrée de petits Pigeons à la Poële.

Prenez de moyens Pigeons, plumez-les à fec, & les épluchez bien proprement; pour avoir plûtôt fait, il faut les refaire fur de la braife, en les épluchant chaudement, ils deviennent fort blancs; quand ils font bien propres, prenez une cafferole, garniffez-là de bardes de lard, de tranches de veau, & de jambon bien minces; rangez-y enfuite, vos Pigeons, & les affaifonnez de poivre, fel, fines herbes, & les achevez de couvrir deffus comme deffous; faites-les cuire feu deffus, & deffous, & prenez garde qu'ils ne cuifent pas trop; quand ils feront cuits, retirez-les, & mettez une cuillerée de boüillon dans la cafferole, & le faites boüillir un moment; enfuite, vous le pafferez, & le remettrez dans la cafferole, & le laifferez diminuer en caramel, alors il y faut mettre les Pigeons, l'eftomac en bas pour leur faire prendre une belle couleur. Quand vous ferez prêt à fervir, vous les drefferez dans leur plat, & vous mettrez un peu de coulis dans la cafferole, avec un peu de jus ou de boüillon, felon la couleur de la glace, & le bien dégraiffer; mettez-y un jus de citron, & mettez vôtre coulis deffous vos Pigeons, & fervez-les chaudement pour Entrée, après l'avoir paffez au tamis de foie. *Au-*

Autre Entrée de Pigeons à la poële.

Prenez de gros Pigeons, plumez-les à sec, & les refaites sur de la braise, épluchez-les proprement ; il ne faut couper que les bouts des ongles ; ensuite, fandez-les sur le dos, & les arrangez dans une cafferole, avec des petites tranches de jambon par-deffous, & mettez dans le corps de vos Pigeons des champignons, truffes, perfil, ciboules hachées, bafilic en poudre, fines épices, poivre, & fel ; & ensuite, une barde de lard ; couvrez vôtre cafferole de son couvercle, & mettez-là cuire feu deffus, & deffous. Quand ils feront à moitié cuits, ôté les bardes de lard, & le jus de la cafferole ; mettez-y à la place un peu de coulis, & de jus, & un verre de vin de Champagne, & achevez de le faire cuire ; dégraiffez bien le jus que vous en avez tiré, & le remettez avec vos Pigeons, un jus de citron, fervez chaudement pour Entrée.

Entrée de Pigeons au Gratin.

Prenez de petits Pigeons plumez à fec, vuidez-les, faites-les revenir fur la braise ; & ensuite, épluchez-les bien proprement ; & quand ils feront bien épluchez, vous les fenderez par le dos ; vous prendrez les foies, & les hacherez avec du lard rapé, perfil, ciboules, champignons, truffes vertes, affaifonnez de poivre, fel, fines herbes, le tout moderément ; & ensuite, mettez-les dans un plat d'argent des bardes de lard, de veau, & de jambon ; & ensuite, vous rangerez vos Pigeons, & vous y mettrez la petite farce qui eft marquée ci-devant, dans le corps de vos Pigeons ; & ensuite, fur chaque Pigeons
une

une tranche de jambon & de veau; il n'est pas
nécessaire de beaucoup d'assaisonnement, à cau-
se du jambon: vous les couvrez d'un autre plat
qui soit plus petit de la moitié, & vous prenez
une serviette blanche que vous mouillez, que
vous mettez tout autour de vôtre plat, pour
empêcher qu'il ne prenne vent; vous le mettez ensuite cuire sur un petit fourneau; cela étant cuit,
vous le dressez dans leur plat avec une essence
de jambon, & servez chaudement pour petite
Entrée, où hors d'œuvre.

Autre Entrée de Pigeons au Gratin.

Prenez des Pigeons comme ceux ci-devant,
& les épluchez pareillement, autant proprement
que vous pouvez, & foncez une casserole de tranches de veau, quelques petites
tranches de jambon, & quelques tranches d'o-
gnons; & ensuite, vous y rengez vos Pigeons;
faites un petit assaisonnement de persil, du lard
rapé, du poivre, ciboules, sel, fines herbes,
quelques fois gras, champignons, truffes, le
tout bien haché, mettez-le dedans le corps de
vos Pigeons, & que l'assaisonnement soit comme il faut; prenez garde de ne pas trop mettre
de sel; & ensuite, couvrez-les de veau & de
bardes de lard; & quand ils sont cuits, il faut
faire un petit coulis de Perdrix que vous mettrez dans le plat, de l'épaisseur d'un doigt; &
ensuite, vous y mettez vos Pigeons dessus, &
alors vôtre plat sur un fourneau pour les faires
attacher au cu du plat: observez que le bord de
vôtre plat soit propre; & ensuite, vous y mettez une petite essence de jambon, où bien une
sausse à l'Italienne, où vous trouverez la maniére

niére de la faire au Chapitre des Coulis; le tout
servi chaudement pour Entrée.

Entrée de Pigeons, à l'Italienne.

Prenez de moyens Pigeons, plumez à sec,
& les faites refaire sur la braise, & les épluchez
bien proprement; observez qu'ils soient bien
blanc autant que vous pouvez; ensuite, vous
les atachez afin que les pâtes ne s'écartent pas
du corps du Pigeon, & prenez une casserole
que vous garnirez de tranches de veau, & un
peu de jambon; & alors, vous y mettrez vos
Pigeons, & les assaisonnez de sel, poivre, clous,
basilic, tranches de citron, ognons, un peu
d'ail, un peu de coriandre, un peu de bonne
huile, un bon verre de vin de Champagne, achevez de les couvrir de tranches de veau, & de
jambon, & les mettez cuire à petit feu. Avant
qu'ils soient cuits, il faut avoir tout prêt un petit
ragoût à l'Italienne, dont voici la maniére de le
faire. Prenez de petits champignons bien blancs,
& quelques autres que vous concassez en petits
dez fins, & mettez le tout dans une casserole
avec un peu d'huile, échalotes, & mouillez le
tout de jus & de coulis, d'un peu d'essence
de jambon, d'un bon verre de vin de Champagne, de tranches de citron, & le bien dégraisser; prenez garde qu'il soit de bon goût; &
ensuite, remettez-le dans une autre casserol-
le qui est bien étamée; tirez vos Pigeons à é-
goûter; essuyez-les, & les mettez dans vôtre ragoût, & le servez chaudement pour Entrée.

Autre Entrée de Pigeons, à l'Italienne.

Les Pigeons étant épluchez comme les autres ci-devant, & cuits de même en braise séche, vous aurez des crêtes de coq qui soient bien blanches, & des petits champignons, si vous en avez; vous mettrez le tout dans une casserole avec du coulis à l'Italienne, dont vous trouverez la maniére de le faire à l'Article des Coulis.

Entrée de Pigeons, à l'Italienne, d'un autre façon.

Echaudez bien proprement vos Petits Pigeons; étant bien propres, fandez-les sur le dos, & ôtez les entrailles, laissez les foies : mettez les dans un plat, & les assaisonnez de sel, poivre, basilic en branches, quelques feüilles de laurier, ciboules entiéres, persil, jus de citron, huile, un verre de vin de Champagne : vous les laisserez mariner une heure : étant alors prêt à servir, un quart d'heure avant que l'on commencera à dresser, mettez-les dans une casserole avec la marinade sur le fourneau, & ayez bien soin de les tourner, car celà est cuit dans un moment. Vos Pigeons étant cuits, vous les retirerez, & vous dégraisserez bien leur marinade où ils ont cuits, & vous y mettez un peu de jus de veau & de coulis; & alors, vous passez le tout par un tamis de soie, vous arrangez vos Pigeons dedans vôtre plat, & mettez vôtre jus par-dessus, & servez le tout chaudement. Cette sorte d'Entrée ne se sert ordinairement que dans des petits plats pour hors d'œuvre. *En-*

Entrée de Pigeons en Surprise, dans des Laituës.

Ayez des Laituës pommées, faites-les blanchir, étant blanchies, mettez-les à égoûter; étant égoûtées & preſſées, ayez de petits Pigeons échaudez, trouſſez-les comme pour les mettre en compôte; mais laiſſez-leur la tête; vous les ferez blanchir à l'eau boüillante; alors, vous les éplucherez bien proprement, & vous les plierez dedans vos Laituës, & ficelerez bien: vous aurez une caſſerole aſſez grande pour y rangez vos Pigeons: vous garnirez vôtre caſſerole de bardes de lard & de veau, & de quelques petites tranches de jambon, & y arrangerez vos Pigeons, & les aſſaiſonnerez de poivre, de ſel, cloux de girofle, un bouquet; & acheverez de les couvrir de tranches de veau, & de bardes de lard, & les moüillez de boüillon, & les mettez cuire feu deſſus & deſſous, tout doucement; & quand ils ſont cuits, & que vous êtes prêt à ſervir, vous les tirez égoûter, & les mettez dans leur plat, avec une eſſence de jambon par-deſſus; ſervez chaudement pour Entrée.

Entrée de petits Pigeons à la Culiére en Surprise, dans de gros Ognons.

Ayez de petits Pigeons comme ci-devant; étant blanchi à l'eau boüillante, & bien épluchez, au lieu de laituës pour les enveloper, il faut avoir de gros Ognons que vous ferez blanchir; & enſuite, vous en faites ſortir le cœur pour

que

que les Pigeons puiſſent entrer dedans ces Ognons. Il faut pour chaque Pigeon deux Ognons, un pour le corps, & un autre plus petit pour le col ; obſervez que vos Pigeons ſoient bien trouſſez & bien épluchez ; enſuite, vous garnirez vôtre caſſerole de bardes de lard comme celle ci-devant ; enſuite, vous y arrangez les Ognons où ſont vos Pigeons, & les aſſaiſonnerez de ſel, poivre, clous, fines herbes, & l'acheverez de couvrir de bardes de lard & de veau, & le moüillerez d'une cuillerée de bon boüillon, & le mettrez cuire feu deſſus & deſſous. Il faut prendre garde qu'ils ne cuiſent pas trop ; & quand ils ſont cuits, & que vous êtes prêt à ſervir, vous les retirerez égoûter ſur une ſerviette blanche, afin que le jus en ſorte bien comme il faut, & les eſſuyerez avec un linge ; étant prêt à ſervir, vous les arrangez dans vôtre plat, & vous mettez une eſſence de jambon par-deſſus ; vous aurez ſoin que vôtre eſſence ſoit de bon goût, & vous ſervirez chaudement pour Entrée, ou bien une ſauſſe à l'Eſpagnole.

Entrée de Pigeons en Surpriſe, dans des Concombres.

Épluchez vos Concombres & les vuidez, enſuite faites-les blanchir un ſeul boüillon, & les mettez dans de l'eau fraiche, & les mettez égoûter ; & vos petits Pigeons étant échaudez, bien épluchez, & bien trouſſer les pâtes en dedans, & les faites blanchir à l'eau boüillante, & les épluchez bien proprement. Il faut obſerver que vos Pigeons ne ſoient pas trop grands pour qu'ils puiſſent entrer dans les Concombres ;

il faut obſerver qu'il faut laiſſer la tête aux Pigeons, afin qu'ils marquent que ce ſont des Pigeons; il faut avoir ſoin que la caſſerole ſoit
aſſez grande pour y arranger vos Concombres;
il faut qu'elle ſoit garnie de lard comme ci-devant, & de quelques petites tranches de veau &
de jambon, & y arrangez vos Concombres, où
ſont vos Pigeons, & les aſſaiſonnez de ſel, poivre, clous, fines épices & ognons; enſuite, les
moüillez de bon boüillon, & les mettez cuire;
& quand ils ſont cuits, & que vous êtes prêt à
ſervir, vous les retirez, & les mettez égoûter;
& enſuite, les dreſſez dans leur plat, & mettez par-deſſus une eſſence de Jambon, & un
jus de Citron: ſi vous les voulez ſervir au Parmeſan, vous n'avez qu'à avoir du Parmeſan râpé
que vous mettez par-deſſus, & leur ferez prendre couleur.

Entrée de Pigeons en Surpriſe, aux Navets.

Au lieu de concombres, il faut avoir des Navets, les creuſer, les éplucher, & les faire blanchir; enſuite, il faut avoir une petite farce fine,
que vous garnirez dans vos Navets; vous trouverez la maniére de la faire à l'Article des Far-
ſes: enſuite, vous y mettez vos Pigeons qui ſont
trouſſez & accommodez comme ci-devant, aſſaiſonnez-les tout comme les concombres; & quand
ils ſeront cuits, vous les retirerez, les ferez
égoûter; & enſuite, les dreſſerez dans leur plat
avec un petit coulis & jus de citron, & ſervez
chaudement pour Entrée: vous aurez ſoin qu'ils
ſoient de bon goût, & de belle couleur.

Entrée de Pigeons en Compôte.

Ayez de moyens Pigeons, échaudez-les, & les vuidez, & retrouffez les pates en dedans le corps, & y paffez une petite brochette au travers des cuiffes, afin que les pates reftent dans le corps, & enfuite, faites-les blanchir à l'eau bouillante; étant blanchis, mettez-les dans une cafferole avec un morceau de beurre, un bouquet, quelques champignons, & les mettez fur le feu en les remuant de tems en tems, & enfuite, vous les liez avec une pincée de farine, & les mouillez de bon bouillon; en cuifant, vous aurez foin de les bien dégraiffer; étant cuits, vous aurez foin qu'ils foient de bon goût, comme vous jugerez à propos; vous ferez une liaifon pour une demi-douzaine de Pigeons, cinq œufs fufifent; vous les déliez avec de la bonne crême, & vous mettez un morceau de bon beurre dans vôtre liaifon, un peu de mufcade; vôtre fricaffée étant liée, vous y mettez un jus de citron, & fervez chaudement pour Entrée.

Autre Entrée de Compôte de Pigeons, à l'Huile.

Ayez des Pigeons comme ceux ci-devant, blanchis & trouffez de même, & les mettez dans une cafferole avec un bouquet, fait de ciboules, perfil, une petite branche de bafilic, quelques clous de girofle, une gouffe d'ail; le tout étant bien ficelé, vous le mettez avec vos Pigeons; enfuite, vous y mettez quelques petits champignons, truffes, & des petits ris de veau, & vous les paffez comme ceux ci-devant;

il

il faut mettre de bonne Huile au lieu de beurre, & enfuite, vous le moüillez de bon boüillon, & d'un verre de vin de Champagne, ou bien d'autre vin blanc qui foit bon, ayez foin qu'il foit bien dégraiffez, & qu'ils foient de bon goût, & les liez avec une liaifon d'œufs, où vous mettrez du jus de citron, un peu d'anchois, & un peu d'échalote, une rocambole, & fervez chaudement pour Entrée.

Autre Entrée de Compôte de Pigeons au roux, l'Huile à la Provençale.

Ayez des Pigeons accommodez comme ceux ci-devant, remarquez toute la difference qu'il y a, c'eft qu'on les moüillent avec de bon jus de veau, & de bon coulis, & une cuilliére à dé-graiffer de bonne Huile, un bon bouquet, comme il eft marqué ci-devant, tranches de jambon, petits champignons, & petites truffes, fi vous en avez, un couple de verre de vin de Champagne, ou bien du vin du Rhin; il vaut mieux avoir un bon verre de vin du Rhin, qu'un mauvais verre de vin de Champagne. Les Pigeons étant cuits, ayez foin qu'ils foient bien dégraiffez, & de bon goût, & un jus de citron en fervant; il faut ob-ferver le goût de ceux, à qui vous donnez à manger; il y en a qui ne peuvent pas fouffrir le goût de l'ail, ou de la rocambole, quoi qu'il en faille mettre en France, à un Italien, à un Efpagnol, & à un Portugais, fans oublier les Gafcons; la dificulté qu'il y a, c'eft que toutes les chofes doivent être moderées pour que tout le monde puif-fe s'accommoder à ce goût, le tout leger, & de bon goût, & fervez chaudement pour petite Entrée.

En-

Entrée de Pigeons en Surprise.

Prenez de petits Pigeons de voliére, échaudez-les, & bien trouffer, & blanchir; mettez-
les cuire dans une petite marmite avec des bardes de lard, & tranches de citron; enfuite, pre-
parez un petit ragoût de ris de veau, de foies
gras; enfuite, vous coupez des petits champignons, truffes, cretes de coq; mettez le tout
dans une cafferole avec bon jus, bon coulis;
étant cuit, qu'ils foient de bon goût; vous tirez
vos Pigeons de leur blanc, & les mettez dans
vôtre petit ragoût: enfuite, il faut avoir autant
d'œufs que de Pigeons; il faut qu'ils foient de
dindons, fi vous en pouvez avoir, où de canards, & les coupé par un bout feulement, pour
que les Pigeons y puiffent entrer; lavez bien
vos coquilles d'œufs, mettez-y vos Pigeons &
un peu de vôtre petit ragoût autant qu'il en pou-
ra tenir: enfuite, vous remettez le morceau de
la coquille, & le faites tenir avec un petit cordon de pâte, gros comme une ficelle; & enfuite, vous le trempez dedans l'œuf, & le pannez
de mie de pain bien fine: obfervez qu'il ne faut
pas que la coquille paroiffe; étant prêt à fervir,
faites-les frires dans du fain-doux; garnifez-les de
perfil frit, & fervez chaudement pour Entrée.
Je ne vous mets point la quantité, c'eft felon le
plat que vous fervez.

Entrée de Pigeons à l'Araignée.

Prenez de petits Pigeons, échaudez-les, &
les vuidez du côté de la poche; & enfuite,
vous aurez un falipicon fait de quelques morceaux de ris de veau & de foies gras, champignons,

gnons, truffes vertes, si vous en avez, le tout
en petits dez, ciboules, persil, poivre, fines herbes, fines épices, & le tout étant bien assaisonné, vous passez cela avec un morceau de beurre ou lard fondu, & ensuite, vous en remplissez vos Pigeons, & qu'ils ayent le cu plein
comme s'ils n'étoient pas vuidez, & ensuite,
vous amenez les pâtes contre le cou, & la tête
sur l'estomac de vos Pigeons, & y passez des
petites brochettes pour les tenir en respect, a-
vec les aîles, & ensuite, vous faites des petits
lardons de jambon, comme l'on fait des lardons de lard pour piquer des Poulets, vous en
mettez à chaque Pigeons une huitaine, & observez qu'il faut leur donner la figure d'une A-
raignée, autant qu'il sera possible; & ensuite,
vous mettez des bardes de lard dans une casserole, & y arrangez vos Pigeons avec des petites tranches de jambon, & de veau, & l'assaisonnez legerement de sel, poivre, fines herbes,
fines épices, & par-dessus quelques bardes de
lard, & les mettez cuire tout doucement; ob-
servé qu'ils ne cuisent pas trop, & les servez
avec une essence de jambon, & un jus de citron, ou bien une sauffe à l'Italienne, ou bien à
la Romaine, & servez chaudement.

Entrée de Pigeons en mirlitons.

Ayez de gros jeunes Pigeons (que l'on apelle
en France Pigeons Cochois) plumez à sec, vous
les flambez, & les épluchez bien proprement,
& vous les vuidez du côté du jabot, & en tirez
les gros os des reins & de l'estomac, sans offenser la peau: ensuite, vous y mettrez un salipicon fait de ris de veau, champignons, truf-

fes verte, jambon; & le tout coupé en petits dez, & affaisonné de perfil, ciboule, fines herbes, fines épices: paffez le tout avec un peu de lard rapé; voyez qu'il foit de bon goût, rempliffez-en vos Pigeons, & faites-les refaire dans une cafferole fur le fourneau avec de bon beurre; obfervez qu'ils foient bien ronds, & faites-les piquer de petit lard, deux rangées de chaque côté, que l'eftomac fe trouve à découvert, en forme de cœur fur le bas du ventre; piquez-les de feüilles de perfil, & faites-les cuire à la broche; étant cuits, fandez-les fur le bas du ventre, & y mettez deux petites crêtes, & une petite languette de jambon, pour que les deux crêtes fe tiennent féparées l'une de l'autre; dreffez-les dans leur plat avec une effence de jambon, & un jus de citron pour Entrée: que le tout foit de bon goût, ou bien une fauffe à l'Efpagnole: une autre fois, vous les fendrez fur l'eftomac, y mettrez des crêtes comme ci-devant.

Autres Pigeons en fantaifie, que l'on fait à peu près de même que ceux ci-deffus.

Au lieu de les piquer de lard, vous les piquez de perfil, en y mettant le falipicon comme à ceux ci-devant; étant cuits, comme les autres, vous avez deux belles crêtes de coq pour chaque Pigeon, vous les fendez fur l'eftomac, & y mettez les deux crêtes; cela reffemblera à ce qu'il vous plaira; enfuite, dreffez-les dans leur plat, avec une effence de jambon, ou une fauffe à l'Italiénne, & fervez chaudement pour Entrée. Une autre fois, au lieu de les piquer de

per-

persil, & quand ils seront cuits, après y avoir mis vos crêtes, vous mettrez vôtre sausse par-dessus, & garnirez le tour de vos crêtes, de persil frit un peu fin.

Pigeons en Compôte, aux petits Pois.

Ayez de petits Pigeons échaudez, bien éplu-chez, troussez, & blanchis: mettez-les dans une casserole, avec un bon morceau de beurre, une petite tranche de jambon, un morceau de lard, un bouquet, & des petits Pois, la quanti-té que vous jugerez à propos: passez-les sur le fourneau, le liez avec une pincée de farine, le mouillez de bouillon, & le laissez cuire à petit feu; il faut avoir soin qu'ils soient de bon goût: étant cuits, vous avez une liaison que vous y mêlez; quand ils sont liez & de bon goût, vous dressez vos Pigeons dans leur plat, vous met-tez vos petits Pois par-dessus, & les servez pour Entrée.

Autre Entrée de Pigeons aux Pois, au roux.

De la même façon que ceux-ci devant, tou-te la dificulté qu'il y a, c'est qu'on les mouil-lent de bon jus; passez vos Pigeons comme ci-devant, & le tout servi chaudement. Vous pouvez aussi avoir de gros Pigeons, & les cou-per en quatre, ou par la moitié, & les mettre au roux, ou au blanc, tout comme les autres ci-devant, pourvû que le goût y soit, & qu'ils soient bons, & servez chaudement pour En-trée.

P 4

Autre

Autre Entrée de Pigeons aux pointes d'Aufperges, qu'on apelle, aux petits Pois.

Les Pigeons étant accommodez comme ceux ci-devant, toute la difference qu'il y a, c'eft qu'il faut que vos Pigeons foient cuits avant que de mettre vos Afperges : voici la maniére d'acomoder les Afperges en petits Pois, pour toutes fortes de viandes ; fi les Afperges font groffes, vous les fendez en quatre, & les coupez en petits Pois, autant que le coûteau ne trouve point de refiftance ; vous coupez, & quand vous avez coupé vos Afperges, vous les faites blanchir ; & enfuite, vous les mettez dans l'eau fraiche, & les mettez égoûter fur un tamis. Vos Pigeons étant prefque cuits, vous y mettez les Afperges aux petits Pois, la quantité que vous jugez à propos ; le tout étant cuit comme il faut, & bien dégraiffé, vous les liez avec une liaifon d'œufs, vous dreffez vos Pigeons dedans leur plat, & mettez par-deffus vos Afperges, en petits Pois : obfervez qu'ils foient de bon goût ; vous pouvez les mettre au roux, il n'y à qu'à les moüiller de jus, au lieu de boüillon. Vous pouvez couper vos Pigeons par la moitié, fi vous voulez, ou bien par quartier, & les paffer de même que s'ils étoient entiers, pourvû que le tout foit de bon goût, & que vos Pigeons ne foient pas trop cuits.

Autre Entrée de Pigeons en fricandeaux, aux pointes d'Afperges.

Ayez de petits Pigeons plumez à fec, refaites-

tes-les sur la braise; étant bien épluchez, faites-
les piquer de petit lard, & faites-les cuire dans
une casserole avec des tranches de veau & de
jambon, & un bouquet. Vos Pigeons étant
cuits, vous les retirez, & les mettez chaudement, & vous passez le bouillon ou vos Pigeons
ont cuits; vous le remettez sur le feu, & le laissez bouillir jusqu'à ce qu'il commence à se mettre en caramel: ensuite, vous y mettez vos Pigeons, le lard en bas, faites-les mettre sur des
cendres chaudes, à celle-fin qu'ils se glacent
plus aisément: il faut prendre garde qu'il n'y ait
pas trop de feu, & y regarder de tems en
tems; il faut ensuite, avoir des Asperges en petits pois, & les passer dans une casserole bien
étamée, avec un morceau de beurre, un peu
de lard, & un bouquet: étant passez, vous les
poudrez d'un peu de farine, les mouillez d'un
bon bouillon: quand vous serez prêt à servir,
liez-les d'une liaison d'œufs, & observez qu'ils
soient de bon goût; mettez dans vôtre plat vos
Asperges en petits pois, & vos Pigeons par-
dessus, & servez chaudement. Vous pouvez
mouiller vos Asperges de jus, au lieu de bouillon, & les lier avec de bon coulis; cette façon
d'Asperges en petits pois, se met avec toutes
sortes de viandes; il n'y a que le goût qui chan-
ge les uns en blanc, & les autres au roux, &
qui doit être celui du Maître.

Entrée de Pigeons au Soleil.

Ayez des Pigeons échaudez, épluchez-les
bien proprement, laissez les aîles & les têtes;
mettez une petite farce dans le corps de vos
Pigeons; garnissez ensuite le fond d'une casse-

P 5

role,

-role de bardes de lard ; arrangez-y vos Pigeons,
aſſaiſonnez-les de poivre, ſel, baſilic, & achevez de les couvrir de bardes de lard : moüillez-
les de lait boüilli avec une pincée de coriandre,
qui aura boüilli avec le lait, & paſſez dans un
tamis ; mettez ce lait par-deſſus vos Pigeons ;
prenez garde qu'ils ne cuiſent pas trop, un quart
d'heure ſufit, ayez de bon ſain-doux, faites une
pâte, telle que voici. Prenez deux poignées
de farine avec de la bonne biére, détrempez
cela ; ayez enſuite des blancs d'œufs, foüettez en
nége ; mettez dans vôtre pâte un demi verre
d'huile ; retirez vos Pigeons, mettez-les dans
vôtre pâte, & faites-les frire, & vous ſervez
chaudement pour Entrée, ou pour hors d'œuvre, & garnis de perſil frit.

Autre Maniére d'accommoder des Pigeons au Soleil.

Il faut toûjours que vos Pigeons ſoient accommodez comme ceux ci-devant ; toute la difference qu'il y a, c'eſt à la cuiſſon & à la pâte. Ordinairement tous les Officiers ne travaillent pas
de même, quoique j'aprove cette façon ; ce
n'eſt pas à dire qu'elle ne ſoit la meillieure ; c'eſt
ſeulement pour faire connoître aux Officiers qui
verront ce livre, que l'on eſt au fait de cet ou-
vrage, & le tout pour contenter le public. Vos
Pigeons étant échaudez, & bien nettoyez,
comme l'on a marqué ci-devant, vous les mettez dans le fond d'une caſſerole avec des bardes de lard & de jambon ; & enſuite, vous y
arrangez vos Pigeons ; il faut qu'il y ait une petite farce dans le corps, & il faut qu'il y ait
une

une brochette qui passe tout le long du cou pour
les faire tenir droits; & ensuite, vous arrangez
vos Pigeons dans la casserole, & les assaisonnez
de sel, poivre, fines herbes, fines épices, &
ensuite, vous les couvrez de veau, de jambon,
& de bardes de lard, & vous y mettez une
cuillerée de bouillon, & un verre de vin de
Champagne, ou autre, pourvu qu'il soit blanc,
& les laissez cuire feu dessus & dessous; mais il
ne faut qu'un bon quart d'heure pour leur cuisson, & cela sufit pour cuire vos Pigeons; &
ensuite, faites une pâte, ayez de la farine, la
quantité que vous jugerez à propos, selon la
quantité de Pigeons, deux ou trois œufs, blanc
& jaunes, & d'étrempez cela avec du vin de
Champagne; & observez que vôtre pâte ne soit
pas trop claire; mettez-y un petit verre d'huile, vous avez pendant tout ce tems-là du sain-
doux qui chaufe; & ensuite, tirez vos Pigeons
égoûter, & mettez-les dans la pâte, & les faites
frire; & que cela ait une belle couleur. Ensuite, faites frire du persil, pour garniture. Il y
en a d'autres qui font de mêmes Pigeons au Soleil, ils les accommodent comme ceux ci-devant; au lieu de faire de la pâte, ils les panent
avec de la mie de pain & des œufs, & les font
frire; le tout dépend d'être de bon goût, & servez chaudement pour Entrée.

Entrée de Pigeons au Basilic.

Ayez de mêmes Pigeons échaudez, bien épluchez, & vuidez; troussez-les pâtes en dedans;
& ensuite, une petite farce fine, & les faites
cuire dans une petite braise où le Basilic domine, aussi bien que dans la farce. La farce se
fait

fait de la façon qui ſuit. Ayez une petite marmite garnie de bardes de lard, & de tranches de veau, & y arrangez vos Pigeons, & l'aſſaiſonnez de ſel, poivre, ognons, clous, Baſilic qui domine, & les couvrez de tranches de veau & de bardes de lard, & les mettez cuire; & quand ils ſont cuits, vous les tirez & les mettez égoûter: Enſuite, vous les mettez dans des œufs batus, & les panez avec de la mie de pain bien fine, & puis les faites frire, & les garniſſez avec du perſil frit, & ſervez chaudement pour Entrée.

Entrée de Pigeons en Bignet.

Ayez de petits Pigeons échaudez; fendez-les par le dos, ôtez-en la téte, & les pâtes, & les trouſſez; ayez une petite marmite, ou caſſerole, ou braiſiérez; mettez-y quelques bardes de lard, enſuite vos Pigeons, & les aſſaiſonnez de ſel, poivre, fines épices, fines herbes; & enſuite, les couvrir de bardes, un verre de vin blanc, & quelques tranches de citron, & mettez ſon couvercle, & les faites cuire : prenez garde qu'ils ne cuiſent trop; étant cuits, vous avez une petite farce fine que vous mettez dans vos Pigeons; il faut que vos Pigeons reſtent blanc, & la farce dedans; & enſuite, vous faites une pâte avec de la farine, & deux œufs; delayez celà avec du vin blanc ou de la biére, & un peu d'huile; & enſuite, vous mettez vos Pigeons dedans la pâte, & les faites frire. Vous les ſervez pour hors d'œuvre, ou pour petite Entrée, dreſſée ſur une ſerviette, & garnie de perſil frit.

Ma-

Marinade de Pigeons.

Prenez des Pigeons, épluchez-les bien proprement, & faites-les blanchir, coupez-les enfuite en deux, & batez-les afin qu'ils reftent
comme il faut ; puis, mettez-les dans une cafferole avec de l'ognon, perfil, fel, poivre, clous de
girofle, bafilic, un morceau de bon beurre, une
cuillerée de boüillon du derriére de la marmite,
& du vinaigre ; étant cuits, vous les trempez
dans du blanc d'œuf, & enfuite dans de la farine, & les faites frire fur le champ ; dreffez-les
proprement fur une ferviette, avec du perfil
frit, & fervez chaudement.

Entrée de Pigeons, à la Régence.

Prenez de petits Pigeons échaudez, trouffez
les pates en dedans le corps, & les mettez cuire dans une braife blanche ; prenez des bardes de
lard & les arrangez dans une petite marmite, &
y mettez vos Pigeons, & les affaifonnez de fel,
poivre, fines herbes, quelques tranches d'ognons,
un couple de tranches de citron ; couvrez-les de
bardes de lard, & les mettez cuire ; ayez des
cus d'artichaux, cuits, bien blanc, & des petites noix de veau en rond, grand comme le creux de
la main, bien piquées & glacées ; prenez quelques
champignons coupez en quatre, & ris de veau,
avec un morceau de beurre ; paffez le tout fur
le feu, & le poudrez d'une pincée de farine ; moüillez le d'une cuillerée de bon boüillon ; mettez-y
un bouquet, fait de ciboules, perfil, fines herbes, clous de girofle ; faites-les boüillir, & les
liez d'une liaifon de quatre ou cinq jaunes d'œufs,
& mettez-y une douzaine de crêtes cuites, que
l'on

l'on tient ordinairement dans un petit blanc; tirez vos Pigeons de leur braise, & les mettez dans vôtre liaison blanche; prenez des culs d'artichaux, autant que vous avez de Pigeons, & les arrangez dans un plat; quand vous voulez servir vos Pigeons, vous dressez sur chaque cu un Pigeon, avec la garniture des crêtes par-dessus, & entre chaque Pigeon un petit fricandeau, & servez chaudement pour Entrée.

Autre Pigeons aux Artichaux.

Prenez des Artichaux, faites-les cuire jusqu'à ce que le foin puisse se tirer; ayez des petits Pigeons échaudez; troussez les pates en dedans le corps, & n'ôtez point les têtes, & les mettez cuire dans une braise blanche comme ci-devant; prenez vos Artichaux en feüilles, & en tirez le foin, & mettez-les dans le plat où vous voulez servir; faites une farce liée comme à poupeton, & garnissez les feüilles du bas de l'Artichaux pour empêcher de sortir le coulis que vous y mettez; faites un ragoût de ris de veau, de champignons, de crêtes, vous le moüillerez avec de bon jus, de bon coulis, de bonne essence; tirez vos Pigeons de leur braise, mettez-les dans vôtre ragoût; ayez soin qu'il soit de bon goût; mettez-y un jus de citron, & les dressez dans chaques Artichaux un Pigeon avec le ragoût, autant qu'il y en pourra à chaques Artichaux, & achevez de les couvrir de la même farce, mais de maniére que la tête de vos Pigeons paroisse en dehors; vous les mettez cuire au four; étant cuits, vous les dégraissez bien, & nettoyez le bord de vôtre plat, & mettez par-dessus un petit coulis, avec un jus de citron, & servez chaudement pour Entrée.   Pi-

Pigeons farcis, pour Entrée.

Prenez de bons Pigeons cochois, plumez à sec, épluchez-les, & flambez-les; il faut ensuite les vuider par la poche, & tirer les os de dedans le corps; tous les os étant tirez, on les remplis de bonne farce fine, dont vous trouverez la manière de la faire au Chapitre des Farces. Une autre fois, vous pouvez les faire avec un salipicon, au lieu de farce pour remplir vos Pigeons; cela s'apelle des Pigeons souflez; ayez des ris de veau, des champignons, des truffes, quelques filets de poularde, de perdrix & de jambon, & le tout coupé en petit dez, & assaisonnez de sel, poivre, fines herbes, fines épices, avec un peu de cette farce que vous avez faites pour vos autres Pigeons, & en mettez un peu parmi ce salipicon, avec du blanc d'œuf foüeté en nége comme il faut; ensuite, mêlez le tout ensemble, & remplissez vos Pigeons, & les embrochez sur un petit hâtelet de fer, & les pliez de bardes de lard & de papier; étant cuits comme il faut, vous les dressez dans leur plat, & vous mettez une essence de jambon, & un jus de citron. On peut mettre à la broche les Pigeons farcis, aussi bien que ceux-ci, ou bien dans une petite braise avec des tranches de veau, des bardes de lard; assaisonnez-les comme à l'ordinaire, & avec une essence de jambon, & un jus de citron; & que ce soit de bon goût, & servez chaudement pour Entrée.

Pigeons aux Tortuës.

Prenez de petits Pigeons échaudez, & les vuidez, & troussez les pates en dedans le corps, paſſez-y une brochette au travers des cuiſſes, afin de tenir les pates dedans le corps, & que vos Pigeons ſoient bien ronds; enſuite, vous les faites blanchir à l'eau bouillante; étant blanchis, vous les mettez à l'eau fraîche, & les épluchez bien proprement; enſuite, prenez une petite marmite que vous garniſſez de bardes de lard, & de tranches de veau, & quelques petites tranches de jambon; & enſuite, vous y arrangez vos Pigeons, & les aſſaiſonnez de ſel, poivre, fines herbes, clous de girofle, & les couvrez deſſus comme deſſous, & mettez-les cuire quand vous jugerez à propos. Il faut avoir au moins deux Tortuës, & leur couper la tête; faites-les cuire dans une marmite avec de l'eau, du ſel, des ognons, & autre petits aſſaiſonnemens; & quand elles ſon cuites à pouvoir ôter la peau, vous les retirez de deſſus le feu, & les faites refroidir; enſuite, vous les épluchez, & mettez les quatre membres de chaque Tortuë dans une caſſerole, & quelques autres petits morceaux qui ſe trouvent auſſi bien que du foie, & une des coquilles que vous gardez pour mettre deſſus vos Pigeons en ſervant. Nettoyez bien vôtre coquille, trempez-là enſuite dans des œufs batus, & la faites frire; & en ſervant, vous la mettez deſſus vos Pigeons, ſi vous le jugez à propos, c'eſt l'ancienne maniére; & de plus, c'eſt pour marquer que ce ſont des Tortuës. Tout le monde ne connoît pas aiſément la viande des Tortuës pour le coulis de cette Entrée, pour que les choſes ſoient dans la derniére perfection; il faut prendre une caſſerole avec un couple de livres de veau, trois ou quatre tranches de jambon, que vous couperez en dez, & mettre cela dans une caſſerole avec deux vieilles perdrix,

qui

qui ayent un peu de fumet, & les coupez en deux; mettez le tout ensemble sur le feu tout doucement. Quand vous verrez que cela commencera à s'attacher, & que la viande aura pris couleur; il faut observer qu'elle ne brûle pas, l'odeur & le bon sens doit vous conduire, & ensuite, vous tirez vôtre viande, & y mettez un morceau de beurre, & détachez bien vôtre gratin de la casserole; & ensuite, vous y mettez une pincée de farine, selon la quantité de coulis que vous avez à faire; étant d'une assez belle couleur, vous la mouillez de bon bouillon, & y remettez vos viandes, avec un couple de verres de vin de Champagne, champignons, un peu de basilic, clous, une gousse d'ail; & vôtre coulis étant bien dégraissé & d'un bon goût, passez-le dans un tamis de soie, mettez de ce coulis dans vos Tortuës. Quand vos Tortuës auront fait un bouillon qui soit de bon goût, vous tirez vos Pigeons, & les mettez égoûter; & ensuite, vous les dressez dans leur plat, & vous mettez vôtre ragoût de Tortuës, & un jus de citron en servant; le tout chaudement de bon goût, & de belle œil, leger; vous pouvez vous servir de coulis d'écrevisses une autre fois.

Autre façon de Pigeons, à l'ancienne mode, aux Tortuës.

Prenez de petits Pigeons, échaudez ou plumez à sec, étant bien épluchez, vuidez-les, & les troussez proprement; mettez-les ensuite, dans une casserole, avec un peu de lard fondu, des crêtes, quelques morceaux de ris de veau, quelques petits champignons, & truffes coupez par tranches, & un bouquet, assaisonné de sel, poivre; mettez une marmite sur le fourneau avec de l'eau, un bouquet de fines herbes, un couple de tranches de citron, deux ou trois ognons, un peu de sel, du poivre, & des bardes de lard; prenez deux Tortues, coupez-leur la tête, les pâtes, & les bouts des queues, & les jettez dans la marmite lorsque l'assaisonnent bouillira, étant blanchies, tirez-les de dedans la coquille, & les coupez par quartier, comme une fricassée de poulets; mais prenez garde à l'amer, car tout le reste du ragoût seroit perdu; étant coupez, mettez-les dans la casserole avec les Pigeons, & passez le tout ensemble; étant passé, mouillez-les d'un jus de veau, & les laissez mitonner à petit feu; étant cuites, dégraissez-les bien, & liez d'un coulis, & les laissez mitonner un moment; dressez les Pigeons dans leur plat, où vous les voulez servir, & mettez-y vos cuisses de Tortues entre, & faites que le ragoût soit d'un bon goût, & qu'il ait de la pointe, & le mettez dessus, & le servez chaudement pour Entrée.

Pigeons à la Sainte Menoux.

Ayez de gros Pigeons, & les épluchez bien proprement; ensuite, vuidez-les, & troussez les cuisses en dedans le corps; coupez-les par la moitié, & les aplatissez; ensuite, fonsez une marmite, ou casserole de bardes de lard, & de veau, & y arrangez vos Pigeons, & les assaisonnez de sel, poivre, fines herbes, fines épices, ognons coupez en tranches; & l'achevez de couvrir de tranches de veau, de bardes de lard;

&

& ensuite, mettez-y une chopine de lait, & bou-
chez bien la marmite avec son couvercle, & un bord de pâte tout autour, & mettez du feu dessus & dessous; étant cuits, vous les tirez de la marmite, & les panez de mie de pain bien fine : ceux que vous voulez griller, vous les trempez dans la graisse où ils ont cuits, & en-suite, vous panez ceux que vous voulez frire; vous batez bien trois ou quatre œufs, trempez vos Pigeons dedans, & les panez avec de la mie de pain bien fine, & les faites frire avec de bon sain-doux; pliez, ensuite, une serviette dessus le plat où vous voulez servir, & y dressez vos Pi-geons, avec un peu de persil frit, & pour les Pigeons grillez, c'est une remoulade qui se fait avec des anchois, persil, ciboule, sel, poivre concassé, capers hachées, de l'huile, de la mou-tarde, un peu de jus, & un jus de citron, & mettez vos Pigeons dessus, & servez chaudement pour Entrée.

Pigeons au Jambon.

Ayez de moyens Pigeons plumez à sec, éplu-chez-les bien proprement, & les vuidez: Ensui-te, hachez leurs foies avec un peu de lard rapé, un morceau de bon beurre, persil, ciboule, sel, poivre, fines herbes, fines épices, le tout haché ensemble, mettez-le dans le corps de vos Pigeons; & ensuite, faites-les refaire dans une casserole, avec du lard fondu, ou bien du beurre: Observez qu'ils soient bien ronds, em-brochez-les ensuite sur un petit hâtelet de fer, & les pliez de bardes de lard, & de papier, & les attachez sur une broche, & les faites cuire; & quand ils font cuits, il faut avoir tout prêt,

vôtre Jambon, dont vous prendrez des petites
tranches, la quantité qu'il vous en faut pour
une Entrée ; fix ou fept fufifent ; battez-les avec
le dos de vôtre couteau, & les arrangez dans une
caſſerole, & les couvrez ; mettez la caſſerole fur
un fourneau, avec un feu médiocre ; ayant pris
une belle couleur, vous tirez vôtre Jambon de
la caſſerole, & vous y mettez un petit morceau
de beurre, une pincée de farine, & la remuez
avec une cuillere de bois ; quand vous voyez que
la couleur eſt belle, vous la moüillez avec de bon
Boüillon ; ſi la couleur n'eſt pas aſſez foncée,
mettez-y un peu de jus ; remettez vos tranches
de Jambon dans la caſſerole, & dégraiſſez bien
le tout ; enſuite, vous l'achevez de lier avec vôtre coulis géneral : vos Pigeons étant cuits, vous
les dreſſez dans leur plat, & le Jambon par-deſſus ; & un jus de citron ; obſervez l'œil, le
goût, & la propreté, & ſervez chaudement
pour Entrée.

Pigeons en Sur-tout.

Ayez de gros Pigeons cochois plumez à ſec,
& les épluchez bien proprement, & les vuidez,
& les trouſſez ; faites une farce qui ſoit compo-
ſée de lard, jambon cuit, des truffes, & des
champignons hachez, avec les foies, du perſil, ciboules, une pointe d'ail, & quelques ris
de veau ; le tout bien haché & bien aſſaiſonné ;
enſuite, farcir vos Pigeons dans le corps, & les
bien ficeler ; il faut avoir un grand fricandeau
piqué de petit lard, pour chaque Pigeon, que
vous mettez ſur l'eſtomac, le tout bien ficelé,
& les embrochez proprement. Vous les enveloperez de papier, & les ferez cuire ; vos Pigeons

geons étant cuits, dreſſez-les dans un plat, &
une eſſence de jambon deſſous, ou bien une ra-
vigotte, & ſervez chaudement pour Entrée.

Pigeons en Sur-tout, d'une autre façon.

Trouſſez vos Pigeons comme ceux ci-devant,
& les farciſſez; liez la farce avec des œufs crûs;
étant farcis & trouſſez, il les faut bien ficeler;
enſuite, vous y mettez vôtre fricandeau, & le
ficelez bien auſſi, & le mettez cuire dans une
caſſerole avec de bon boüillon, des tranches de
veau & de jambon, & quelques ognons piquez
de cloux de girofle. Vos Pigeons étant cuits,
vous les tirez de la caſſerole, & paſſez le boüillon, & le remettez ſur le feu juſqu'à ce que le
boüillon ſe mette en caramel; enſuite, remettez
vos Pigeons ſur le lard, & mettez la caſſerole
ſur des cendres chaudes pour qu'ils ſe glacent. E-
tant glacez de belles couleurs, vous les dreſſez
dans leur plat avec une eſſence de jambon; une
autre fois, au lieu d'eſſence, vous n'avez qu'à
remettre la caſſerole ſur le feu, & en ôter la
graiſſe, & y mettre une pincée de farine, & le
remuer avec une cuillere de bois, & moüillez avec
un peu de boüillon; laiſſez le boüillir un moment; ôtez bien la graiſſe, & le paſſez dans un
tamis de ſoie; obſervez qu'il ait de l'œil, &
qu'il ſoit de bon goût, & le dreſſez dans vôtre
plat avec un jus de citron par-deſſus, & ſervez
chaudement pour Entrée.

Pigeons au Perdoüillet.

Ayez de moyens Pigeons échaudez, qu'ils
ſoient bien blancs, bien épluchez, évuidez, &

Q 3

blan-

blanchis; mettez dans une marmite des bardes de lard, & y arrangez vos Pigeons, & les aſſaiſonnez de ſel, poivre, fines herbes, fines épices, ognons, laurier, & les achevez de couvrir, & y mettez deux verres de vin blanc, & tranches de citron, avec une petite cuillerée de boüillon; étant cuits, vous les pouvez ſervir froids pour Entremêts, ou pour Entrée avec une petite eſſence de jambon. Une autre fois, avec une ſauſſe hachée: une autre fois, avec une ſauſſe au perſil: une autre fois, avec une ſauſſe aux anchois: une autre fois, avec une ſauſſe à l'Italienne, ou bien aux concombres, ou ognons; celà dépend du goût que l'Officier voudra, pourvû que le tout ſoit de bon goût, & ſervez chaudement.

Pigeons à la braiſe.

Prenez de gros Pigeons bien épluchez, & vuidez; trouſſez-les, & les piquez de gros lard bien aſſaiſonné; enſuite, ayez une marmite, & la garniſſez de bardes de lard, de veau, & ognons; arrangez-y vos Pigeons, & les aſſaiſonnez de ſel, poivre, fines épices, fines herbes, & les achevez de couvrir, & les faites cuire: étant cuits, faites-les égoûter, & ayez un ragoût tout prêt, fait de ris de veau, truffes, & champignons. Vos ris de veau étant blanchis, coupez-les dans une caſſerole, avec des champignons, & des truffes; mettez-y une cuillerée de jus, & un peu de coulis, & les faites cuire; & tout étant cuit & de bon goût, dreſſez vos Pigeons dans leur plat, & jettez vôtre ragoût par-deſſus, & ſervez chaudement pour Entrée.

Fricassée de Pigeons au Sang.

Prenez des Pigeons de voliére, feignez-les, & gardez-en le fang; mettez-y un jus de citron pour l'empêcher de tourner; il faut échauder les Pigeons, & les vuider; les couper par la moitié, ou en quatre, & les mettre dans une cafferole avec un peu de lard fondu, les affaifonner de fel, poivre, un bouquet, des champignons, des truffes, des crêtes, des ris de veau, ou d'agneau, le tout paffé ensemble; poudrez-le d'une pincée de farine, moüillez-le de jus; & laiffez-le mitonner à petit feu; étant cuit, dégraiffez-le bien, & le liez d'un coulis de veau; paffez le Sang au travers d'un tamis, & délayez de jaunes d'œufs, avec un peu de perfil haché; & lorf-que vous êtes prêt à fervir, vous mettez le Sang dans la fricaffée, & la mettez fur le feu: en remuant toûjours; prenez garde qu'elle ne boüille; voyez que la fricaffée foit d'un bon goût, & la dreffez proprement dans un plat, & la fervez chaudement pour Entrée, ou hors-d'œuvre; vous les poüvez fervir entier ou par moitié, cela dépend de l'Officier qui travaille.

Pigeons en Coquille.

Prenez de petits Pigeons échaudez, & vuidez; trouffez les pates en dedans le corps, & ne coupez point les têtes; blanchiffez-les, & les épluchez bien proprement; mettez-les cuire, enfuite, dans une petite marmite avec des bardes de lard, & tranches de citron, fel, poivre, fines herbes, & un verre de vin blanc. Vous ferez un petit ragoût de ris de veau, champignons, truffes, & un autre de même que vous passerez au blanc, & un autre au coulis d'écrevices, avec les queues, & des crêtes de coq; ensuite, vous aurez six coquilles; il y en a d'argent qui imitent fort bien les naturelles; mais tous les Seigneurs n'en ont pas; vous vous en pouvez servir d'autres; cette coquille est assez connue; vous y mettez un petit bord de pâte autour, le plus proprement que vous pouvez, & les dorez, & les mettre cuire au four, & que cela prenne une belle couleur; que vous arrangez dans leur plat; tirez vos Pigeons de leur assaisonnement, & mettez-en deux dans le coulis d'écrevices, deux dans le blanc, & deux dans le roux, & que le tout soit de bon goût; vous en mettrez un dans chaque coquille, & la garniture sera à chaque coquille, & le tout le plus proprement qu'il vous sera possible; servez chaudement pour Entrée, & que cela ait de l'œil.

Pigeons à la Crapaudine.

Prenez des Pigeons, plumez à sec, épluchez-les bien, & les vuidez; troussez les cuisses en dedans le corps, & ensuite, coupez en relevant l'estomac par-dessus la tête, & les batez avec le plat du couperet; mettez-les dans une casserole avec du lard fondu, ou du beurre, persil, ciboules, sel, poivre, & fines herbes; mettez le tout dessus le feu, afin qu'il prenne du goût; ensuite, vous les panez de mie de pain bien fine, & les faites griller, & les servez avec un jus, d'échalote hachée, ou ciboules; & un jus de citron par-dessus, & servez chaudement pour Entrée.

Pigeons de voliére, aux Filets de Soles.

Ayez des Pigeons de voliére, plumez à sec, bien épluchez, & vuidez. Faites une petite farce de leurs foies, avec persil, ciboules, lard rapé, truffes, & champignons : ensuite, mettez-là dans le corps de vos Pigeons, & les bouchez par les deux bouts, pour que la farce n'en forte point : ensuite, embrochez-les fur un hâtelet & les envelopez de bardes de lard, & de feuilles de papier; attachez-les fur une broche, & les faites cuire. Ayez, ensuite, des Soles que vous ferez frire dans de bon fain-doux; étant frites, levez-en les filets, & en ôtez les peaux, & les mettez dans une casserole avec un peu de jus; mettez vôtre casserole fur le feu pour leur ôter le goût du fain-doux; ensuite, tirez-les égoûter, & les mettez dans une casserole avec une bonne essence de jambon, & un jus d'orange. Vos Pigeons étant cuits, tirez-les, ôtez-en les bardes; dreffez-les dans leur plat; mettez vos Filets, & l'effence par-deffus, & fervez chaudement pour Entrée. Une autre fois, vous pouvez glacer vos Filets de Soles, comme il est marqué à l'article des Soles, & les fervir avec une effence. Vous pouvez fervir également des poulardes, poulets, faisants, perdreaux, & autres de la même maniére.

Pigeons aux Ecrevices.

Prenez de petits Pigeons échaudez, & trouffez, comme il est marqué en plusieurs endroits; vous les mettez cuire dans une petite braife blanche qui se fait avec des bardes de lard deffus & deffous; & ensuite, vous les moüillez

Q 5d'un

d'un peu de bon boüillon, & un verre de vin de Champagne, ou vin blanc, & les affaifonnez; & quand ils ont cuits, & que l'on eft prêt à fervir, il faut avoir un coulis d'Ecrevices tout prêt avec des queuës d'Ecrevices, & des crêtes de coq, quelques petits champignons; le tout étant préparé, vous y mettez de vôtre coulis d'Ecrevices, & le tenez chaud: Prenez garde qu'il ne boüille pas; étant prêt à fervir, tirez vos Pigeons de leur braife, & les laiffez bien égoûter: dreffez-les enfuite, dans leur plat, & mettez vôtre ragoût par-deffus, avec un jus de citron en fervant, & que cela foit chaud, & de bon goût pour Entrée. Vous trouverez la maniére de faire le Coulis d'Ecrevices aux Chap. des Coulis, qui peuvent fervir pour toutes fortes de viandes.

Autres Pigeons aux Ecrevices, au blanc.

Prenez de petits Pigeons échaudez, & bien épluchez, trouffez-les, & n'en ôtez point les têtes; faites-les cuire comme ceux ci-devant; & enfuite, ayez de groffes Ecrevices autant que de Pigeons, & les faites cuire; enfuite, épluchez les queuës, & les petites pâtes, levez la coquille du corps, nettoyez bien le corps, & mettez dans chaque coquille du corps, un petit Pigeon, & la coquille par-deffus: il faut que la tête du Pigeon refte entre les groffes pates; & enfuite, il faut avoir un petit ragoût de champignons, truffes, ris de veau, crêtes de coq, & quelques queuës d'Ecrevices; le tout étant cuit, & lié avec une liaifon d'œufs; vous dreffez vos Ecrevices ou les Pigeons font,

dans

dans leur plat, & levez la coquille pour arroser vos Pigeons avec ce coulis blanc; & ensuite, vous remettez vos coquilles, avec le reste
de ce petit ragoût par-dessus, & un jus de citron ; & les servez chaudement pour Entrée.
Vous pourrez les servir au coulis d'Ecrevices si
vous voulez, tout comme au blanc.

Autre façon de Pigeons, aux Ecrevices.

Ayez de petits Pigeons comme ceux ci-devant ; ayez de grosses Ecrevices de riviére ;
ôtez les petites pates, levez-en la coquille, &
mettez dans chaque Ecrevice un Pigeon, avec
une petite farce autour, assaisonnez-les ; & ensuite, remettez la coquille, faites-là bien joindre & unir à la farce : Après cela, ayez une casserole garnie de tranches de veau, & de jambon,
& vous y arrangez vos Ecrevices, & les assaisonnez. Il faut, ensuite, les couvrir de quelques
petites tranches de veau, & de jambon, & les
mettre cuire feu dessus, & dessous ; étant cuites,
vous les ôtez, & tirez vos Ecrevices égoûter,
& mettez la casserole sur le feu, & faites attacher la viande qui reste dans la casserole comme un jus ; ensuite, vous le mouillez d'une cuil-
lerez de bouillon, de jus, & de vôtre coulis,
à l'ordinaire, & d'un verre de vin de Champagne ; degraissez bien le tout, & qu'il soit de bon
goût, & le passez dans un tamis de soie ; ensuite, vous le faites rebouillir, pour le purifier, &
étant prêt à servir, vous dressez vos Ecrevices,
& mettez ce petit coulis par-dessus ; & un jus de
citron en servant. Si vous ayez du coulis d'E-
crevices qui soit bon, vous pouvez vous en servir

vir pour cette Entrée où bien en faire une autre fois, pour changer les différents ouvrages.

Autre façon de Pigeons aux Ecrevices.

Ayez de petits Pigeons, échaudez comme ceux ci-devant, blanchis, & troussez, ayez des moyennes Ecrevices autant que de Pigeons, & les mettez cuire ensemble dans une petite braise blanche, & ayez des petites Ecrevices, faites-les cuire, & les épluchez, & faites piler les coquilles le plus fin qu'il vous sera possible, pour faire vôtre coulis; & gardez les queuës pour mettre dans vôtre coulis, & les petits œufs, si elles en ont. Vos Pigeons étans cuits, dressez-les dans vôtre plat, & les queuës de vos Ecrevices épluchées, vous laisserez les petites pates, & dessus chaque Pigeon une Ecrevice, & le coulis par-dessus, & un jus de citron, & servez chaudement pour Entrée, & que cela soit de bon goût; vous les pouvez aussi servir au blanc.

Entrée de Pigeons à la Lune.

Ayez de moyens Pigeons échaudez, ou bien plumez; étant bien nettoyez, fandez-les sur l'estomac, & y mettez une petite brochette, afin de les tenir ouverts; & ensuite, mettez-les cuire avec de petites tranches de veau, & de jambon, & des bardes de lard, & assaisonné de sel, poivre, fines herbes, fines épices, ognons, & les achevez de couvrir, & les mettez cuire, un quart d'heure sufit; ayez un petit salipicon fait de ris de veau, de truffes, champignons; le tout en petits dez; mettez le tout dans une casserole avec un peu de jus, un peu de coulis,

&

& le faites cuire : étant cuit, & de bon goût,
vous le laissez refroidir ; il faut avoir une farce
comme pour un poupeton, & arrangez vos
Pigeons dans le plat où vous les voulez servir ;
vos Pigeons y étant arrangez, vous ferez un cordon de farce à chaque Pigeons, aussi haut qu'elle pourra monter, & bien mince ; il faut observer
qu'il faut avoir de la place entre chaques Pigeons,
pour y mettre une cuillerée de petit ragoût que
je vous marquerai à la fin. Vos Pigeons étant
bien arrangez, mettez de ce petit salpicon dans
vos Pigeons, & mettez dessus chaque pigeons
une petite abbesse de feüilletage coupée en
cœur, & de la grandeur de l'estomac de vos Pigeons ; observez qu'il faut qu'elle soit découpée,
& ensuite, dorez-les, & les mettez cuire au four,
ou bien dessous un couvercle de tourtiére ; préparez un ragoût de ris de veau, coupez-les en
filets, ayez des champignons, ou mousserons, ou
truffes, si c'est la saison, quelques foies gras, de
crêtes de coq, des quëuës d'écrevices ; vous mettez cette préparation en deux casseroles ; l'une,
vous la passez au blanc ; & l'autre, vous y mettez de bon jus, & de bon coulis, & celui que
vous passez au blanc, vous le liez d'un bon coulis blanc, ou bien avec une liaison d'œufs ; &
lorsque vous êtes prêt à servir, & que vos Pigeons ont une belle couleur : vous les égoûtez,
& dégraissez bien, & nettoyez bien le bord du
plat, & mettez, entre chaque Pigeons de ce ragoût, autant qu'il y en pourra tenir, & le tout
de bon goût, & servez chaudement pour Entrée.

Pigeons au Fénoüil.

Ayez des Pigeons plumez à sec, vuidez-les,
&

& les faites refaire fur la braife; étant bien épluchez, vous prenez les foies de vos Pigeons, avec perfil, ciboules, champignons Fenoüil, fel, poivre, fines herbes, un peu de lard rapé, un morceau de beurre, & le tout bien haché, & mis dans le corps de vos Pigeons, & paffez une petite brochette au travers des cuiffes, avec une ficelle pour leur faire tenir les pates contre le corps; & enfuite, vous les faites refaire dans une cafferole avec un morceau de bon beurre; & vous les embrochez fur un hâtelet de fer, & les pliez de bardes de lard, & de papier; étant cuits, vous aurez une fauffe au Fenoüil: voici la maniére la plus courte pour la faire; mettez dans une cafferole, une cuillerée de jus de veau, une cuillerée de bonne effence, tranches de citron, une bonne pincée de Fenoüil, & fur-tout que le Fenoüil domine dans la fauffe, quand celà eft boüillis comme il faut, vous le paffez dans un tamis; vos Pigeons étant cuits, vous les dreffez dans leur plat, & mettez la fauffe par-deffus, & au milieu, un peu de Fenoüil, pour marquer que c'eft des Pigeons aux Fenoüil; obfervez que l'œil & le goût foit bon, & fervez chaudement pour Entrée.

Autre Entrée de Pigeons aux Huitres.

Prenez de petits Pigeons, & les accommodez commè ceux ci-devant, outre qu'il n'y faut point mettre de Fenoüil; étant cuits, vous aurez un ragoût d'Huitres; voici la maniére de le faire. Ayez des Huitres, & les faites blanchir; étant blanchies, ôtez les durillons, & les barbes; mettez un peu de coulis, felon la quantité que vous avez d'Huitres, & du jus; vous

faites

faites boüillir ce coulis; & enfuite, mettez-y
vos Huitres; obfervez qu'elles ne boüillent point,
car cela les gâte: vos Pigeons étant cuits, vôtre ragoût d'Huitres prêt, vous dreffez vos Pigeons dans leur plat, & vôtre ragoût d'Huitres
par-deffus, avec un jus de citron, & fervez
chaudement pour Entrée.

Autre Entrée de Pigeons aux Huitres,
au blanc.

Vos Pigeons étant accommodez comme ceux
ci-devant, vous préparez vôtre ragoût d'Huitres
au blanc; vous faites blanchir les Huitres dans
leur eau; étant blanchies, vous gardez l'eau, &
nettoyez bien vos Huitres. Vous mettez le tiers
de cette eau dans une cafferole avec un bon
morceau de beurre, un peu manié dans la farine, & le mettez deffus le feu, cela étant liez,
vous y mettez vos Huitres, & obfervez qu'il
foit de bon goût; il ne faut pas qu'elles boüillent.
Une autre fois, vous y mettez des Anchois;
une autre fois, du citron coupé en petits dez,
& perfil blanchi & haché; mais, fur-tout de bon
beurre; une autre fois vous liez le coulis avec
un jaune d'œuf, & jus de citron, bon eftragon,
perfil, verds de ciboules, une pincée de chaque
chofe; cela étant blanchi, vous hachez le tout,
& le mettez dans vôtre coulis, & prenez garde qu'elle ne tourne; obfervez que le tout foit
de bon goût, & fervez chaudement pour Entrée.

Ramereaux aux Tortües.

Prenez des Ramereaux, échaudez, & les vuidez;

dez; & trouſſez les pates en dedans le corps; paſſez-y une brochette au travers, des cuiſſes, afin de tenir les pates dedans le corps, & que vos Ramereaux ſoient bien ronds; enſuite, vous les faites blanchir à l'eau boüillante; étant blanchis, vous les mettez à l'eau fraiche, & les épluchez bien proprement; enſuite, prenez une petite marmite que vous garniſſez de bardes de lard, & de tranches de veau, & quelques petites tranches de jambon, & enſuite, vous y arrangez vos Ramereaux, & les aſſaiſonnez de ſel, poivre, fines herbes, clous de girofle; & les couvrez deſſus comme deſſous, & mettez-les cuire quand vous jugerez à propos. Il faut avoir au moins deux Tortuës, & leur couper la tête; faites-les cuire dans une marmite avec de l'eau, du ſel, des ognons, & autre petit, aſſaiſonnement; & quand elles ſont cuites à pouvoir ôter la peau, vous les retirez de deſſus le feu, & vous le faites refroidir; enſuite, vous les épluchez, & mettez les quatres membres de chaque Tortuë, dans une caſſerole, & quelques autres petits morceaux qui ſe trouvent, auſſi bien que du foie, & une des coquilles, que vous gardez pour mettre deſſus vos Ramereaux en ſervant. Nettoyez bien vôtre coquille, trempez-là, enſuite, dans des œufs batus, & la faites frire; & en ſervant, vous la mettez deſſus vos Ramereaux, ſi vous le jugez à propos; c'eſt l'ancienne maniére; & de plus, c'eſt pour marquer, que ce ſont des Tortuës; tout le monde ne connoît pas aiſément la viande des Tortuës pour le coulis de cette Entrée; pour que les choſes ſoient dans la derniére perfection, il faut prendre une caſſerole avec un couple de livre de veau, trois ou quatre tranches de jambon que vous couperez en dez;

&

& mettre cela dans une casserole avec deux vieilles perdrix qui ayent un peu de fumet, & les
coupez en deux ; mettez le tout ensemble sur
le feu tout doucement : quand vous verrez que
cela commencera à s'atacher, & que la viande
aura pris couleur ; il faut observer qu'elle ne
brule pas ; l'odeur & le bon sens doit vous conduire ; & ensuite, vous tirez vôtre viande, &
y mettez un morceau de beurre, & détachez bien
vôtre gratin de la casserole ; & ensuite, vous
y mettez une pincée de farine, selon la quantité de coulis que vous avez à faire ; étant d'assez
belle couleur, vous le moüillez de bon boüillon,
& y remettez vos viandes, avec un couple de
verres de vin de Champagne, champignons, un
peu de basilic, clous, une gousse d'ail ; & vôtre
coulis étant bien dégraissé, & d'un bon goût,
passez-le dans un tamis de soie, mettez de ce
coulis, dans vos Tortuës ; & quand vos Tortuës auront fait un boüillon qui soit de bon goût,
vous tirez vos Rameraux, & les mettez égoûter ;
& ensuite, vous les dressez dans leur plat, &
vous mettez vôtre ragoût de Tortuës, & un jus
de citron en servant, & le tout chaudement, &
de bon goût, & de bel de œil, & leger : vous pour-
vous servir de coulis d'écrevices.

Rameraux au Fenoüil.

Ayez des Rameraux plumez à sec, & les faites refaire sur la braise ; étant bien épluchez,
vous prenez les foies de vos Rameraux avec
persil, ciboules, champignons, Fenoüil, sel,
poivre, fines herbes, un peu de lard rapé, un
morceau de beurre, & le tout bien haché, &
mis dans le corps de vos Rameraux, & passez

une petite brochette au travers des cuisses, avec une ficelle pour leur faire tenir les pates contre le corps : ensuite, vous les faites refaire dans une casserole avec un morceau de bon beurre, & vous les embrochez sur un hâtelet de fer, & les pliez de bardes de lard & de papier ; étant cuits, vous aurez une sausse au Fenoüil ; voici la maniére la plus courte pour la faire ; mettez dans une casserole une cuillerée de jus de veau, une cuillerée de bonne essence, tranches de citron, une bonne pincée de Fenoüil, & sur-tout que le Fenoüil domine dans la sausse ; quand cela est boüilli comme il faut, vous le passez dans un tamis : vos Rameraux étant cuits, vous les dressez dans leur plat, & mettez la sausse par-dessus, & au milieu un peu de Fenoüil, pour marquer que se sont des Rameraux au Fenoüil ; observez que l'œil & le goût soit bon, & servez chaudement pour Entrée.

F I N.

TABLE

DES

MATIERES

Contenuës en ce

SECOND VOLUME.

CHAPITRE PREMIER.

Du Rôt.

CHAPITRE II.

Des Entrées de Poulets.

Pou-

CHAPITRE III.

Des Faifants.

R 3

Fai-

CHAPITRE IV.

Des Entrées de Veau.

CHAPITRE V.

Des Pâtés chauds, dressez de Poisson.

R 4 *Pâté*

MATIERES.

Pâtés de grosses Viandes de Boucherie, & de Volailles, froid.

PREMIEREMENT.

CHAPITRE VI.

Des Pâtés chauds de toutes sortes de Volailles blanches.

MATIERES.

CHAPITRE VII.

Des Pâtisseries,

Au-

TABLE DES

Pou-

MATIERES.

Tourte

CHAPITRE VIII.

Des Entrées de Pigeons,

En-

MATIERES.

A

F I N

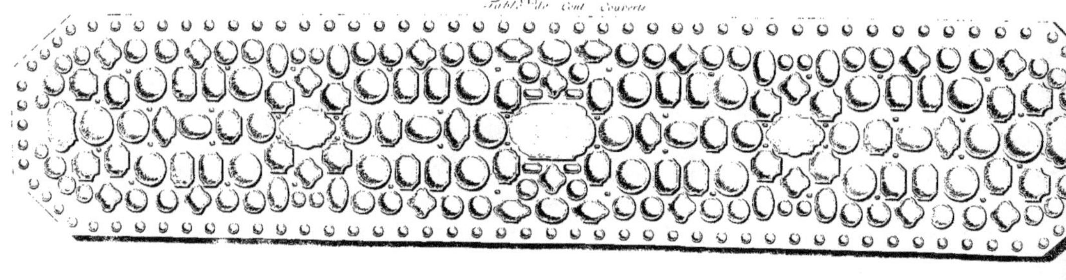

Tabl. ... Cent Couverts

(1)

MENU d'une Table de cent Couverts, servie à deux Services, le premier à 175. Plats, y compris 25. Dormans, & 88. Relevées. Le second à 166. y compris les Salades & les Sauffes, & 66. petits Entremêts chauds, pour relever les Salades.

Premier Service à 24. Potages; *sçavoir,*

3 Potages de Ris aux Ecrevices, servis dans des pots à Oilles pour les deux bouts de la Table.
2 Potages aux petits Oguons; 3 Pigeons aux œufs sur chacun.
2 Potages à la St. Cloux, garnis de belles Crêtes; 6 Pigeons à la cuilliére sur chacun.
2 Potages de Vermicelle liquides, une Poularde sur chacun.
2 Potages de Navets, un Canneton sur chacun.
2 Potages à la Jambe de bois.
2 Potages de 3 petits Poulets gras au Celeri chacun.
2 Potages d'Asperges; 6 Pigeons aux ailes sur chacun.
2 Potages de Perdrix à la Reine; 3 Perdreaux sur chacun.
2 Potages de Cardes; 2 petits Poulets sur chacun.
2 Potages de Santé; une Poularde sur chacun.
3 Potages glacez.

50. Grandes Entrées; *sçavoir,*

2 De Quartier de Veau pour les deux bouts de la Table.
2 De Rosbif de Mouton aux fines Herbes.
2 De Noix de Veau glacées, au jus.
2 De Cochon de lait en porc-pié.
2 D'Aloyau en balon.
2 De Selle de Mouton à l'Angloise.
2 De Rosbif d'Agneau glacé.
2 De deux Dindes graffes, chacune aux Marrons, aux Sauffices, & aux Zestes d'Orange.
2 D'Eclanches à l'eau.
2 De Patés chauds, de 3 Lévreaux chacun.
2 De Jambon en Crépine; 2 Jambons.
2 De trois Poulardes accompagnées; 24 Pigeons à la cuilliére, 18 Foies gras, 2 livr. de Crêtes dessus.
2 De Cochon de lait en Matelotte; 6 grosses Anguilles, & 50. Ecrevices.
2 De trois Cannetons à la ciboulette.
2 D'Eclanches roulées.
2 De Gigotteau de Veau en esturgeon, Sauffe piquante dessus.
2 De Filets d'Aloyau à l'Italienne.
2 De Filets de Veau en Balon.
2 De 4 Poulardes; chacune en Grenadins.
2 De Balon d'Aloyau.
2 De Filets de Mouton glacez à la Chicorée.
2 De 4 Cannetons chacune, roulez aux pistaches.
2 De 4 Poulets gras à l'hachia.
2 De Poulardes à la Marli; 4 Poulardes, 4 Ris de Veau, 1 livre de Crêtes, 2 livres de Truffes.

8. Moyennes Entrées; *sçavoir,*

2 De Poulardes, chacune à l'Anguille; 4 Poulardes, & 4 grosses Anguilles.
2 De trois Poulets gras; chacune aux Cornichons.
2 De Tendrons de Veau marinez.
2 De Queues de Mouton au Parmesan.

66. Hors-d'œuvre d'Huitres vertes d'Angleterre.

Deuxième Service.

24. Grandes Entrées pour relever les 24. Potages.

2 D'un Saumon chacune, en gras, pour les 2. bouts de la Table.
2 De Brochets garnis d'Hâtelets; Sauffe piquante dessus.
2 De Carpes à la Chambor.
2 De Turbots grillez à l'huile.
2 De Turbots à la Ste. Menoux au jus d'Orange.
2 De 18 grosses Lottes, chacune au vin de Champagne.
2 De six grosses Perches chacune aux Anchoix.
2 De pains d'Eperlans.
2 De Grenadins d'Anguilles.
2 De 3 belles grosses Truites chacune aux truffes entiéres.
2 De pains de Soles.
2 De pains de Carpes.

Suite du deuxième Service.

66. Petites Entrées pour relever les Huitres; *sçavoir,*

2 D'Ailes de Poulardes aux épinards; 6 Poulardes.
2 De Cuisses de Poulardes en bottines; 6 Poulardes.
2 De six Sarcelles aux olives; 12 Sarcelles.
2 De trois Poulets aux montans de cardes; 6 Poulets.
2 De trois Perdrix aux huitres; 6 Perdrix.
2 De 3 Poulets gras aux Maingots; 6 Poulets.
2 De 3 Poulardes en bâlon; 6 Poulardes.
2 De Faisants, sauffe à la Carpe; 2 Faisants.
2 De Bécassines à la sauffe de Brochet; 12 Bécassines.
2 De Pigeons à l'Italienne; 12 Pigeons.
2 De Pigeons à la cuilliére aux Ecrevices, au blanc; 12 Pigeons.
2 De Lapreaux roulez; sauffe au vin de Champagne; 12 Lapreaux.
2 De Poulets aux œufs; truffes coupées; 6 Poulets.
2 De Pigeons à la cuilliére aux Tortues; 12 Pigeons.
2 De Bécasses entiéres en salmi.
2 De Poulets en Hâtelets; 12 Poulets.
2 D'Ailerons de Dindons glacez, sauffe de leur jus; 24 Ailerons.
2 De Ramereaux au fenouil; 12 Ramereaux.
2 De Pigeons à la cuilliére à la poële; 24 Pigeons.
2 De Filets de Poulardes, & de Queues d'Ecrevices, & truffes coupées au blanc; 6 Poulardes.
2 De Pigeons au soleil panez; 24 Pigeons.
2 De Rouge à l'échalotte; 6 Rouges.
2 De Poulets aux œufs, en fricassée de Poulets, à l'huile & au vin de Champagne.
2 De Mauviettes au gratin, colorées de Parmesan; 50 Mauviettes.
2 De Perdreaux, sauffe à l'Espagnole; 6 Perdreaux.
2 De Poulardes en Cannelon; 6 Poulardes.
2 De Cailles au Laurier; 24 Cailles.
2 De Cuisseaux d'Agneau au Salipicon; 4 Cuisseaux.
2 De Barbuës à l'Italienne; 4 Barbuës.
2 De Truites en fricandeaux; 6 Truites.
2 De Macreaux; 8 Macreaux.
2 De Lapreaux à l'Italienne; 8 Lapreaux.
2 De Filets d'Oiseaux de rivière au parmesan; 12 Oiseaux.

Entremêts froids pour relever les Entrées de Poisson; *sçavoir,*

2 De Hure de Sanglier; 2 Hures.
2 De Patez de Perdrix aux truffes; 20 Perdrix.
2 De Jambon garnis de petites Langues de Mouton; 2 Jambons.
2 De Roulades de Bœuf.
2 De Marbrées en gras.
2 De Marbrées en maigre; sçavoir, Saumon, Truites, Perches, Brochetons, Anguilles, Ecrevices.
2 De Croquantes.
2 De Gâteaux de Savoie.
2 De Bonnets de Turquie.
2 De Gâteaux de mille feuilles.
2 De Gâteaux de Liévres; 4 Liévres. { 1 Gigot de Mouton & Tranches de Bœuf.
2 De Gâteau Royal.
2 De Gâteau de Veau.
2 D'Oisons à la daube.
2 De Gâteaux de Compiegne.
2 De Gâteaux d'Amande dans des Bonnets de Turquie.
2 De Puits d'amour.

Suite des Entremêts.

48. Plats de Rot; *sçavoir,*

2 D'Agneau entier pour les deux bouts de la Table; 2 Agneaux.
2 De Marcassins; 2 Marcassins.
2 De Chevreautins; 2 Chevreautins.
2 De trois Lévreaux de 2 tiers; 6 Lévreaux.
2 De Lapreaux; 8 Lapreaux.
2 De 3 Cannetons; 6 Cannetons.
4 De Campines, moitié piquées, moitié bardées; 8 Campines.
4 De belles Poules de Cau, moitié piquées, moitié bardées; 8 Poules de Cau.
4 De Poulets gras, moitié piquez, moitié bardez; 24 Poulets gras.
2 De six Bécasses, moitié piquées, moitié bardées, avec les roties dessous; 12 Bécasses.
2 De six Perdreaux, moitié piquez, moitié bardez; 12 Perdreaux.
2 De six Perdreaux rouges; 12 Perdreaux rouges.
2 De 4 Faisants d'eaux; 8 Faisants d'eaux.
2 De 12 Bécassines chacune; 24 Bécassines.
2 De 15 Pigeons ortolans; 30 Pigeons ortolans.
2 De 3 Gelinottes; 6 Gelinottes.
2 De 8 Tourtereaux; 16 Tourtereaux.
4 De six [illegible].
2 De Pluviers; 24 Pluviers.
2 D'Oiseaux de rivière.

66. Salades, Oranges & Citrons

30. Sauffes.

66. Petits Entremêts pour relever les Salades; *sçavoir,*

4 De Truffes à la cendre.
4 De Truffes au court-bouillon.
4 De Foies gras au gratin.
4 De grosses Ecrevices au court-bouillon.
2 De Crêtes & petits œufs au blanc.
4 De Ris de Veau glacez; jus lié.
2 De Cardes.
4 D'Asperges en bâton.
4 D'Alimelles.
4 D'Huitres grillées.
2 De Menus de Roi.
2 De petits pains de Pistaches & Chocolat.
2 De Grenadins en peaux d'Espagne.
4 De Truffes à l'Italienne.
4 De Ris de Veau aux fines herbes.
2 D'Huitres au blanc.
2 De Roties au Jambon.
4 D'Oreilles de Veau à l'Italienne.
4 De Champignons à l'Italienne.
2 De Begnets de pêches à l'eau-de-vie.
4 De Tortues à l'Italienne.

Menu de la Table Impériale de soixante Couverts, servie à 106. Plats, tant grands que petits, y compris trois Sur-touts.

3. Dormans.

Six Pots à Oilles;
sçavoir,

1 A la Jambe de bois.
1 Au Ris aux Ecrevices.
1 A l'Espagnole.
1 Au Verd aux petits Pois.
1 Au Vermicelle.
1 De Santé.

Huit Potages; *sçavoir,*

1 A l'Italienne.
1 A la Reine, garni de Crêtes.
1 Aux petits Ognons.
1 A la St. Cloux, au jus & garni de Crêtes.
1 D'une Bisque d'Ecrevices.
1 Glacé & garni de Cardes glacées.
1 A la Jacobine.
1 A la Houzarde.

Huit grosses Entrées;
sçavoir;

2 D'un Quartier de Veau à l'Esturgeon, Poivrade liée dessous.
2 De Rosbif de Mouton à la Ste. Menchout.
2 De Culotte de Bœuf, roulée en bâlon.
2 De Cochon de lait en porc-pied.

Six Pâtez chauds;
sçavoir,

2 De Faisants aux truffes vertes.
2 De Perdreaux aux truffes vertes.
2 De Côtelettes de Mouton aux Choux.

Six de Grenades;
sçavoir,

2 De Grenade de Choux-fleurs.
2 De Grenade d'Anguilles.
1 De Grenade d'Ecrevices.
1 De Grenade de Veau marbré.

Quatre Terrines; *sçavoir,*

2 De Tendrons de Veau & de Pigeons; petit lard & Cervelats aux petits Pois.
2 D'Hochepot.

Huit autres Entrées;
sçavoir,

2 De Jambon en crépine.
2 De Têtes de Veau en bâlon.
2 De Brochets à la Civita-Vecchia.
2 De Poulardes à la Marli.

Quatre moyennes Entrées;
sçavoir,

1 De Dindons glacez.
1 De Poulardes à la Montmorenci.
1 De Canards en Grenadins.
1 De Lapreaux au gîte.

Quatre autres petites Entrées;
sçavoir,

1 De Poulets à la Chombert.
1 De Pigeons à la d'Huxelles.
1 De Pigeons à l'Italienne.
1 De Pigeons en Mirliton.

Dix autres Entrées.

2 De Filets de Bœuf à l'Indienne.
2 De Filets de Mouton à la Chicorée.
2 De Noix de Veau glacées.
2 De Lapreaux roulez.
2 De Faisants aux Truffes vertes.

Quarante Hors-d'œuvre;
sçavoir,

8 D'Huitres d'Angleterre.
8 De Figües, Melons, Radis & Beurre.
4 De Baraquilles.
4 De petits Pâtés à l'Espagnole.
4 De Rissoles.
4 De Bougons.
4 De Grillades, 2 de Pigeons à la crapaudine, & 2 de Côtelettes de Mouton grillées.
4 De Matinade de Poulets.

Six Entrées pour relever les Pots à Oilles; *sçavoir,*

2 De Carpes à la Chambor.
2 De Brochets à la broche, garnis d'Hatelets.
2 De Turbots; un piqué & glacé, & l'autre au coulis d'Ecrevices.

Huit Entrées pour relever les huit Potages.

2 De Perches, sauffe à la Hollandoise.
2 De Mâtelotte de Cochon de lait.
1 De Cabillau (qui signifie Morue fraîche) coupé en tranches, sauffe au beurre.
2 De Barbuës, sauffe à l'Italienne.

Quarante petites Entrées, pour relever les 40 Hors-d'œuvre.

2 De Dindons en bottines.
2 D'Ailes de Dindons, piquées & glacées.
2 De Lapreaux en bottines.
2 De Canetons en roulades.
2 De Perdrix en Grenadins.
2 De Pigeons aux Tortuës.
2 De Truites à la Périgord.
2 De Lottes au vin de Champagne.
2 De Filets de Soles au vin de Champagne.
2 De Saumon en fricandeaux.
2 De Perdreaux à l'Espagnole.
2 De Sarcelles au jus d'Orange.
2 De Tourterelles au Laurier.
2 De petits Poulets à la Cardinale.
2 De Quartier d'Agneau, glacez.
2 De Cuisseaux d'Agneau en Saussisson.
2 De Cailles au Fenouil.
2 De Pommes d'Amour.
2 De petits Grenadins.
2 De Princesses.

Deuxième Service.

44. Gros Entremêts; *sçavoir,*

2 De Marbrée de Poisson.
2 De Marbrée de Viande.
2 De Gâteau de Lièvre.
2 De Cochon de lait à l'Allemande.
2 De Gâteau Royal.
2 De Galantines.
2 De Jambon à la broche.
2 De Gâteau de Veau.
2 De Dindons à la daube.
2 De Langues de Bœuf.
2 De Cervelats & de Langues de Mouton.
2 De Pâtés de Jambon.
2 De Pâtés de Sanglier.
2 De Pâtés de Dindon.
2 De Pâtés en fusée.
2 De Gâteau de Compiegne.
2 De Gâteau de Savoie.
2 De Gâteau de mille feüilles.
2 De Gâteau fourez de Marmelades d'Abricôts.
2 De Buissons d'Ecrevices.
2 De Pain de Pistaches.
2 De Poulardes en Galantines.

Trente Plats de Rôt, *sçavoir,*

2 De Perdreaux.
2 De Faisants.
2 De petits Poulets à la Reine.
2 De Campines.
2 De Pigeons bardez en cailles.
2 De Cailles.
2 De Ramereaux.
2 De Lapreaux.
2 De Lévreaux.
2 De Rosbif de Chevreuil.
2 De Rosbif d'Agneau.
2 De Poules de Caus.
2 De Dindons.
2 De Bécasses & Bécassines.
2 De Sarcelles.

20 Salades tant cuites que crües.

12 Saufses de differentes façons.

30. Moyens Plats d'Entremêts, pour relever les 30. Plats de Rôt;

2 De Croquantes.
2 De Bonnets de Turquie.
2 De Begnets en pavôts.
2 De Begnets au point du jour, perlez.
2 De Gâteaux de Pistaches.
2 De Tourtes à la glace.
2 De Tourtes de fruit & de crème.
2 De Puits d'amour.
2 De Ramequins.
2 De Pommes à la Bourdaloüe.
2 De Gâteaux au lard.
2 De Begnets feringuez.
2 De Genoises aux Pistaches.
2 D'Ecrevices à la Ste. Menchout.
2 D'Omelettes à la Noailles.

32. Petits Plats d'Entremêts chauds, pour relever les 20 Salades & les 12 Saufses.

2 De Ris de Veau aux fines herbes.
2 De Peaux d'Espagne.
2 D'Amourettes.
2 De Crêtes & de Rognons de Coq.
2 De Langues de Canard.
2 De Palets de Bœuf à l'Italienne.
2 D'Alimelles frites.
2 D'Artichauds frits.
2 De Cardons d'Espagne, au jus.
2 De Crème veloutée aux Pistaches.
2 D'Ecrevices à l'Italienne.
2 D'Anchois en canapé.
2 De Truffes à l'Italienne.
2 De Truffes à la cendre.
2 De Foies gras en crépine.
2 D'Oreilles de Veau farcies, frites.

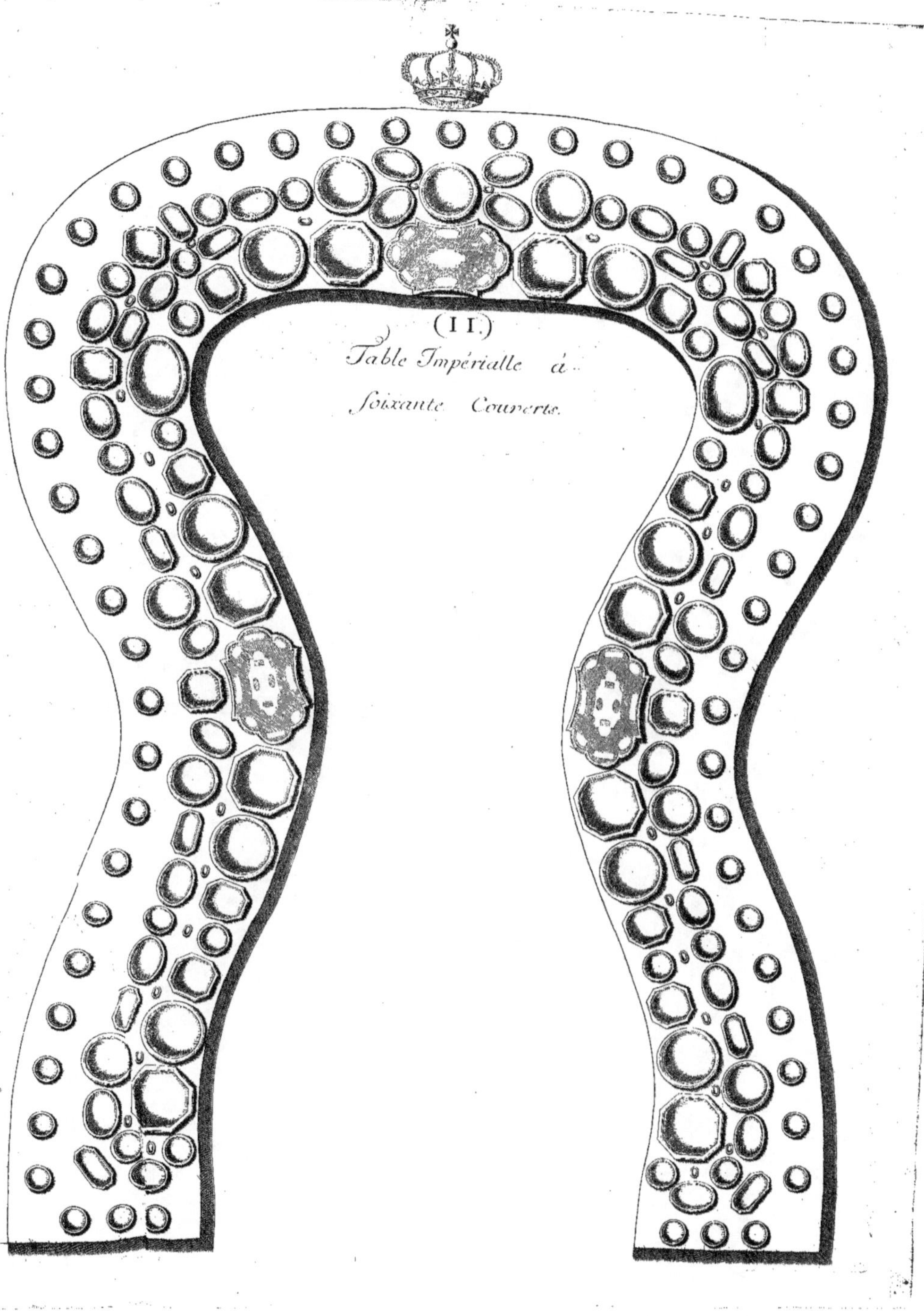
(II.)
Table Impérialle à
Soixante Couverts.